LA
LITTÉRATURE
DE TOUT A L'HEURE

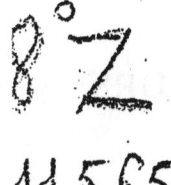

CHARLES MORICE

LA LITTÉRATURE DE TOUT A L'HEURE

PARIS
LIBRAIRIE ACADÉMIQUE DIDIER
PERRIN ET Cie, LIBRAIRES-ÉDITEURS
35, QUAI DES GRANDS-AUGUSTINS, 35
1889
Tous droits réservés

AVERTISSEMENT

Ceux qui chercheront un livre de critique dans ces pages seront déçus : déçus aussi ceux qui penseront y trouver le manifeste d'une Ecole nouvelle.

Il n'y a plus d'écoles littéraires, il n'y a que des manifestations individuelles. Trois écrivains d'accord sur les principes, voilà ce qu'on ne verra plus, — et parvinssent-ils à s'entendre, ils ne constitueraient point une école, car l'entreprise, toujours un peu théâtrale, manquerait d'une galerie en ce temps d'indifférence et serait d'ailleurs trahie même par ses acteurs qui sauraient tous le même rôle et ne sauraient que celui-là, — le rôle du protagoniste.

On n'engage donc ici que la responsabilité de l'auteur. Son nom ne cache aucun groupe. Ses idées sur les tendances de la jeunesse actuelle, sur les influences qu'elle subit, sur la direction nouvelle qu'il faudrait souhaiter à l'art d'écrire et sur les pressentiments qu'on trouve de ces nouveautés dans les monuments élevés devant nous par les Maîtres, toutes ces idées, dit-il, vraies ou fausses, sont à lui. Même les traits, çà et là épars, qu'il croit communs à toute la génération montante, c'est lui qui les prétend tels, et tels il se pourrait qu'ils ne fussent que dans ses prétentions. Pourtant il est convaincu d'avoir raison : mais on peut voir de bons esprits précisément convaincus de doctrines contraires aux siennes, — lesquelles ont, sans doute, le grave tort de n'être pas émises avec ce beau désintéressement scientifique qui sied, il est vrai, aux savants, mais qui n'est guère le fait d'un Poëte.

On déclare : — que toutes les assertions de ce livre, tous les principes qu'on y défend et tous les développements de cet exposé de principes n'ont d'autre but que d'indiquer sur quels motifs logiques se fondent les réalisations qui ne laisseront pas de suivre de près cette préface théorique. Elle est une manière de précaution qu'il a paru honnête et prudent de prendre.

La véritable orientation de cette Littérature de Tout à l'heure *est donc fixée par sa Ve Partie où les doctrines n'apparaissent qu'à titre de commentaires d'un Livre futur. Le point de vue réel est du Poëte : de l'esthète, non pas ! Autant vaudra l'Œuvre, autant vaille la théorie.*

Ch. M.

DE LA VÉRITÉ ET DE LA BEAUTÉ

I

La cohue démocratique n'est pas la Foule. Ignorante et naïve, la Foule commet et soumet joyeusement ses forces innombrables à des chefs acclamés et c'est elle, au service d'idées qu'elle adore sans les comprendre, qui fit les grands mouvements de l'histoire. C'est elle encore, obscure, qui donne ce qu'elle n'a pas, la Gloire. Et c'est encore elle, vraie comme l'enfance, docile à la Fiction comme la forêt au vent, qui vibre aux émotions profondes des poëtes, qui écoute, accrédite, dore des sincérités de ses admirations et perpétue les belles légendes, — la Foule, cliente de Shakespeare. — La vanité creuse et bruyante de ses individus caractérise la cohue. Ils ne savent rien, certes, ni chacun, ni tous, mais ils prétendent, opinent, contestent, jugent, ils ont lu les journaux, et l'irréconciliable haine de l'Extraordinaire leur prête parfois une façon de logique. Ils se targuent d'athéisme (au fond, ils en veulent à l'idée de

Dieu d'être exceptionnelle) et c'est une légion de Prudhommes féroces avec ce seul mot pour tout idéal et pour tout évangile : MÉDIOCRITÉ. Produit fatal de la « diffusion des lumières », — cette énorme plaisanterie, cette monstrueuse extase moderne ! Encore faut-il nous féliciter si la *dispersion* des lumières a seulement enténébré l'horizon du monde : elle eût dû l'incendier. Mais il y a confusion : la lumière diffuse n'est pas la clarté, la clarté ne se laisse pas disperser ; on peut le refléter et le réfracter, on ne donne pas de double au soleil.

Comme ils savaient son instinct contraire à leurs tendances, les esprits d'exception se sont écartés pour laisser le champ libre à la cohue triomphante. Ils restent étrangers à toute active manifestation sociale, ils n'ont plus guère de goût qu'aux spéculations des sciences, des philosophies, des arts et des littératures. Est-ce bien la peine, en effet, de donner du temps à s'efforcer de diriger la cohue ? Est-elle dirigeable, la démocratie ? Pour combien d'années encore en a cette société ? — Il semble qu'en eux, prenant conscience de soi, le siècle hésite entre la crainte d'être au couchant du monde et l'espoir d'être à l'aurore d'un monde.

En tout cas, depuis qu'à la Foule a succédé le Public, — aristocratie de la cohue, ramas de gens qui s'ingèrent de penser pour leur propre compte et, sans que ce soit leur destinée, de décider de tout, ayant sur tout des notions nécessairement incomplètes, — les Poëtes (pour employer ce mot dans son sens le plus large) sont condamnés à la solitude. Comment donc pourraient-ils plaire, eux que la divine Intuition retient dans la nature, à des intelligences faussées qu'une demi-science jeta dans l'artifice? — Le Public corrompt tout ce qu'il touche. Il déprave la Langue tellement qu'on peut défier un orateur de se faire entendre en France, aujourd'hui, *s'il parle français*, et la lecture [1] des journaux est instructive à ce point de vue. — Il a fait du théâtre, avec d'ailleurs la criminelle connivence des auteurs dramatiques, la turpitude qu'on sait. Aussi les dramaturges à succès n'ont guère de rivaux dans la honte de la popularité que les romanciers à la mode. — Mais le souffle même de ce Public, son attitude même créent une atmosphère irrespirable au Poëte. Les Gens sont bruyants, ricaneurs, raisonneurs, positifs, utilitaires, froids, irrespectueux. On ne leur en fait pas accroire avec de grands mots, — avec de grandes idées non plus. Ils ont de la Beauté, pour les mêmes causes, les mêmes défiances que de Dieu. L'état d'âme essentiel à la compréhension de toute œuvre d'art leur est devenu impossible : il serait sot et vain d'essayer de leur faire enten-

---

[1] La lecture aussi des recueils de discours parlementaires. Berryer, Montalembert, gardent un intérêt, du moins une possibilité : Gambetta, le dernier en date des « grands orateurs » de ces temps, est tout à fait intolérable, à cause du charabia.

dre, à ces âmes ivres de stupre et de lucre, que, pour pénétrer dans le rêve d'un Poëte, il faut oublier les intérêts *immédiats* de la vie quotidienne, obéir au choix qu'il a voulu des tons et des rapports, s'initier au spécial de sa vision, lui prêter une attention soutenue? Tous ces efforts exigent des dons que le monde a perdus : l'innocence de l'esprit, la sérénité, la réflexion, le désintéressement des passions, — le don d'admirer !

C'étaient les qualités de la Foule, et si elle ne les avait pas en propre, c'étaient les Grâces dont la vivifiait l'influence du génie. Elle savait écouter, regarder et lire, cette Foule ignorante, parce qu'elle était libre des préjugés du Public contemporain. Elle n'allait point demander au théâtre les agréments d'une digestion heureuse, mais y venait chercher le grand bonheur spirituel et sentimental, religieux, d'un grand oubli de la tristesse de vivre. Pour elle, l'Art était précisément *ce qu'elle ignorait*, elle vénérait en les Poëtes les Mages dépositaires des secrets qu'elle n'avait pas. Notre Public tutoie les Mages, il estime tout savoir et, par tendresse pour son erreur, afin de n'en être pas détrompé, il s'éloigne avec horreur de toute tentative suspecte de nouveauté. C'est pitié de voir les tâtonnements, les précautions, les prudences, toute cette infiniment petite et douloureuse diplomatie à quoi ont dû se résigner ceux qui apportaient dans l'art une Révélation quand ils en ont dû vivre, —

tous les sacrifices qu'il faut faire au Démon de la Concession ! On doit dire qu'en cette voie quelques-uns des meilleurs, pourtant ! des littérateurs contemporains sont descendus trop bas. Grâce aux concessions exagérées qu'ils ont faites, et qui ont pour résultat naturel d'encourager, d'ancrer le stupide Public dans ses goûts stupides — soit pour la gaudriole, cette chose, hélas ! bien française, soit pour le plus dégoûtant sentimentalisme — ils réduisent les nouveaux venus dans la Littérature à trouver *mieux* encore — pour plaire ! — dans cette course vers la Nullité, ou à prendre je ne sais quelle ridicule attitude de protestation, d'austérité...

Les savants aussi ont eu bien des torts et, sans perdre le respect nécessaire, il faut les dire. Voltaire et les Encyclopédistes avaient commencé cette œuvre puérile et mauvaise de la vulgarisation des sciences : les noms se pressent sous ma plume des écrivains qui, dans ce siècle, ont continué cette tâche. Je sais qu'en dernière analyse ils ne sont pas comptables des résultats désastreux qu'ils n'avaient point prévus ; je sais qu'un bon sentiment les anime, qu'ils ont obéi à ce prosélytisme qui fait qu'une idée nouvelle, comme dit Carlyle, brûle les cerveaux bien autrement que l'or brûle les goussets. Mais ce sont de telles ardeurs irréfléchies qui précipitent les sociétés à leur décadence. Il est déplorable que nos savants n'aient point compris qu'en vulgarisant la science ils la décomposaient, que confier aux mémoires inférieures les Principes c'est les exposer aux incertitudes d'interprétations sans autorité, d'erronés commentaires, d'hétérodoxes hypothèses : car c'est lettre morte, le Verbe enclos dans les livres, et les livres eux mêmes peuvent périr, — mais le courant qu'ils déterminent, le souffle émané d'eux leur survit, — et que faire s'ils ont soufflé la tempête et déchaîné les ténèbres ? Or tel est le résultat le plus clair de tout ce fatras de vulgarisation. Par elle nos savants sont en train de rendre au grand Mystère originel les pénibles, les successives conquêtes qu'ils avaient faites sur lui. Peut-être suivent-ils l'irrésistible impulsion d'une loi suprême, peut-être est-ce la grande loi de l'Esprit qu'il rende à l'ignorance aujourd'hui les inventions d'hier pour les lui reprendre demain et ainsi toujours se tenir en haleine, peut-être telle doit être l'histoire de notre civilisation comme ce fut l'histoire des civilisations antérieures : c'est l'éternel retour des corps organisés à leurs éléments premiers qui les rendront à la vie. Mais peut-être aussi plus de prudence garantirait à la Science plus de durée, en maintenant plus longtemps le monde secondaire dans la modestie. D'ailleurs les résultats immédiats seuls ici m'intéressent, et il faut bien constater que la vulgarisation des sciences n'a pas peu contribué à exaspérer la vanité des gens. Depuis qu'ils savent l'adresse du libraire qui peut leur procurer pour des prix modiques l'explication de la Création, depuis qu'ils ont entendu dire que tout se réduit à $A = B$, l'arrogance des imbéciles a bien grandi. Que leur parlerait-on encore de la profondeur des Mythes et de la beauté des Fables ? Ils ne veulent plus que des formules, 2 et 2 font 4, il n'y a que cela au fond de tout, — et 2 et 2 font 4 ont supprimé la Grâce de l'Esprit. L'Esprit ! il est bien question de lui ! on ne veut plus que de l'Intelligence et, par un symbole trop clair, on n'a laissé à l'esprit — jadis le divin Spiritus — que le sens d'un calembour. — Car à ce débordement de la Science hors de son domaine propre, nous devons une altération spéciale de la langue, l'invasion des mots pédantesques. Il n'y a plus de repos pour un honnête homme, depuis qu'il est exposé à lire, à entendre où ils n'ont que faire des vocables barbares et froids comme *individuation*, *concept*, etc. — A un point de vue plus particulier les divulgateurs surtout des Exégèses sont coupables. Les gens ont été terriblement flattés d'apprendre que Moïse n'était qu'un médecin, Jésus qu'un homme et — le niveau du monde en a été baissé. Bien plus avisés, bien plus compatissants aussi que nos modernes aux faiblesses humaines furent les prêtres de l'antiquité qui gardaient aux prudences de l'Ésotérisme ce qu'il était bon qu'ignorât le populaire et lui servaient de belles fables où la Vérité s'enveloppait de symboles. Les civilisations antiques ont précisément péri de l'intrusion d'indignes adeptes dans le collège des Initiés : comme les hommes ordinaires ne pouvaient supporter la pleine lumière de l'Initiation, ils l'éteignirent. — Mais comment nos modernes, lestés de toute l'expérience de l'histoire, n'ont-ils pas vu que le principe même de la vulgarisation est faux ! Elle doit être *claire et définitive*, n'est-ce pas ? Et qu'ont-ils donc de si définitif, quand leur vie se consume en discussions sur les premiers principes ? Fatalement, dès lors, le savant qui parle à d'autres qu'à ses pairs, celui qui propage et vulgarise, est conduit à prêter l'autorité d'un dogme à ce qui n'a que la valeur d'une opinion, — étant donné surtout qu'il doit se maintenir dans les généralités, sans descendre jamais à ce fond ténébreux strié de lumières où l'on sent la Vérité poudroyer à l'infini sous le doigt qui la presse. Qu'est-ce donc qu'une telle vulgarisation, sinon celle de l'erreur ? Et cette vulgarisation, encore, doit être claire : c'est-à-dire que le savant s'y doit efforcer d'épargner à l'ignorant les peines de l'initiation. Mais à ce prix la Vérité demeurerait incommunicable ! A supprimer, entre le mystère et l'explication, l'initiation des recherches, on ne pourrait que rendre l'explication même mystérieuse. Et c'est ce qui a lieu. « La science consiste à transporter le mystère dans l'explication [1]. » C'est tromper les hommes ; avec de dégoûtantes prétentions au positif et un grand appareil d'apparences solides, c'est donner aux gens l'habitude de se payer de mots. Je crois bien que nous en sommes au temps dont parlait Swédenborg : « La lumière spirituelle est descendue du cerveau dans la bouche, là elle apparaît comme l'éclat des lèvres et le son de la parole est pris pour la Sagesse même [2]. »

Du moins, il semble évident qu'entre l'ensemble d'une société ainsi pétrie d'erreur et les âmes éprises de Vérité et de Beauté nulle alliance n'est possible.

Avec la Foule, ce trésor de forces instinctives, la Foule, capable d'erreurs, elle aussi, aisément séduite à ce qui luit — mais à ce qui luit ! — le Poëte était en communion naturelle : l'union d'une âme et d'un corps ! L'Esprit vivifiait à son gré une matière docile. Elle n'était certes pas ignorante à demi, la Foule, mais elle se l'avouait et cet aveu la constituait en état de perpétuelle

---

1. M. de Villiers de l'Isle-Adam.
2. Les Savants ont encore, au regard du Poëte, un autre tort, lié sans doute à celui qu'on vient de dire, plus apparent que lui, mais, en somme, moins grave et qu'excusent de plus ou moins légitimes représailles : autrefois la littérature avait envahi le domaine de la science, aujourd'hui la science envahit celui de la littérature. Représailles et réactions sans responsabilités humaines.

réceptivité spirituelle : elle savait tout, de par la vertu sincère de son ignorance. Et ceci n'est qu'apparemment paradoxal : jusqu'aux temps tout modernes, c'est la Foule qui écrit l'histoire et inspire les penseurs, — la foule plus un homme. Tous-et-Un, voilà l'authentique et l'universel auteur des grandes choses qui sont dans nos mémoires. C'est la Foule et Pierre l'Ermite, c'est la Foule et Saint-Louis qui ont fait les Croisades, c'est la Foule et Louis XI qui ont fait la France... C'est la Foule et les Trouvères, la Foule et Villon qui ont fait la langue française.

Et ce n'est pas le moindre des Mystères devant quoi l'esprit hésite, ce double phénomène, attesté par toute l'histoire de la linguistique : la toute puissance et la fécondité de la Foule à créer les mots et les alliances de mots, la construction, la syntaxe, — tout le génie de la Langue, tandis qu'à la même tâche les savants[1] se sont montrés impuissants et stériles, et, pour toute collaboration à ce grand travail, ont dû se contenter de catalo-

---

[1]. Je dis les *savants* et non pas les *écrivains*. Au contraire ceux-ci ont enrichi la langue de nouveautés — que d'ailleurs les savants n'acceptent pas sans protester. Mais la faculté créatrice des écrivains est celle même de la Foule : l'Intuition. C'est le vieux *rem tene, verba sequentur* : une *chose* nouvelle exige un *mot* nouveau et l'imagine, sans vaines recherches de radicaux et de désinences, par un retour, peut-être, à cette omnisciente ignorance du premier homme, *qui désigna d'un nom chacun des êtres et chacune des choses que Dieu venait de créer.*

guer les inventions populaires. Ils ont eu le tort d'y ajouter leurs propres imaginations, leurs pénibles productions, toutes roidies de grec et de latin appris par cœur, pas encore digérés, et dont on retrouve dans le mot *nouveau* (antique nouveauté !) des morceaux tout entiers tels que les ont fournis les langues originelles. Cela est grec ou latin, cela n'est pas français[1].

Le public, non plus qu'aucune des grandes vertus de la Foule, n'a pas hérité sa fécondité verbale, ayant perdu ce prime saut de l'âme des êtres naïfs et qui s'émerveillent volontiers, êtres d'intuition et dont le souffle crée l'atmosphère essentielle à l'invention des Mythes.

Il n'y a plus de Mythes, plus de Fables. Nos lecteurs et nos spectateurs nous demandent de célébrer les banalités traditionnelles qu'ils roulent dès toujours dans leurs mémoires : et justement, les Poëtes viennent pour dire ce qui n'a pas encore été entendu. Nos lecteurs et nos spectateurs veulent se reconnaître dans nos œuvres, y trouver leurs propres pensées avec un reflet même de la « vie courante » : et justement, les Poëtes habitent dans des Rêves où les passants ne sauraient être admis sans la précaution de quelque initiation, brève ou longue, des rêves qui sont précisément le contraire des soins du *Tous les jours*. Mais

---

1. Pathologie, tératogénie, pachyderme, cortical, etc...

le passant n'a pas de temps à perdre, ses affaires le réclament, il veut comprendre tout et sans délai, et il affirme que le premier des devoirs des Poëtes est de « se placer à son point de vue », de lui offrir des choses d'une assimilation prompte et facile, et qui n'aillent point lui bourreler l'esprit de trop graves pensées : « car, qu'est-ce que la littérature, sinon un délassement des gens instruits, une distraction d'après-dîner ?... »

N'avez-vous jamais considéré avec un peu de mélancolie, dans les gares, cette *bibliothèque des chemins de fer*, laquelle, à l'en croire, réunit les chefs-d'œuvre de la littérature contemporaine ? Le format est commode, portatif, les lettres sont assez grosses pour ne pas fatiguer les yeux, le texte est assez clair pour ne pas fatiguer l'esprit : c'est le *Roi des montagnes*, par exemple, ou *Le cas de M. Guérin*, des choses aimables et « courantes », non sans le ragoût d'un peu d'ironie, juste assez pour donner au style ce coup de fouet qui le fait encore un peu plus vite « courir ». — Elle me semble très significative, cette *bibliothèque des chemins de fer*, congruente à merveille aux goûts d'un siècle qui, jugeant secondaires les besoins spirituels et pensant « gagner du temps » — dans quel but, hélas ! — à faire deux choses à la fois, ne veut plus lire qu'en « courant », et des choses « courantes » ; et le goût avec la nécessité des voyages augmentant toujours, elle a de l'avenir, cette *bibliothè-*

que, puisque la « littérature est l'expression de la société ».

II

Non, une telle littérature n'est pas l'expression moderne de la société ; la pluralité des suffrages n'est pas le véritable esprit des peuples et, telle quelle, une littérature qui ne chercherait pas la faveur des Barbares resterait l'expression vraie d'une société qui n'a plus guère de réalité qu'en une infinitésimale portion d'élite, au delà des bruits de l'industrie, des vagissements de la politique, des complaisants applaudissements d'une assemblée mondaine et de toute cette creuse clameur qu'une civilisation ruineuse et vertigineuse et tournoyante aux remous du Maëlstrom inventa pour s'épargner la peine de penser, silencieusement.

Mais l'isolement où les Barbares ont relégué les Poëtes les conduit au triomphe de la formule ésotérique — proclamée désormais sans danger, puisqu'il n'y a plus de silence, — les force à s'enfermer dans les limites providentielles de l'Art et du Génie. Ce qu'il adviendra de cette banqueroute de l'Art et du Génie au monde, qu'importe ? Qu'importe : elle est fatale et la peine serait perdue qu'on prendrait à s'efforcer de la prévenir. Et puis, il n'est point plaisant de calculer la durée possible des œuvres d'art et des livres. Ce n'est pas seulement pour la mémoire des hommes que le poëte agit, et dût-il n'être pas compris il s'en consolerait.

— Pour qui donc, nous dit-on, et pourquoi écrivez-vous ?

— Même si les troupeaux n'existaient pas les prés fleuriraient, parce que c'est leur destin. C'est d'abord pour cette nécessité glorieuse d'accomplir leur destinée que les Poëtes écrivent, pour obéir à l'universelle loi de l'expansion naturelle, — aussi pour mériter la Vie Eternelle. Emanations de Dieu, étincelles échappées du Foyer de la Toute-Lumière, ils y retournent. C'est, dis-je, l'universelle loi de la vie : Dieu s'épand de soi par la création pour se résorber en soi par la destruction et de nouveau s'épandre et se résorber de nouveau, et ainsi de toujours à toujours ; c'est l'Analyse et la Synthèse, c'est la révolution des globules du sang de nos veines et des globes de l'Infini, — c'est la révolution des âmes. Elles sont les manifestations extérieures de Dieu qui les émet avec la mission de coopérer, toutes et diversement, à la lumineuse harmonie mondiale ; l'impulsion divine, si elle est obéie, les ramène par une fatalité heureuse à la commune patrie, — les chasse de son orbe, si elle est transgressée, et la nuit s'en accroît. En produisant son œuvre, une âme de poëte ne fait point autre chose que décrire son essentielle courbe radieuse et retourner à Dieu, comme, d'ailleurs, toute autre âme qui donne les conclusions effectives dont elle porte en soi les prémisses. — Et puis, selon la vieille et véritable parole, rien ne périt ; nul ne peut que ce qui fut n'ait pas été et rien n'a été qui ne soit éternel par son influence perpétuée dans la grande vibration totale. Les Poëtes créent, donc, pour informer d'éternité leurs rêves. — Secondairement, toutefois, une mission d'enseignement semble incomber à ceux qui détiennent cet instrument de toute éducation, la Parole, et la Parole ailée. « Songez, nous disent les moralistes, à ces frères plus jeunes qui espèrent de vous le pain spirituel. » Et la conclusion pratique des moralistes c'est que le Poëte doit à sa vocation de se mettre à la portée de tous, des masses, des petits.... Spécieux argument ! Les écrivains des civilisations antiques pouvaient écrire pour *tous*, car *tous*, grâce à l'esclavage, *tous* se réduisaient à *quelques privilégiés* qui avaient des loisirs, — et alors pourtant les écrivains n'enseignaient pas, ils étaient les expressions concentrées des croyances ou des préférences ambiantes, les secrétaires de leurs lecteurs[1], lesquels ne dépassaient pas les étroites limites d'une ville et ne permettaient pas davantage aux écrivains

---

1. Je ne parle pas, bien entendu, des Poëtes exclusivement religieux, comme ceux des Hébreux, par exemple, prophètes et psalmistes qui, eux, écrivaient en effet pour tous, parce que, ce faisant, ils écrivaient aussi pour eux seuls, n'ayant comme la Foule qu'une préoccupation : Dieu.

de les dépasser, accusant un Tite Live de patavinisme pour n'accommoder pas strictement son style à la mode romaine. — Mais écrire de la littérature pour tous, aujourd'hui : que veut-on dire par là ? On *imprime* pour tous ceux qui savent, en quelque sorte, *physiquement* lire : on ne peut *écrire* pour tous, en ces temps modernes où les patries d'âmes vont se multipliant tout ensemble et creusant les fossés qui les séparent. 89 ni 92 n'y ont rien fait, que peut-être mêler les classes : elles sont toujours. Il y a toujours les aristocrates et les manants, ce sont les dilettanti et les autres ; et peu importe si c'est parmi les manants d'autrefois qu'il y a le plus d'aristocrates de ce nouveau régime, ils sont clairsemés sous le nouveau comme sous l'ancien. Ecrire pour le Public ! Ces mots n'ont pas de sens, car il n'y a pas *un* Public et ce n'est que par une fiction et pour faire plus court que j'ai pu emprunter ce mot à son pluriel nécessaire : il y a *des* publics, il y en a autant qu'il y a de différences parmi les hommes dans les fortunes, les professions, les hérédités, l'éducation, etc, et cela se divise et se subdivise à l'indéfini. Chaque infinitésimale catégorie de lecteurs constitue un public qui a son romancier, son dramaturge, son chroniqueur et son critique, et d'un public à l'autre s'échangent des jalousies, des mépris. Le public de M. Octave Feuillet regarde d'assez haut, non sans raison, le public de M. Alphonse Daudet ; mais le public de M. Daudet ne tarit pas de rires pour le public de M. George Ohnet et j'avoue pourtant mal saisir les différences, être même exposé, un jour que je serais pressé, trop pressé pour évaluer un plus ou moins d'adresse, à classer sous la même étiquette ces deux romanciers ; pourtant les lecteurs de M. Ohnet se croient des aristocrates auprès des clients de M. Fortuné du Boisgobey et si on m'affirme que ces derniers se gaussent des habitués de M. de Montépin, je n'en serai pas étonné. Qu'on y pense, ces classes de gens constituent des Etats dans la société, sont d'un patriotisme rigoureusement intransigeant, parlent des langues qui n'ont que d'apparents liens depuis longtemps rompus, ont des idéals les uns aux autres inconnus ou hostiles, manquent d'intérêts communs, n'ont même pas une façon identique de goûter l'ordure, car les abonnés du *Gil Blas* ne sont pas ceux de la *Vie Parisienne*. Et c'est dans ce temps de confusion des langues, dans ce pays où il fallait bien que finît par s'ériger une parodie de l'antique Babel, c'est, dis-je, dans la France du XIX° siècle finissant qu'on parle d'écrire pour tous ! — Mais les moralistes donneurs de ce conseil pensent moins, j'imagine, à l'ensemble de nos contemporains qu'à la tourbe des petits qui languissent dans une ignorance dont nul n'a pitié et qui, peut-être, garderaient aux poëtes la surprise d'une naïve obéissance, d'une reconnaissance toute neuve. Ecrire

pour les petits, pour les simples... Essayez ! On
parle, on n'écrit pas pour eux ; c'est une œuvre de
charité qni n'a plus rien d'artistique, c'est la mission du curé de campagne et du maître d'école
de banlieue, ce n'est pas la vocation du Poëte.
Sur ce point, un illustre exemple contemporain me
paraît tout à fait édifiant. Le comte Léon Tolstoï,
l'admirable écrivain de *Guerre et Paix*, obéissant
à l'esprit évangélique qui fait de lui une sorte d'apôtre libre ou de sacerdotal éducateur des moujiks,
écrivit pour eux, dans leur langue, ce noir drame,
Patte prise Oiseau pris, qu'on a baptisé en français
La Puissance des Ténèbres et où il montrait le remords stérilisant le crime de ses bénéfices. Le
poëte s'étant de tout son génie efforcé de se maintenir parmi les sentiments tout à fait rudimentaires,
pouvait légitimement, selon les apparences, espérer
d'être compris des spectateurs qu'il avait choisis.
Il s'était bien trompé et les moujiks n'eurent que
du mépris pour un criminel qui, de lui-même, se
livrait à la justice, alors qu'il n'avait plus qu'à jouir
de son crime. Et cela est logique ; la moralité en
action, composé bâtard de la Fiction et de la Vie,
n'a l'autorité ni de l'une ni de l'autre, ni la vertu du
Sermon qui porte directement les flambantes
clartés de la foi dans les consciences obscures et
impose le respect, au nom de Dieu, ni la grâce vraiment sanctifiante du Poëme qui relève l'âme de sa
triste faction, dans les boues ordinaires et lui donne

la bienfaisante nostalgie de la liberté naturelle.

— Ecrivez du moins pour Quelques Uns, pour les rares esprits capables d'élévation : écrivez pour les grandir. Chacun d'eux étant le centre d'un groupe, la bonne influence se communiquera du centre à la périphérie... Ainsi s'accomplira le rôle d'éducateur qu'assume quiconque écrit...

— Quel piège encore se dissimule sous cette sorte de pactisation ? Raisonnons : qui sont ces Quelques Uns dont on parle avec cette estime anonyme ? Nous sont-ils supérieurs, égaux, inférieurs ? Dans le second cas, nous n'avons nul effort à faire pour nous mettre à leurs portée, puisque nous y sommes naturellement : un poëte écrit pour ses égaux en écrivant pour soi. Dans le premier cas, c'est nous qui espérons d'eux la manne de la vie, ou plutôt symbolisent-ils notre propre Idéal, et l'espoir de les contenter est notre meilleure ambition. Le cas le plus probable est le troisième : il s'agirait de bons esprits un peu audessus, comme on dit, de la moyenne, incapables de créer, capables de comprendre — et nous égalant par là, selon le mot de Raphaël : « Comprendre, c'est égaler. » Mais avec de tels esprits (combien sont-ils ?) nous sommes bien loin déjà des premiers conseils : Ecrire pour tous, écrire pour les petits... On se représente des êtres, des esprit bien nés et qui n'auraient que faire de nos enseignements ; le seul moyen qu'on voie de les « grandir » c'est, pour le Poëte, de rester lui-même, d'aller de lui-même aussi haut, aussi loin qu'il pourra. Le seul évangélisme qu'il leur doive, c'est de les forcer à *lever* les yeux s'ils veulent l'apercevoir. C'est aussi toute la part qu'on soit en droit d'exiger de sa coopération au grand œuvre de l'Humanité. Puisque le Poëte est l'interprète de la Beauté — or, la Beauté est le signe de la Vérité, — sa tâche humaine n'est autre que de témoigner le plus glorieusement qui soit en lui de la dignité de l'espèce. Pour rester idéale, dans l'œuvre poétique, cette dignité ne jure point de ne s'étendre jamais à des manifestations effectives. Il germe moins de basses pensées chez les lecteurs de Dante, ou de Gœthe, ou de Balzac, que chez ceux de M. Dumas, par exemple, ou de M. Sardou ; *Louis Lambert* féconde l'esprit de plus hautes pensées que *Les Parents Pauvres*[1].

Comment pourrait une imagination ne pas surveiller ses plus ou moins nobles écarts, quand elle est toute lumineuse encore des reflets d'une grande Pensée ? Et c'est ainsi qu'autour des palais et des

---

[1]. On se garde de laisser croire qu'on soit sans goût pour ce livre, mais on admire d'avantage les *Œuvres Philosophiques* où pourtant, c'est à craindre, les esprits « un peu au-dessus de la moyenne » prendront moins de plaisir et trouveront moins de clarté que dans les études de la vie plus ordinaire : si pourtant ils ont pris la peine qu'il faut pour bien entendre *Louis Lambert, Seraphita, La peau de chagrin, La recherche de l'Absolu*, etc., leur développement spirituel y a gagné.

temples, les maisons mettent quelque pudeur à n'être point trop offensantes pour l'auguste voisinage.

Mais on reproche aux Poëtes de l'heure actuelle je ne sais quelle spéciale obscurité, un goût hors nature pour la nuit du style. Qu'il suffise de demander à nos critiques si nous sommes seuls comptables du tort que nous avons — soit supposé — de nous complaire dans ces ténèbres formelles ? si elles ne s'exagèrent pas à la comparaison des tristes limpidités qui font la fortune de Tel et Tel ? s'il n'y aurait pas de la noblesse en ce parti pris — supposé encore qu'il y ait parti pris — d'éviter la faveur des gens qui fêtent tant d'odieuses turpitudes ? et enfin si le tort principal ne serait pas à la date où sont nés les nouveaux poëtes ?

Ces reproches, d'ailleurs, ne les émeuvent guère. Ils produisent avec sincérité l'œuvre qui est leur raison d'être et, plus difficiles qu'aucuns critiques, tâchent d'abord de se contenter. A qui va l'œuvre ? C'est un point secondaire. Eh ! n'ira-t-elle pas à ceux qui lui viendront ? Nos vrais amis sont peut-être aux antipodes : l'imprimerie, qui a si mal servi l'humanité, — une diabolique invention, — leur portera les livres que nous écrivîmes pour eux en les écrivant pour nous, et par là réparera quelques uns de ses torts. Et puis, peut-être serons-nous pleinement compris par les petits-fils de ceux qui nous lisent aujourd'hui d'un œil distrait et défiant. Si elle peut résoudre en actions, chez nos descendants, nos fugitifs désirs, en crimes nos mauvaises pensées, en bonnes œuvres nos velléités de vertu, l'héridité résoudra, d'une génération à l'autre, les doutes en certitudes et les ombres en clartés.

Les Poëtes ont un peu de la patience du Dieu de lumière dont leur génie participe. Par delà toutes railleries passagères ils restent la portion glorieuse de l'humanité. Car si quelque envoyé de Vénus ou de Sirius venait demander aux habitants de la Terre ce qui leur fait le plus d'honneur, les hommes auraient vite pesé leurs capitaines, leurs banquiers, leurs politiciens et même leurs savants : que valent, au regard des étoiles, nos exploits sanglants, nos trésors conventionnels, nos dissensions d'opinions et de frontières, — et qui sait si les vivants des autres mondes n'ont pas obtenu, dans les sciences, des conclusions plus profondes que les nôtres ? Seules les fictions, avec leurs intuitions hardies, leurs harmonies, leurs belles couleurs, donnent la plénitude et l'assurance du bonheur spirituel, — et les hommes, pour se glorifier, ne pourraient désigner au messager lointain que leurs Poëtes.

III

Cependant la dignité des Poëtes, pour incommunicable qu'elle soit, n'est pas inviolable. Il est trop vrai qu'ils ont besoin d'être écoutés, qu'ils sont souvent tentés de faire des sacrifices aux sympathies hésitantes, possibles. Ils voudraient bien s'arranger du goût de la Cohue, obtenir les suffrages des Barbares. Mais enfin ce n'est plus permis : nul moyen désormais de mériter d'eux sans faillir à la Destinée. Les Publics sont des maîtres plus jaloux, plus arbitraires, hélas! qu'un duc de Ferrare ou qu'un prince de Condé, moins nobles aussi, sans compter moins généreux. Il est dur, pour un artiste sincère, d'être pensionné par les abonnés des cabinets de lecture ou par les salles de spectacles. Les gens, poussés d'ailleurs par les courtisans du succès, sont descendus si bas — je l'ai dit, ne faut-il pas le répéter? — dans l'élection de leurs préférences qu'il faudrait pour les contenter le génie même de l'ignominie. Et des dates sonnent, des signes se manifestent qu'on ne peut négliger. La Langue, la bonne langue française, est devenue, dans les bouches contemporaines, un jargon sans presque plus rien du génie originel; c'est, peu s'en faut, parler une langue morte que parler purement et les gens disent: ennuyeusement. D'autre part, les formules littéraires semblent épuisées et connaître leur fin, tandis que dans les arts voisins un mouvement se produit, nouveau, envahisseur de la Littérature même sans, pourtant, passer leurs propres limites [1]. Enfin les Religions, immémoriales pierres angulaires de toutes Fictions, s'effritent, tremblent sur leurs vieilles assises, vont périr et il semble voir descendre sur le monde un crépuscule annonciateur d'une nuit plus sombre que celle du Moyen-Age, avec la complication et la complicité des sagacités inutiles d'une expérience qui n'est que du désenchantement.

A l'imminence du désastre les Poëtes, comme c'était leur seule défense, ont instinctivement opposé une récurrence logique aux Origines. De cette atmosphère factice et lourde qui les paralyserait ils se sont dégagés vers la Nature : et c'est pourquoi un monde d'artifice leur a reproché d'être artificiels. Ce n'est qu'une illusion de détail dans l'ensemble des illusions d'une société où tout est renversé, qui croit que son mal est de savoir trop, s'imaginant posséder en masse la science de quelques têtes d'exception, alors précisément que la masse a perdu le sens des plus élémentaires notions, le sens primitif de l'ordre et le sens de la destination finale.

On a imaginé un nombre incalculable d'essentielles bagatelles qui obscurcissent le fond unique et réel de toutes choses. En toutes choses on met,

---

1. Voir : III, *Influences nouvelles.*

— l'image populaire est si juste ! — la charrue devant les bœufs. La charrue est perfectionnée, les bœufs s'abâtardissent. Jamais les *moyens* n'ont été si étudiés qu'aujourd'hui ; le *but* est devenu indifférent. La foule est effrayante des ouvriers en rimes qui font le vers à merveille : mais qu'y met-on ? Il y a des procédés infaillibles pour composer un roman selon les formules romantique ou naturaliste : mais romantiques et naturalistes de la dernière heure ne semblent pas même se douter qu'il s'agit de tirer d'eux ce qu'ils ont de plus intime, de plus spécial, de plus inconnu aux autres hommes et à leur propre conscience pour en faire leurs romans. Et ces romans s'en vont tout juste comme allaient les vers de M. de Fontanes, au commencement de ce siècle, lourdement, dans des routes connues, plates, à des issues prévues, quelconques. Il y a déjà longtemps que la mode est de laisser les romans sans dénouer l'intrigue : eh bien, ce n'est qu'une mode, pire ni meilleure qu'une autre, plutôt pire, ayant pour cause première la haine de l'Imagination et le culte, devenu pure idolâtrie, du « document humain ». Non pas qu'on lui préfère les accidents de cape et d'épée ; tout se vaut, il n'y a pas d'extrémités dans le médiocre. Je constate seulement l'envahissement du métier dans l'Art, monstrueux phénomène qui, pour n'être pas d'aujourd'hui, a du moins aujourd'hui ceci de particulier qu'il ne s'avoue même plus, qu'il se déclare, s'affirme, s'affiche, légalement, *naturellement*! On connait aujourd'hui une « profession d'homme de lettres », une profession qui tient le milieu entre l'avocat consultant et le maître à danser, une profession pas trop libérale, assurément, — et la notion même est effacée de l'état exceptionnel où doit être un homme pour en venir à ce parti — en soi étrange — d'écrire des choses qui n'aient pas l'utilité immédiate et visible d'une lettre ou d'une plaidoirie. — Mais c'est surtout au théâtre que l'illogisme érigé normal, la folie passée proverbiale, s'accentuent, incontestables. Tous les talents importent à l'œuvre dramatique telle que nous l'applaudissons, le talent de l'acteur d'abord et avant tout, puis le talent du metteur en scène, le talent du décorateur et, je pense aussi, le talent du souffleur, tous les talents, — excepté le talent de l'auteur, sorte seulement de matière première qu'on met en œuvre, dans une collaboration — comique si ce n'était au fond si triste ! — de l'impresario, de l'acteur et enfin de l'auteur avec, pour double critère de succès, la nature personnelle, les qualités individuelles du geste et de la grimace du comédien, et la connaissance, l'expérience que possède le directeur quant au « goût du public » : le tout fidèlement, scrupuleusement, honteusement accommodé sur commande par celui qui est devenu le valet de tout le monde, le Poëte !

Il y a des exceptions qu'il faut se hâter de dire,

mais combien rares et reçues des salles de Premières avec quelle défiance ! *Les Erynnies*[1] n'auront fait que passer sur l'affiche de l'Odéon ; *Le Baiser*[2], est-ce bien le noble rire qu'il mériterait, celui qu'il excite? n'a-t-il pas surtout le succès du calembour de ses rimes, bien loin en deçà de sa vraie signification ? Il a fallu le hasard d'un concours pour que le *Nouveau Monde*[3] fût joué, — échouât ; — *Les Corbeaux*[4], horrible souvenir pour les mémoires bourgeoises, honnêtes ! — *Formosa*[5] n'obtint que de l'estime ; — *Le Passant*[6] dut beaucoup à l'ombre de Musset... Non, les *vraies* gloires dramatiques de ce temps, — demandez à M. Sarcey, — c'est *Le Monde où l'on s'ennuie* et *Trois Femmes pour un Mari.* — J'exagère ?

Il est constant que l'actuel état du goût, en ce temps et en ce pays, la dépendance du Poëte envers l'éditeur qui sait « ce qui est demandé » dans les cabinets de lecture, envers le directeur qui sait les préférences des loges et du poulailler, envers le comédien qui « commande » son rôle, sont anormaux et imbéciles; meurtriers du développement libre du talent, exclusifs de toute sincérité.

1. M. Leconte de Lisle.
2. M. Théodore de Banville.
3. M. Villiers de l'Isle-Adam.
4. M. H. Becque.
5. M. Vacquerie.
6. M. François Coppée.

Et il me semble mal venu, ce monde qui se repaît de choses frelatées, à nous taxer de bizarrerie, parce que nous avons choisi de lui déplaire plutôt que de trahir le besoin de vérité qui est en nous, à nous accuser de décadence, nous qui faisons, en dépit de lui, le grand effort de renouer les bonnes, les belles traditions qu'il a rompues. On ne peut nous comprendre, au dire des gens, et ils ont une odieuse façon de boulevart de proférer cette fausse modestie, ce pur déni de justice : « Ça n'est pas à ma hauteur. »

— En effet.

IV

L'Absolu est humainement inaccessible et n'a de réalité qu'en nos désirs. Mais n'est-ce pas dans le chimérique et dans l'impossible que réside toute la réalité noble de notre humanité ? La satisfaction par le fini est l'incontestable signe de l'impuissance, parce qu'elle est la cause même des fatigues stérilisantes, une toujours plus approximante approche de la mort. Au fond de nous-mêmes ne le sentons-nous pas, que notre mort est faite d'une succession de terminaisons ? Si nous savions roidir notre volonté dans l'indéfectible rêve de l'Eternel et de l'Immense, de l'Infini et de l'Absolu, la mort serait pour nous comme si elle n'était pas, accident comme indifférent à la pérennité de notre âme. C'est le mot de lord Glanvill, cette phrase qu'Edgar Poe donne pour épigraphe à son poëme de *Ligeïa* et qui nous pénètre, comme une vivante vérité, d'un miraculeux et divin orgueil : « Il y a là dedans la volonté qui ne meurt pas. Qui donc connaît les mystères de la volonté, ainsi que sa vigueur ? Car Dieu n'est qu'une grande volonté pénétrant toutes choses par l'intensité qui lui est propre. L'homme ne cède aux anges et ne se rend tout à fait à la mort que par l'infirmité de sa pauvre volonté. »

Or, il ne faut pas beaucoup de métaphysique, il suffit d'un peu de réflexion pour se convaincre que cet inaccessible rêve est le fondement unique, le seul réel *substratum* de toutes nos certitudes même instinctives, même physiques. L'enfant doute si peu de l'absolu qu'il n'a pas, jusqu'aux fatales dépravations sociales de l'éducation, la notion du relatif ; et l'homme fait, quelles que soient ses tristes ou rassurantes convictions, projette et agit comme s'il ne devait pas mourir, a le sentiment inné de la permanence du plus réel de son être dans ses descendants, dans les œuvres de son esprit ou de ses mains, dans le bruit de sa parole, jusque dans les lettres de son nom gravé sur une tombe. Et c'était la doctrine de l'antique Egypte qui consacrait les forces entières de la vie à préparer le repos de l'être dans la mort, sa gloire dans le sépulcre que la résurrection viendra bientôt ouvrir, niant ainsi le néant dans son plus apparent triomphe.

Mais dans le pur domaine des réalités spirituelles, l'unique unité vivante de nos âmes dans l'Absolu éclate comme une évidente victoire de l'Un et de l'Eternel sur le multiple et le transitoire. Dès que nous disputons au soin terminé quotidiennement et quotidiennement recommencé notre essence par les préférences d'une permanente occupation de notre pensée, le temps s'efface, la veille et le sommeil se confondent dans le haut souci dont nous avons fait notre motif de vivre. Le livre, l'objet d'art, la phrase musicale, la pure pensée elle-même — je dis avant même son expression formelle — sont des éternisations du Moi. C'est que nous en faisons autant de moyens de dégager notre Moi des contingences et c'est qu'aussi, par là même et dès qu'il échappe aux contingences, le Moi humain recourt — comme une vive branche ployée reprend l'attitude verticale dès qu'on l'abandonne à sa liberté naturelle — au foyer de l'Absolu, *au lieu métaphysique des Idées*, à Dieu [1].

---

[1]. Quoique en ce livre de seule Esthétique — pourtant d'Esthétique fondée sur la Métaphysique — on entende autant que possible s'abstenir de purement philosopher, il faut bien donner une approximative définition d'un mot qu'on emploiera plus d'une fois et qui, dans le sens principal où il est pris ici, n'est pas indéfinissable. — Dieu est la cause première et universelle, la fin finale et universelle, le lien des esprits, le point

Les Religions, les Légendes, les Traditions, les Philosophies sont les plus évidentes émanations de l'Absolu vers nous et les plus incontestables récurrences de nos âmes vers l'Absolu, ce songe dont nous ne pouvons nous déprendre quoique nous ne puissions davantage le pénétrer.

Eh bien, Philosophies, Traditions, Religions, Légendes sont les communes et seules sources de l'Art, de celui qui, selon le précepte de Pythagore et de Platon, *ne chante que sur la lyre.*

Je ne pense pas qu'on puisse contester cette affirmation qu'*à priori* la raison prouve et que l'histoire consacre. Interrogeons pourtant, au plus bref, la Raison et l'Histoire. L'histoire nous amènera aux conditions de l'art, dans le temps présent, c'est-à-dire au sujet même de ce livre.

On a discuté interminablement sur la Beauté. On en a proposé bien des définitions. Il ne sera pas inutile de les relire ici, dans la liste toute vivante qu'en a dressée M. de Goncourt.

d'intersection où deux parallèles se rencontreraient, l'achèvement de nos velléités, la perfection correspondante aux splendeurs de nos rêves, l'abstraction même du concret, l'Idéal invu et inouï et pourtant certain de nos postulations vers la Beauté dans la Vérité. Dieu, c'est par excellence LE « mot propre », — le mot propre, c'est-à-dire ce verbe inconnu et certain dont tout écrivain a la notion incontestable mais indiscernable, ce but évident et caché qu'il n'atteindra jamais et qu'il approche le plus possible. — En esthétique, pour ainsi dire, pratique, c'est l'atmosphère de joie où s'ébat l'esprit vainqueur d'avoir réduit l'irréductible Mystère aux Symboles qui ne périront pas.

« ... Le Beau ! la splendeur du vrai... Platon, Plotin... la qualité de l'idée se produisant sous une forme symbolique... un produit de la faculté *d'idéer*... la perfection conçue d'une manière confuse... la réunion aristotélique des idées d'ordre et de grandeur... Est-ce que je sais ?... Le Beau, est-ce l'Idéal ? Mais l'Idéal, si vous le prenez dans sa racine, εἶδῶ, je vois, n'est que le Beau visible... Est-ce la réalité retirée du domaine de l'irrégulier et de l'accidentel ? Est-ce la fusion, l'harmonie des deux principes de l'existence, de l'idée et de la forme, l'essence de la réalité, du visible et de l'invisible ?... Est-il dans le Vrai ?... Mais dans quel Vrai ?... Dans l'imitation du beau des êtres, des choses, des corps ? Mais quelle imitation ?... l'imitation par élection ou par élévation ? l'imitation sans particularité, sans l'image iconique de la personnalité, l'homme et pas un homme, l'imitation d'après un modèle collectif de perfections ? Est-il la beauté supérieure à la beauté vraie... « *pulchritudinem quæ est supra veram*... » une seconde nature glorifiée ? Quoi, le Beau ? l'objectivité ou l'infini de la subjectivité ? L'*expressif* de Gœthe ? Le côté individuel, le naturel, le caractéristique de Hirtch et de Lessing ? L'homme ajouté à la nature, le mot de Bacon ? La nature vue par la personnalité, l'individualité d'une sensation ?... Ou le platonicisme de Winckelmann et de Saint-Augustin ?... Est-il un ou multiple, absolu ou divers ?.....

Le suprême de l'illimité et de l'indéfinissable ? Une goutte de l'océan de Dieu, pour Leibnitz... pour l'école de l'Ironie, une création contre la création, une reconstruction de l'univers par l'homme, le remplacement de l'œuvre divine par quelque chose de plus humain, de plus conforme au *moi fini*, une bataille contre Dieu !... Une préparation à la morale, les idées de Fichte : le Beau utile !....... Le Rêve du Vrai !....... Le Beau ! Mais d'abord, qui sait s'il existe ? Est-il dans les objets ou dans notre esprit ? L'idée du Beau, ce n'est peut-être qu'un sentiment immédiat, irraisonné, personnel, qui sait ?... »

Le Rêve du Vrai. Il ne serait pas difficile de ramener à cette formule les définitions mêmes qui semblent s'en écarter le plus. Toutes, et jusqu'à celle de Fichte, supposent un au delà où se reposent des mornes incertitudes les âmes dans une clarté, dans un jour de fête, dans une illumination pour l'esprit de par ceux de nos sens qui sont accessibles aux jouissances des lignes et des nuances, des sons et des modulations, soit qu'elle se confine dans cette sphère des sens spiritualisés, soit, et comme le veut Fichte, qu'elle éclaire aussi la conscience. Mais qu'est-ce que cette jouissance des « sens spiritualisés », sinon le rayonnement de la Vérité en des symboles qui la dépouillent des sécheresses de l'Abstraction et l'achèvent dans les

*. Edmond et Jules de Goncourt, *Manette Salomon*.

joies du Rêve? — du Rêve, c'est-à-dire de cet Au-
delà où se recule et s'estompe l'Affirmation éblouis-
sante et qui nous aveuglerait, trop proche, tandis
qu'elle gagne à cet éloignement plus de profondeur et de ces lointaines résonnances qui entraî-
nent l'esprit dans le toujours plus loin.

Dans cette acception du Beau, n'est œuvre d'art
que celle qui précisément commence où elle semblerait finir, celle dont le symbolisme est comme
une porte vibrante dont les gonds harmonieux font
tressaillir l'âme dans toute son humanité béante au
Mystère, et non pas s'exalter dans une seulement
des parts du composé humain, et non plus dans
l'esprit seulement que seulement dans les sens ;
celle qui révèle, celle dont la perfection de la
forme consiste surtout à effacer cette forme pour
ne laisser persister dans l'ébranlement de la Pensée que l'apparition vague et charmante, charmante et dominatrice, dominatrice et féconde d'une
entité divine de l'Infini. Car la forme, dans l'œuvre ainsi parfaite et idéale, n'est que l'appât offert
à la séduction sensuelle pour qu'ils soient apaisés,
endormis dans une ivresse délicieuse et laissent
l'esprit libre, les sens enchantés de *reconnaître les
lignes et les sons primitifs*, les formes non trahies
par l'artifice et que trouve le génie dans sa communion avec la Nature. Ainsi entendu, l'Art n'est
pas que le révélateur de l'Infini : il est au Poëte
un moyen même d'y pénétrer. Il y va plus profond

qu'aucune Philosophie, il y prolonge et répercute la révélation d'un Evangile, il est une lumière qui appelle la lumière, comme un flambeau éveille mille feux aux voûtes naguère endormies d'une grotte de cristal ; — il sait ce que l'artiste ne sait pas.

De nature donc, d'essence l'Art est religieux. Aussi naît-il à l'ombre des Révélations, les manifestant vivantes par son intime union avec elles et témoignant de leur mort en les quittant. Alors il se risque seul dans les régions ténébreuses et bien souvent y luit plus clair, annonciateur d'une Révélation nouvelle, qu'il ne faisait, inféodé aux erreurs temporaires qui corrompaient les vérités éternelles de la Révélation vieillie.

Telle est bien la loi de l'évolution artistique, et sans faire de longues recherches dans l'Histoire, seulement en l'entrouvrant, nous voyons partout les Religions génératrices des Arts, celles-là puiser en ceux-ci les grâces du culte, et ceux-ci fleurir autour de celles-là comme les signes de leur vitalité. — La Judée n'a eu de Poésie et d'architecture que par la Bible et par le Temple de Salomon. — La religion mortuaire de l'Égypte, tout de même, n'eut d'architecture et de sculpture que par ses tombeaux, véritables temples d'Isis, ses Pyramides, ses Sphinx et par ses bas-reliefs ou l'Humanité semble, réduite à l'indéfinie répétition d'un seul type aux traits hiératiques, aux gestes mystiques, ramper, pieuse, autour de la divine Mort. Pour se permettre les splendeurs énormes de leur architecture civile, les Égyptiens avaient fondu l'idée de la personne divine dans la personnalité royale et leurs palais n'étaient que des temples. Quant à leur littérature, elle fut toute sacerdotale. — C'est avec des différences d'applications et de détails le développement du même principe en Perse, en Assyrie, chez les Hindous, chez les Chinois. — Le Polythéisme et l'Art (poésie, architecture et sculpture) grecs ne faisaient qu'un. L'Iliade et l'Odyssée sont des actes de foi, — peut-être d'une foi déjà s'assoupissant. Elle se réveille et flambe chez Eschyle à l'éclat terrible des carreaux qui foudroient le Christ-Prométhée. Elle s'irrite chez Aristophane Elle se calme chez Sophocle. Elle s'oublie chez Euripide, le poëte de cette heure qui revient rhythmiquement au cours de chacune des grandes évolutions de l'humanité : alors que déprisé de ses ferveurs premières, déchue des enthousiasmes larges de son aurore, devenue étrangère aux anciens symboles peu à peu laissés en désuétude, à la fois paralysée à demi et pourtant subtilisée par le doute, n'ayant plus la plénitude de sa propre maîtrise ni la pleine confiance d'autrefois en ses puissances de comprendre et de savoir, l'humanité s'entraine à vivre davantage par son cœur, se passionne pour les drames passionnels où elle se plaît vite à trouver une symétrique synthèse, moins haute, mais plus pénétrante et combien plus poignante, des drames spirituels peut-être usés, peut-être oubliés. La foi grecque aura une splendeur de couchant avec les philosophes et les poëtes alexandrins, mais moins de certitudes que d'aspirations, plus de regrets que d'espérances : l'Imagination s'est compromise à l'assuétude du sentiment, la Grande Imagination grecque a perdu sa merveilleuse fécondité ; elle se complaît en des subtilités délicieuses, en des raffinements adorables : elle n'a plus le frisson. C'est une décadence éclairée, une seconde enfance qui sait les Grâces de l'enfance, l'assurance divinatoire de sa naïveté, le don qu'elle a comme de faire vraies les croyances qu'elle accepte. Mais cette seconde enfance n'en est pas moins sénile, stérile et l'art l'abandonnerait : heureusement que la civilisation antique, facticement consolidée, va s'effondrer .. — Il en va de même à Rome où, toutefois, moins de sincérité qu'en Grèce unit l'Art à la Religion, à cause, sans doute, que la race, non autochtone, vit de traditions plutôt transmises par la mémoire qu'inventées par l'intuition.

— Il en va pleinement de même au levant de la civilisation moderne. Tout l'art du Moyen-Age est chrétien, des fresques des Primitifs aux flèches des cathédrales, de Dante à Palestrina. La Renaissance altère l'union de la Religion et de l'Art, menace de les séparer, — et c'est-à-dire que le Christianisme se corrompt, s'anémie, entre presque en agonie et qu'il ne lui faut rien moins que la cruelle saignée de la Réforme pour reprendre quelque vitalité. Encore sera-ce désormais une vie en guerre, et d'ailleurs les heures ont été brèves de la douce beauté chrétienne. Le Moyen-Age « énorme et délicat[1] », cette reculée bleue et noire à travers les siècles, nous apparaît comme un tragique désert avec des instants d'oasis ; chevaleresque, poétique aux Croisades, mais atroce sous tant de lâches bandits qui sont des Rois ! rouge de feu, rouge de sang durant l'Inquisition. En somme une longue nuit traversée de radieux météores, excessive de ténèbres et de lumière ; de rares héros, mais qui tiennent dans leurs mains des peuples entiers ; de rares idées, mais que des foules innombrables acclament et accomplissent ; de rares docteurs, mais une multitude de disciples... — Au XVIIe siècle[2] français, catholicisme et protestantisme — rameaux greffés sur le grand arbre chrétien — n'ont, l'un et l'autre, plus guère de vie qu'en vertu de la première, si lointaine poussée

1. M. Paul Verlaine.
2. Il faudrait s'arrêter au XVe siècle de la Peinture, en Italie. La foi, vive, générale, indiscutée était le principe de toutes ces floraisons de chefs-d'œuvre. Mais on n'entend point faire ici une revue historique complète, et les décadences simultanées de l'Art et de la Foi ont paru d'une démonstration plus probante. — D'ailleurs on se maintient dans tout ce livre au point de vue exclusivement français, ne parlant d'un poëte étranger que s'il a eu sur nous une influence notable.

de sève ; une rivalité maintient décoratives les deux sectes, la haine l'une de l'autre conserve à chacune un jaloux amour de son personnel apanage de vérité. Le Catholicisme surtout, plus littéral héritier des rites chrétiens, se garde de désormais se laisser entamer par l'esprit de nouveauté que le Protestantisme a choisi, croit-on, pour la loi de son développement, — le « libre examen », orientation de boussole qui trouve partout le nord ! — La secte Catholique se fige dans le respect du passé, empruntant à l'intensité de cette abdication de toute jeunesse comme une sorte de jeunesse surnaturelle, comme un renouveau d'énergie, presque des droits sur l'avenir, du moins la souveraineté absolue dans le présent. Avec une agilité qui surprend, elle sait s'appuyer sur les deux forces qu'on eût crues les plus réfractaires à son influence, que le Christianisme a toujours — pour l'une — dominée, — pour l'autre — combattue : la Royauté et la Renaissance. L'Art, signe de sa vie, allait lui échapper : elle le retient par des concessions ; le Pouvoir Temporel peut seul suppléer aux forces de résistance dont elle manque : elle lui devient une raison d'être, tire pour lui de l'Écriture Sainte une Politique impitoyable où, d'ailleurs, elle se fait la seule royale part. Et fondé sur cet équilibre — peut-être boiteux et hors nature, et qui ne pouvait durer, — ce fut pourtant un grandiose moment, celui où elle régna. C'est là toujours qu'il faut remonter pour trouver les principes certains d'une pure langue française, certes appauvrie depuis Rabelais, du moins plus ferme. Telle je l'admire dans *Le Discours de la Méthode* et les *Méditations*, les *Oraisons funèbres* et les *Sermons*, le *Télémaque*, les *Caractères*, les *Fables*, les *Tragédies*, les *Comédies* et avant tout et surtout dans les *Pensées*, mais aussi jusque dans les écrits secondaires de cette époque vraiment admirable en ce qu'elle fut, si douloureusement qu'on pense à ce qu'elle ne fut pas. Le Catholicisme, dès passé l'instant pénible de la main-mise sur l'Autorité, par quelles diplomaties ! se r'énorgueillit, parut-il, des forces vivifiantes de la Vérité et, canalisant le flot de la Renaissance, le faisant confluer au fleuve chrétien, produisit en littérature une sorte de grand courant double et un jusqu'en sa dualité, ardemment mystique jusqu'en ses rêves païens. (Les autres arts, il est vrai, dormirent, sauf chez les peuples protestants dont le coup de sang de la Réforme prolongea, tout en la dépravant peut-être, l'inspiration artistique.) Il s'agissait de conquérir à la gloire du génie catholique l'universel empire des esprits, — et ce génie pour cette œuvre produisit des vertus admirables. Pendant que les orateurs sacrés chantaient les légendes chrétiennes, conduisaient à leurs dernières conséquences les prémisses encloses dans les dogmes, exprimaient des plus abs-

traites spéculations théologiques une psychologie, une morale et une politique chrétiennes, les poëtes firent rayonner jusqu'aux âges païens, par une rétroaction de rêve dans le temps, la Croix sur les Idoles : l'esprit chrétien mira sa clarté dans les nuées antiques et les féconda. On vit alors le vieux Corneille ranimer les héros de Rome, et, de par la magie de Racine, se redresser de l'oubli le peuple majestueux de Sophocle et d'Euripide. Mais la livrée seule et la légende restaient antiques : les âmes étaient converties, baptisées. Rien d'une restitution historique, des êtres chimériques bellement, futurs désirs d'André Chénier, « vers antiques sur des pensers nouveaux », patries de rêve. Un Chrétien, Auguste ; une catéchumène, Andromaque ; Phèdre, une repentie .. Et n'est-ce pas pour symboliser ce sens profond de leur œuvre, que Corneille et Racine y érigèrent — ainsi que les deux colonnes d'un arc-de-triomphe où passe en procession tout le siècle, — *Athalie* et *Polyeucte*[1].
— L'œuvre double était accomplie : les poëtes avaient repris à leurs maîtres païens les grandes fables pour les dédier au Christ — comme avaient fait les Papes, à Rome, des temples transformés en basiliques — et les docteurs de la Religion

---

1. On insistera plus loin sur le *sens littéraire* de ce XVIIe siècle qui ouvre l'ère moderne : il ne s'agit ici que de l'évolution de la Littérature autour des Idées religieuses. (Voir : II. *Formules accomplies*.)

triomphante en avaient réinformé toute vie publique et intime, comme par l'immense expansion d'un principe unique et inépuisable. — Mais à peine accomplie l'œuvre se laissait voir de peu de durée. Aussi n'était-elle guère humaine, ainsi austère et de si dures limites. L'esprit souffrait, sans peut-être précisément connaître les causes de son malaise, du sentiment proscrit de l'harmonie et de la couleur pour le prix qu'elles ont en elles-mêmes, en dehors sinon au-dessus du purement intellectuel sens des mots, et se revanchait de cette sujétion du sens précis en le subtilisant des concetti italiens et des gongorismes espagnols d'un Saint-Amand ou d'un Théophile. Cette réponse-à-tout d'une religion immuable coupait par trop court aux ardentes aspirations des Poëtes vers une Foi plus calmante et plus comblante, plus haute, peut-être, plus large à coup sûr, et plus douce que le Catholicisme ainsi réduit et bastionné, plus proche aussi de l'Absolu, à ces intuitions, à ces espérances, à ces élans, à tous ces rêves qui, jamais perdus, en dernière analyse, pour la Vérité, sont gagnés toujours pour la Beauté et constituent la meilleure patrie où se soit développé le génie : — patrie qu'un Credo plus jeune, sûr d'un plus long avenir, eût gardée flottante autour de soi, loin de la déclarer anathème. Tel quel, sans doute, l'officiel Credo protégeait et soutenait la littérature, la contenait dans une atmosphère de noblesse, un peu officielle aussi, mais non sans grandeur : toutefois cette garantie d'unité, qui imposait à tous l'obligation morale de fonder sur l'angle religieux tous leurs efforts, comportait un soin bien étroit de prendre garde à ne point outrepasser les conclusions du Dogme, un conseil au moins de se maintenir dans les régions moyennes où l'indépendance court le moins de risques, dans l'héroïsme vital de Corneille, dans la psychologie passionnelle de Racine, dans les rigueurs d'ordre ordinaire de Molière, dans l'observation minutieuse et piquante de La Bruyère, dans la morale malicieuse et commune de La Fontaine. Encore et même dans ces zones tempérées arrivait-il qu'on encourût les sévérités de la Théologie intransigeante : qu'on se rappelle comment Bossuet parle de Molière ! Et à cette heure d'apothéose, n'avait-elle pas raison — en abusât-elle, eh bien, c'est le beau tort du triomphe ! — n'avait-elle pas raison de proscrire le Théâtre ? N'en était-elle pas, malgré toutes concessions, hautainement jalouse un peu comme d'un temple dissident, comme d'une parodie sacrilège du spectacle et du ballet sacrés, comme du futur principe d'une autre religion, d'un culte selon le monde, ou d'une restitution du Paganisme, d'une adoration toute charnelle des belles formes encore rehaussées par la diabolique séduisance des prestiges de l'Art et de la Passion, comme d'une collective et simultanée prostitution glorifiée ? Cette glorification des sentiments humains, le catholicisme ne pouvait la voir sans ombrage, étant au contraire, lui, la glorification surhumainement austère de l'âme dégagée des passions. Mais les apothéoses ne durent qu'un instant de raison. Cette discipline si rigoureuse pressentait et présageait sa propre décadence : on ne garde avec tant de soin que des trésors menacés. La vigilance sublime mais impitoyable de Bossuet, qui fut l'Eschyle du Catholicisme, s'explique par les complaisances de Fénelon en qui la conscience se détend, dirait-on, s'amollit, peu s'en faut, et perd le sens de l'attitude érecte, de peur d'oublier la grâce de gestes plus vivants, la douceur de l'abandon, le charme de l'indulgence. Et cette vigilance ne détruit ni la cause ni l'effet de ces complaisances : c'est une loi de réaction contre quoi le génie est impuissant. Le monde est fatigué de ne pas sourire : aussi va-t-il rire pendant tout un siècle, éclater d'un rire en fièvre dont il ne se reposera que pour ricaner, au lendemain du XVIIe, pour ricaner et lourdement parfois ratiociner pendant tout ce siècle de Voltaire et de Dalembert, de Parny et de Volney, des *Lettres Persanes* et de *L'esprit des Lois*, ce XVIIIe siècle, cette mare puis ce torrent, loyer des ruineuses grandeurs du XVIIe.

Il y penchait tristement avec son roi vieilli, caricaturale majesté, personnage symbolique, moins un homme qu'une convention, empruntant de l'éclat à l'antiquité des traditions. Tout son mérite fut d'accepter le bonheur qu'il eut, ce point d'ombre, d'être entouré de lumières et son surnom de Roi Soleil sonne dans l'histoire ironiquement. Personnage symbolique, en effet, ce roi très chrétien et très catholique qui choisit son dernier amour chez une fille de ces Huguenots qu'il avait persécutés : ainsi l'exagération de l'austérité catholique la rapprochait de la sécheresse protestante, car elle resta protestante, la femme de Scarron, en dépit de toute conversion, protestante dans le maintien, les manières, les pensées, dans l'esprit et dans l'âme. Et quel significatif hasard que cette sombre garde-malade du siècle mourant ait porté le nom du plus bouffon des poëtes ! Tout ce qu'il y eut de pire dans les tendances du siècle de Louis XIV éclate et s'exalte dans la personne cauteleuse, dans le règne silencieux, dans les écrits froids de Madame de Maintenon. Il semble que cette femme conclut la défaite d'un parti devenu mauvais depuis qu'elle le sert. Il semble qu'en elle les immenses efforts de tout un siècle de raison pure échouent misérablement en d'infiniment petits raisonnements raisonnables, en de dérisoires recettes pratiques d'éducation, faible et fade cours d'eau tiède où elle tâchait d'endiguer le flot de l'avenir, juste quand ce vaste flot, épandu naguère en généreuses ondes, mais lassé maintenant d'user des graviers polis et stériles, allait longtemps stagner jusqu'à se corrompre dans ses profondeurs, pour franchir tout-à-coup, grossi goutte à goutte par le tribut des générations, ses limites trop étroites à cette heure terrible de la tempête. — Dès le commencement du XVIIIe siècle le christianisme catholique a perdu sa vitalité. Les légendes du Moyen-Age n'ont pas encore de fidèles. Les intéressantes erreurs cartésiennes ont déjà une valeur presque purement historique. Que reste-t-il ? Condillac et Laplace vivent, écrivent en même temps que Voltaire, mais une date n'a pas toujours tout le sens qu'elle semble avoir : leur influence est de demain. Aujourd'hui c'est Voltaire qui règne, c'est-à-dire moins que rien.

On dit « le siècle de Voltaire », qui avait dit « le siècle de Louis XIV ». Soit. Peut-être ont-elles, les deux époques, juste la valeur représentative de ces deux noms et si Louis XIV nous apparaît en bois, Voltaire, lui, est en boue. Il n'est plus neuf, Dieu merci, de dire que cet illustre héros d'esprit fut un imbécile [1]. Mais à prendre son œuvre pour l'expression du siècle où il régna il y a une tristesse d'autant plus sanglante qu'elle est mieux fondée. Cette œuvre énorme n'existe pas. Qu'on l'ajoute au total des œuvres humaines ou qu'on l'en retranche, le total n'en varie pas d'une unité même infinitésimale. Rien en poésie, rien en

---

1. « Le dernier des hommes après ceux qui l'aiment. » Joseph de Maistre.

prose, rien en science. Rien au positif, voilà le résultat de Voltaire. Au négatif il se revanche et ce vent de néant qu'il souffle a tout fané autour de lui. Une contagion de néant! Rien en littérature, durant tout un siècle! — malgré, vers la fin, quelques esprits aigus : mais est-ce de la littérature, la polygraphie de Diderot, les méchancetés de Chamfort, l'esprit parlé de Rivarol et du Prince de Ligne? On n'a pas trouvé dans l'affranchissement des croyances religieuses cette liberté de l'harmonie et de la couleur dont les poëtes du siècle précédent avaient la nostalgie vers les naïvetés des troubadours et qu'usurpaient parfois un Racine, un La Fontaine. Au XVIIIe siècle on se stérilise comme à souhait dans le desséchement de l'imagination par la sécheresse du cœur. Même Beaumarchais, Marivaux lui-même et jusqu'à l'abbé Prévost, tout sensibles qu'ils se disent, ont, pour être des poëtes, trop de cet esprit qui n'est pas lyrique, et la liberté leur manque. Voltaire en tête, tous les prétendus poëtes de ce temps-là se traînent dans la plus plate et la plus servile obéissance aux injonctions des faiseurs de prosodies et de rhétoriques, et Shakespeare qui lui fut révélé n'illumine pas l'esprit aveugle de Voltaire!

Quant aux plus célèbres des prosateurs autour de Voltaire, ils font de tout littérairement sans vraiment faire de la littérature : de l'histoire naturelle (Buffon), de la philosophie du droit

Montesquieu), de tout (Diderot). Un seul fait exception, mais Rousseau n'appartient pas plus au XVIIIᵉ siècle que Châteaubriand : Rousseau, Gœthe et Châteaubriand ouvrent le XIXᵉ. Rien en musique [1]. La peinture se débat dans un jour inquiétant et charmant, plutôt crépusculaire. L'Imagination moderne est réduite au néant pour avoir prétendu se borner au fini, se passer de l'idée de Dieu. Pour rendre la vie à l'Imagination, cette fois, la destinée décrétera d'autres ressources que celles d'une Révélation nouvelle. Elle ramènera les esprits au sentiment religieux — par l'épuisement naturel d'une gaîté qui s'irritait jusqu'à l'insensibilité en ce temps qui prodigua l'épithète « sensible », jusqu'au sadisme, et ce seront les déclamations sentimentales de J.-J. Rousseau qui rendront à ses contemporains le goût, tout chrétien, des larmes, — par le respect des grandes inventions scientifiques, et Newton et Laplace étonneront les esprits de leur faire prendre goût aux plus hautes spéculations, rede-

1. Rien en musique française. C'est au contraire le grand siècle de la musique allemande, protestante, mais, comme la Littérature est l'objet principal de ces études, on y néglige les autres arts. Ils ne contrediraient pourtant certes point la théorie. Pour nous en tenir à la Peinture, par exemple, l'ère des grands peintres se clôt à la veille de ce XVIIIᵉ siècle et se rouvre à son lendemain. Et des Primitifs à Léonard de Vinci, du Vinci à Véronèse, de Véronèse à Murillo, l'Art et la Foi vont ou s'en vont du même pas.

venir sérieux, fût-ce par mode, et discuter les lois de la pesanteur au dessert d'un petit souper, — par la grande convulsion de la Révolution et de la Terreur qui rendra le goût de l'héroïsme avec le sentiment du peu qu'est la vie à ces cœurs redevenus sensibles, à ces esprits redevenus sérieux. Alors pourra naître, contemporaine de Condillac et de Gœthe, la grande école de théosophie des de Maistre et des de Bonald avec la grande école littéraire de Châteaubriand. Un mouvement simultané des esprits vers la religion — plutôt chrétienne que catholique — et vers la Beauté fera l'aurore du XIXe siècle.

Mais ce mouvement des esprits, tout sincère qu'il soit, n'effacera pas en eux la profonde empreinte de tout un siècle de négation, de néant. Le monde a été trop longtemps sceptique pour n'en pas garder le pli. Cette récurrence au Christianisme ressemble, un peu voulue, à la comédie d'officielle piété de Napoléon rouvrant les églises et prenant des mains d'un Pape la couronne impériale. La volonté précède la foi, peut-être en tient lieu. Ce commencement du XIXe siècle est sans précédent, dans le tableau synoptique des époques de l'humanité : le sentiment de l'Art galvanisant les religions au lieu de se fonder sur elles, est né. Les légendes du Moyen-Age, que la France avait jusqu'alors laissé piller pour des chefs-d'œuvres par les poëtes étrangers, ressuscitent. D'abord ce ne sont que des à peu près et le détail importe peu, pourvu que l'ensemble ait une probabilité satisfaisante, une plaisante couleur générale. Puis on deviendra plus exigeant. Il y a loin de la fantaisie historique de Châteaubriand à celle d'Hugo ; il y a plus loin encore de celle d'Hugo à celle de Flaubert. On est au passé, en pleine date vivante et, selon la parole redoutable et vraie d'Auguste Comte : « Les vivants sont de plus en plus gouvernés par les morts. » Sans que du domaine des idées la conviction passe — tant la vie est factice pour ces poëtes très hommes de lettres qui firent le Romantisme — au domaine pratique, on est, plume en main, chrétien, païen, mahométan peut-être. On a des religions d'imagination et cette monstruosité est devenue possible : qu'on puisse parler de Religion sans penser à la Vérité ! Je n'ai point de regrets vers cette heure charmante des Jeunes-France. Ils ressemblent tous un peu trop, pour mon gré, à des êtres humains qu'on aurait privés d'âme, de cœur et qui feraient de grands gestes drapés sans que ces gestes soient des signes de passions réelles. Au fond, tout leur importe, excepté l'important; ils n'ont sur la destinée humaine que de vagues phrases d'élégies qui sentent encore l'inepte siècle d'où elles viennent. Lamartine lui-même, le plus grand de tous ceux-là, n'oubliera pas toujours qu'il a lu Dorat et Parny et ne dédaignera pas d'emprunter un hémistiche à Thomas! Et ce qui fait plus vaine encore toute cette gesticulation théâtrale, c'est que ces poëtes n'ont dans leurs têtes impersonnelles que des idées générales; ils portent une vieille défroque de philosophie qui montre la corde et pourtant résiste encore et, plutôt que d'abdiquer devant le vêtement religieux qu'on vient de remettre à neuf, lui cède une partie du costume spirituel, se réservant l'autre: si bien que les esprits de ce temps-là ont véritablement porté le costume d'Arlequin! D'ailleurs ils n'en sont point gênés. Ils se complaisent aux accessoires de leur rôle. L'air ténébreux, le regard fatal sont à la mode. On a inventé de jouer à froid la grande passion. Tout est devenu normalement anormal et les grands criminels, qui ne sont, à proprement parler, que de grands lâches, passent pour des manières de héros qu'on aime, qu'on célèbre: mais, encore une fois, cela reste dans l'imagination, on ne les imite guère et les romantiques, dans leurs ménages vrais ou faux, sont des citoyens paisibles que le code ne gêne pas. N'empêche qu'ils affectionnent tous des attitudes d'emphase, espagnoles, italiennes, de perspective théâtrale. Leurs modèles ont, dans l'histoire, des dates connues, des allures connues, des livrées connues : on se vêt comme eux, on parle, on écrit leur langage et les vivants de cette heure chimérique ont des profils de médailles, — je veux dire arrangés d'après les médailles, et copient, à s'y tromper eux-mêmes, les personnages historiques. — Il semble, en effet, que ce siècle, dans sa première moitié, n'ait eu qu'une vie historique, et voyez, — serait-ce le mot de l'énigme? — c'est le siècle des historiens, de Thierry et de Michelet. Tout son honneur et pourtant tout son tort sont là. Elle est belle, cette curiosité du passé, mais ce n'est qu'une belle chose morte, l'œuvre qu'on fonde sur les ruines des temps révolus, quand une vive foi en l'avenir ne la fait pas rayonner comme un phare, pour illuminer les ténèbres futures. Est-il donc vers ce qui n'est plus, le sens de la vie? Ce grand souci du passé décèle une impuissance à porter le présent, à préparer l'avenir.

Le sens historique est — fatalement et comme par définition, puisqu'on n'a d'histoire qu'à condition d'avoir beaucoup vécu — le signe de la vieillesse d'une race, une marque de décadence. Il s'éveille avec le sens critique, à l'âge critique des sociétés, pour brider en elles la spontanéité de la faculté créatrice. L'habitude se contracte vite de tout juger au point de vue de l'histoire, même les événements quotidiens dont on garde une information minutieuse, mais sans y prendre un intérêt immédiat: ils sont si neufs! Ils manquent d'un recul dans les siècles, de la patine du temps. A la bonne heure pour nos petits-fils: ils discuteront avec passion sur les accidents que nous enregistrons avec indifférence, comme nous-mêmes nous ergotons doctement sur les choses d'il y a cent ans, — et ainsi passeront les générations, insoucieuses du but de leurs courses et la barbe sur l'épaule, comme des armées en fuite plus inquiètes de l'ennemi qui les poursuit que du lieu d'asile inconnu où les mène le hasard. Ici, notre ennemi, nous l'aimons : c'est l'innombrable mort immortel de l'histoire. Mais quel dangereux amour! Cette perpétuelle méditation des institutions de nos ancêtres ne nous laisse pas le temps de fonder à notre tour : nous ne léguerons guère à nos descendants que vains prétextes à disserter et d'ailleurs cette hâte d'entrer dans l'histoire, c'est-à-dire dans la mort, sonne le glas des races. — Il est certain que c'est par l'histoire, au commencement du siècle, que la Religion et l'Art, qui faisaient aux époques de vitalité latine une indissoluble union, se sont désagrégés. Et tout aussi certain est-il que cette époque romantique, malgré les très grands services qu'elle a rendus à l'Art, reste, pour avoir puérilement flotté d'une religion factice à des systèmes de philosophie de réaction, et même à l'indifférence, une époque d'enfance et de sommeil pour la Pensée.

Même chez les écrivains réputés les plus sincèrement chrétiens le sentiment de la vie *actuelle* de la religion qu'ils célèbrent n'est jamais pur. Chez de Bonald il y a de la mort, malgré tant de si évidente bonne foi, il y a du moins du passé dans ce ton froid, dans cette écriture ennuyeuse. Tout autre est Joseph de Maistre, ce très grand poëte : son style vibre et palpite, c'est une ardeur, — mais plutôt une ardeur qu'une splendeur, il brûle plus qu'il éclaire, et ses idées dépassent leurs origines chrétiennes et reflueraient jusqu'à la rigueur judaïque en se colorant de l'austérité tragique et sans onction d'un Tertullien, avec cette vision rouge d'un christianisme plutôt selon Saint-Paul que selon Saint-Jean, avec cette éloquence qui ne pardonne pas. Le monde tel qu'il le voit, fondé sur la hache du bourreau, n'est pas le monde de Jésus. Avec Châteaubriand, malgré un mysticisme réel, nous atteignons l'époque du dilettantisme chrétien. C'est religiosâtre, ce n'est pas religieux; c'est de la littérature, il n'y a plus de foi. C'est du génie du christianisme qu'il parle ? Les mots l'affirment, non pas les sentiments : il parlerait tout de même du génie du paganisme. Ce qu'il cherche, c'est prétexte à morceaux, à couplets. Volontiers, il s'emporte — si magnifiquement ! — dans des digressions où la Révélation est décidément étrangère, où la Nature seule est adorée, — et *René* est un épisode du *Génie du Christianisme !* Et voyez les procédés du Poëte : ils en disent long sur sa pensée. Il parle d'Eudore et de Cymodocée comme Fénelon de Télémaque et de Calypso, avec une sorte d'indif-

férente admiration qui n'est point d'un croyant.
Ce n'est pas tant l'inégalité des génies que la différence des sentiments qui fait qu'à lire Châteaubriand après Dante on a la sensation d'entrer en décembre au lendemain de juillet. C'est que Dante CROIT et que la *Divine Comédie* est une œuvre de religion militante, où rien n'est pour le charme, où la forme, comme un habit de combat, se modèle étroitement sur le fond : elle flotte dans *Le Génie du Christianisme* et dans *Les Martyrs*, comme un vêtement de parade. Çà et là dans les *Harmonies* de Lamartine l'enthousiasme du plus lyrique des poëtes donne le change ; mais à regarder de près, là encore le sentiment est d'un mysticisme général qui s'extravase au delà des bornes chrétiennes, jusqu'à des sensualités, même, toutes païennes et où l'amour a plus de part que la foi. Les *Méditations* et les *Harmonies* sont moins les hymnes d'une religion vivante que ses délicieuses nénies. Comme Châteaubriand, Lamartine parle au passé dès qu'il parle religion, s'il précise ; en tous deux, il n'y a de présent et de réel que l'éternel fond passionnel de l'humanité, et pour conclure enfin, ce qui leur manque à tous, philosophes et poëtes, c'est ce que les vrais chrétiens désignent par ces mots : *le sentiment de la présence réelle de Notre Seigneur Jésus-Christ*. La beauté les touche plus que la vérité de l'Evangile, et après eux les Poëtes

chercheront ailleurs la Beauté, dussent-ils affirmer, tristement ceux-ci, indifféremment ceux-là, qu'il n'y a pas de Vérité.

Avant de commencer cette très incomplète et pourtant trop longue revue des comportements réciproques de la Religion et de l'Art, j'affirmais que la Religion — avec l'apport commun des Légendes, des Traditions et des Philosophies — est la source de l'Art, que par essence l'Art est religieux : or, après avoir assisté à un essai de réconciliation, peut-être loyal, mais qui n'a pas duré, entre la Religion et l'Art, nous allons les voir se séparer par un divorce qui paraît définitif. Qu'est-ce à dire ?

Est-ce le XVIII° siècle qui recommence ? Rentrons-nous dans cette époque hideuse et odieuse qui fut incapable de gravité et ne sut, entre deux hoquets de son rire infâme, que professer pédantesquement des doctrines de mort, qui, des plus légitimes objets de la vénération humaine, chassa ce sentiment de la vénération, seul fécond, cette époque qui oublia définitivement l'idée divine dans l'arche sainte où Descartes l'avait imprudemment reléguée, et devait produire ces deux résultats d'une élaboration de cent ans, l'un dérisoire, l'Encyclopédie, l'autre formidable, la Révolution ? — Non, tout dissuade de le croire. Les hommes de ce temps, ceux mêmes qui concluent le divorce dont je parle, n'ont aucun des caractères qui signalent au mépris les hommes du XVIIIᵉ siècle. Ce sont de nobles penseurs, de vrais savants. Si l'idée de Dieu les laisse silencieux, du moins elle ne provoque ni leur rire ni leur blasphème. Ils ont le frisson des choses dont ils parlent. Ils ont même l'amour de l'Unité — signe divin — et ne cachent pas leur joie de voir sous leurs mains empressées les sciences redevenir la Science, converger à l'unité primitive qui fut féconde. Tout autre était l'esprit de division du XVIIIᵉ siècle, son seul esprit ! et ce désir qu'il eut manifeste de tout réduire à ses infimes proportions. Le regard de nos contemporains est large. Ils ont de l'homme une estime éclairée, mais ne ramènent point tout à lui. Ils savent beaucoup et n'ont point de vanité. Pascal disait : « Je ne puis approuver que ceux qui cherchent en gémissant. » Nos savants, nos penseurs cherchent et du moins sont graves. On sent frémir leur sincérité et, si le devoir est de respecter ceux qui respectent, nous ne devons point prononcer négligemment ces noms qui désignent les têtes de lumière du XIXᵉ siècle — et qui pourtant, sont, hélas ! bien loin de concerter une harmonie d'unanime affirmation : —Edgar Poe, Carlyle, Herbert Spencer, Darwin, Auguste Comte, Claude Bernard, Berthelot....

— Mais pourquoi, comment, ces génies, ne les voyons-nous pas rangés autour de l'autel d'une

Révélation proclamée la source de toutes vérités ? Comment se sont-ils séparés d'elle ou pourquoi les a-t-elle reniés ? Et pourquoi et comment, dans le douteux, dans l'angoissant silence des dépositaires sacrés de la vérité, est-ce de ces poëtes, de ces philosophes et de ces savants seuls que nous vient la parole qui strie de lumière les ténèbres du monde ? D'où vient que le génie de l'art et le génie de la science aient déserté l'Évangile ? La réponse qui s'impose est redoutable et je ne la fais qu'en tremblant. Je me répète : *l'Art, par son intime union avec les Révélations, manifeste leur vie et témoigne de leur mort en les quittant. Alors il se risque seul dans les régions ténébreuses et bien souvent y luit plus clair, annonciateur d'une Révélation nouvelle, qu'il ne faisait, inféodé aux erreurs temporaires qui corrompent les vérités éternelles des Révélations vieillies.* Ce n'est pas qu'il soit ingrat envers la Nourrice vénérable dont le lait et les soins l'ont fortifié. Mais il est jeune et elle est vieille ; elle chevrote et radote : il parle.

— Je n'ai certes point l'audace de préjuger l'avenir et de dire : ceci sera. Dans la confusion contemporaine des regrets et des aspirations qui troublent les esprits et les cœurs, la seule affirmation possible reste vague : nous sommes à une époque de transition. « Nous allons d'un mystère à un autre mystère, » comme dit Carlyle, et la plus sûre raison d'espérer qui luise à l'horizon des pensées, c'est que la science pure a repris l'ascendant logique sur l'histoire qui demeure flottante entre la science et la littérature.

L'humanité a touché dans les découvertes de ses savants les motifs palpables de son orgueil, et si cet orgueil a de la puérilité, s'il tourne le plus souvent en vanité, peut-être n'est-ce là que la part de lie nécessaire qu'il faut bien qu'on trouve au fond de toute essence humaine. Peut-être aussi, toutefois, la précipitation où l'humanité s'emporte vers l'avenir inconnu, sa hâte d'aller toujours plus vite, toujours plus loin, infirme et déprave sa pensée : alors, par une sorte de prodige apparent, mais qui n'est tel qu'aux premiers et négligents regards, elle aurait, cette humanité démente, son contre-poids de sagesse en ses poëtes, en leur récurrence inspirée vers les Origines de toutes vérités, vers les vieilles religions d'où sont nées des religions mortes à leur tour, vers la source intarissable des très antiques théurgies, vers le geste mystérieux des Trois Rois venus, porteurs de myrrhe, d'or et d'encens, du fond de l'immense Asie pour conférer à un enfant dans une étable la Divinité.

C'est là le grand, le principal et premier signe de la Littérature nouvelle, c'est là, dans cette ardeur d'unir la Vérité et la Beauté, dans cette union désirée de la Foi et de la Joie, de la Science et de l'Art. — Cette union que le XVIIIe siècle avait déclarée impossible, cette union que le XVIIe siècle avait faite, peut-on dire, de vive et arbitraire force en réduisant l'Art en domesticité quand il ne peut vivre que dans l'indépendance, cette union que le Romantisme tentait par l'artifice et avec une insouciance — coupable si elle n'eût été enfantine — de la pensée qu'il prenait et mettait ici et là quand son essence est d'être au centre, cette union que le Naturalisme s'efforçait de diminuer jusqu'aux dérisoires proportions de la matière prise en soi, seul objet, croyait-il, de l'Art et de la Pensée, — nous rêvons, cette union glorieuse, de l'accomplir dans toute sa gloire, hautement et largement, en laissant la Pensée, la Science, la Foi et la Vérité au centre : et de ce centre, de ce foyer de clarté émaneront comme de vivifiants rayons jusqu'aux splendeurs de la circonférence les manifestations de l'Art Intégral.

Mais notre soif d'absolu ne trouve pas ce qui la désaltérerait dans les fontaines chrétiennes. Nous trompons-nous ou sont-elles taries ?

— Elles nous semblent taries, mais il serait imprudent et injuste d'affirmer qu'elles le fussent à toujours. Le Christianisme porte en soi des secrets de vitalité qui étonnent le monde : peut-être l'Évangéliste sommeille, peut-être va-t-il se réveiller.

Un grand écrivain catholique, Ernest Hello, qui avait d'étranges dons de prophète, semble voir luire, dans un avenir qui n'est plus bien loin de nous, à cette heure, l'aurore d'un nouveau triomphe de l'Évangile. Il écrit :

« Entre le XVIIIe siècle et celui que j'appelle le XXe, dût-il commencer demain, l'horloge de la terre marque une heure, lente et terrible, celle de la transition : c'est le terrible XIXe siècle. Les yeux à demi ouverts, mal éveillé de son cauchemar, il ne possède pas, il ne tient pas ; mais il désire, il désire, il désire, ô mon Dieu, comme jamais le monde n'a désiré... »

— Certes ! et c'est à la fois son tourment et sa gloire. Mais pourquoi, ce qu'il cherche et ce qu'il désire, ne le trouve-t-il pas dans l'Église qui berça ses devanciers ? Pourquoi, épris de Beauté autant qu'altéré de Vérité, s'il se tourne dans son angoisse vers cette Église dont ses devanciers avaient coutume de recevoir la lumière et la vie, ne rencontre-t-il plus qu'étroites règles et dures conventions destituées des grâces vitales qui, jadis, agenouillaient la terre autour des bras en croix du prêtre ? Pourquoi sont-elles si froides, les nefs des cathédrales ? Pourquoi le grand vaisseau est-il déserté de son pilote comme réfugié dans ce lieu louche qui n'est plus le Temple et qui n'est pas la Maison, dans cette *sacristie* où la Religion semble plus vivace qu'au pied de l'autel ou dans la chaire, mais d'une vie humiliée et moite, acoquinée à la garde de pauvres trésors temporels qu'on montre pour de l'argent ? Qu'a-t-il fait, le Catholicisme, — et je ne parle même pas du protestantisme, façon et contre-façon de religion civile qui laisse le cœur froid et l'esprit inquiet, — qu'a-t-il fait de sa vertu intime, qu'il ne puisse plus, depuis deux siècles, nous montrer l'alliance adorable du génie et de la Sainteté ? C'est bien que le Saint Curé d'Ars et Benoît Labre soient canonisés ; cela « s'explique » en quelque sorte par la force acquise de la surhumaine constitution chrétienne : c'est le cœur qui s'éteint le dernier. Pourtant, le génie seul crée et perpétue : où est St-Anselme ? où est St-Thomas d'Aquin ? Comment les plus grands docteurs du XVIIe siècle sont-ils de grands docteurs et ne sont-ils pas des saints ? Comment les plus illustres noms catholiques de ce siècle-même n'éveillent-ils dans nos pensées que le souvenir comme laïque de très magnifiques avocats qui manquèrent, en dernière analyse, à la fois de science et de simplicité et ne furent guère que des rhéteurs de bonne foi ?

— A un autre et tout aussi grave point de vue, pourquoi l'Église accueille-t-elle, entretient-elle l'immonde idéal de l'imagerie religieuse, cette ordure et cette niaiserie ? Pourquoi les merveilleuses basiliques du Moyen-Age sont-elles déshonorées par ces sacrés-cœurs dignes de figurer aux enseignes des marchands de chair crue et par ces madones qui font concurrence aux « dames en cire » des coiffeurs ? Pourquoi l'orgue même, qui naquit pourtant d'un mystique mariage du génie et de la sainteté, s'avilit-il à retentir de phrases de théâtre, d'airs d'opéra entre deux psaumes hurlés par les voix fausses de petits voyous mornes et vicieux, ce pendant que s'accomplit à l'autel le Mystère qui fait frémir les anges de terreur et d'amour ?

Pourquoi la littérature catholique est-elle nulle, moins que nulle, négative, un objet de dégoût pour les moins sévères ? Pourquoi, si quelque vrai talent essaie de ranimer en elle l'inspiration qui, jadis, y attirait les artistes comme dans leur cité naturelle et natale, toute la catholicité officielle le repousse-t-elle, — bruyamment, si c'est M. Barbey d'Aurevilly, silencieusement, si c'est M. Paul Verlaine ? Est-ce bien cette même Eglise qui, au Moyen-Age, sauva dans son sanctuaire la littérature et tous les arts et toutes les philosophies ? — On est tenté de répondre : « Non, ce n'est plus la même Eglise : celle-ci est le spectre funèbre de celle qui vécut dans la joie de sa gloire. Et de cette vie comme de cette mort voici la raison profonde. Les Révélations, ayant pour interprète le génie humain, ne durent qu'autant qu'elles lui font l'atmosphère qui lui est essentielle pour vivre et pour se développer. Or le génie, l'ombre de Dieu, *est* comme lui de créer. Sa création, à l'intérieur d'une Révélation, se limite nécessairement à la constitution logique, à la *fixation* de la doctrine. Le génie chrétien a donc pu vivre — et

quelle vie splendide dont l'histoire rayonne ! — tant
que les dogmes ont eu besoin de lui pour être pro-
mulgués et *fixés*, tant qu'il a eu cette belle tâche
de conclure, dans le Symbole, l'alliance de la Raison
divine et de la Raison humaine, tant qu'il a eu cette
sublime mission à remplir : *révéler* aux hommes
ce que la Révélation nouvelle leur apportait de
nouvelle lumière. Une fois cette tâche accomplie et
cette mission remplie, le Génie et la Révélation
s'excluent. Peut-être déjà la Révélation se survit-
elle, puisqu'elle n'a plus rien de neuf à dire au
monde. Du moins, elle n'a plus rien à gagner aux
services du génie, qui devient pour elle un allié
dangereux, toujours épris, comme il l'est, de nouveauté, toujours en fièvre de création. Car ce n'est
pas assez, pour lui, que l'œuvre de défendre les
vérités acquises. Le plus triste et touchant exemple
de cette impuissance du génie à se contenir dans
ce rôle secondaire n'est pas bien loin de nous. La
bonne foi de Lamennais est incontestable et quand
il écrivit, sur le premier volume de son grand ouvrage : *De l'indifférence en matière de religion*, il
souligna d'un trait de feu le grand mal et la grande
faute, en effet, de son temps. Mais, à mesure que
les pages s'ajoutaient aux pages, le génie s'irritait des bornes étroites qui l'oppressaient, s'im-
patientait de cette défense de créer devenue la première des prescriptions du Dogme à ses prêtres et,
comme naïvement, par le pur exercice de ses forces

naturelles, Lamennais versa dans l'hérésie. Depuis lui, quiconque s'illustra dans l'Eglise fût suspect. — Peut-être la religion chrétienne est-elle enterrée dans la *Somme* de Saint-Thomas. » — Voilà ce qu'on est tenté de répondre. Il se peut que cette réponse soit erronnée. Je l'ai déjà dit, il se peut qu'avant longtemps nous admirions la résurrection de la grande Endormie dont le sommeil semble le sommeil de la mort. Nous croirons alors et avec quelle enthousiaste joie nous crierons *hosannah !* Mais, pour l'heure, notre sincérité même — il fallait que cela fût dit — nous éloigne d'un *Credo* qui n'est plus, pensons-nous, que son propre simulacre et nous croyons suivre son originelle impulsion en le dépassant. Habitués à voir luire la Beauté sur toute Religion *actuellement* vraie, à voir dans la Beauté la gardienne et le signe de la Vérité, nous demandons à la Beauté seule — puisque les Religions l'ont exilée d'elles — quelle Vérité elle *doit* éclairer. Poëtes et penseurs, nous écoutons les vents de mystère qui sourdent du fond des phénomènes et nous allons à la lumière, à la vie, fût-ce au fond des ténèbres historiques, si elles recèlent plus de vie et de lumière que ce présent crépuscule qui semble mener la danse des morts.

Nous cherchons la Vérité dans les lois harmonieuses de la Beauté, déduisant de celle-ci toute métaphysique — car l'harmonie des nuances et des sons symbolise l'harmonie des âmes et des mondes

— et toute morale : puisque nous avons dérivé notre mot « honnêteté » du mot « honestus » qui signifie « beau ». Au défaut des certitudes défaillies d'une Religion — à qui, toutefois, nous gardons la gratitude du sentiment de noble piété dont elle berça et purifia notre enfance — nous pressons les vestiges des Traditions lointaines, d'alors que l'Histoire était encore à naître, des Légendes mystérieuses que colportent, à travers le monde moderne qui s'inquiète de les entendre sans les comprendre, des peuples nomades partout en exil ; nous recueillons les enseignements des grands Penseurs, Mages et Métaphysiciens, héros de l'esprit humain ; plus avant qu'eux essaierons-nous d'aller dans les voies qu'ils ont ouvertes ; nous irons à l'école aussi des Cultes antiques, extrayant de toutes les mines la parcelle d'or éternel que nous gardait encore leur sein avare ; et quand la joie de la foi ébranlera d'enthousiasme nos âmes, nous célèbrerons cette joie mystique par les Sacrifices et les Fêtes de l'Art. A quelques-uns cette joie viendra d'une intuition du génie en face de la Nature : ils laisseront chanter dans leur œuvre la loi somptueuse et simple des formes et des sentiments éternels, de la ligne et de la physionomie ; à d'autres toutes les ressources de toutes les connaissances humaines — qui sont comme autant de mains agiles destinées à appréhender les Vérités dans leurs retraites — seront nécessaires, et ceux-ci, plus particuliers servants de l'Evangile des Correspondances et de la Loi de l'Analogie, donneront, selon les forces de leur esprit et la bonne foi de leur cœur, en de vastes synthèses, une explication mélodieuse et lumineuse des Mystères glorifiés dans la Réalité des Fictions. Mais, pour les uns comme pour les autres, l'Art a cessé d'être la gaîté secondaire qu'approuvaient ou plutôt toléraient les générations qui ont passé et qu'exigeraient encore de nous les générations qui viennent. Les uns et les autres se considèrent comme investis d'un indéfectible sacerdoce : ils sont les ordonnateurs des fêtes sacrées de la Vérité et de la juste Joie. Cette joie, qui peut parfois sourire à l'esprit en son sens complémentaire et à la brillante gaîté, pourtant reste d'essence grave : sa voie n'est que vers l'Absolu, sa pâture n'est que d'Eternité. Elle choisit sévèrement sa lignée dans le passé, elle évoque le futur d'un regard de fierté ; au présent elle méprise beaucoup, elle cherche haut de l'air qu'elle puisse respirer et quel tremblement la prend à l'aspect des modernes temples de l'Art, de ces théâtres dédiés à l'épanouissement suprême de l'Art Intégral, mais qui sont si mal préparés à tant d'honneur ! Qu'elle souffre au bord des livres confinés en des contingences éphémères, elle qui, sous toutes les transitoires apparences cherche, comme l'aimant le fer, l'angle immuable, — elle qui est dans sa plus ardente sincérité ce cri humain qui a retenti si profond du haut d'une Parole sainte : « *Irrequietum cor meum, Domine, donec requiescat in Te!* »

NOTE

A lire légèrement les pages qui précèdent, quelques-uns, inattentifs ou malintentionnés, voudront croire que j'annonce, dans l'histoire prochaine de la littérature, une époque de *biblisme*, un retour *formel* à une inspiration comme à un style de prophètes, dans un ridicule mépris des Maîtres qui nous ont devancés et des OEuvres où nous avons épelé l'aphabet de l'Art, une directe et unique préoccupation de l'idée de Dieu : et cette idée, restant vague dans les vagues esprits que je présoupçonne d'une telle méprise, n'y évoque guère que l'ennui d'un lyrisme grandiloquent.

Inattentifs et malintentionnés sont également négligeables. On veut pourtant fermer cette issue au mensonge.

Dans les pages, donc, qu'on vient de lire, j'ai prétendu démontrer — premièrement et principalement que l'épanouissement à la fois originel et suprême de l'Art est dans l'atmosphère de l'Absolu, par conséquent des Religions au commencement, de la Métaphysique à la fin, — secondement et secondairement que les conditions actuelles faites par le public aux artistes ne leur laissent que le choix entre la turpitude et la solitude. On a pu dire autrefois : « Quiconque s'élève s'isole », et c'est une parole déjà désolante ; mais la honteuse évidence contemporaine est qu'il suffit, pour être isolé, de ne pas descendre !

Rien, dans ces prémisses, n'exclue les ressources de l'observation, soit psychologique de Stendhal, soit physiologique de M. Zola, soit psychologique et physiologique tout ensemble et, si l'on veut, moderniste de M. de Goncourt. Je cite à dessein ces trois noms qui appellent inégalement et foncièrement l'estime : ne personnifient-ils pas ce qu'il y a de plus spécial dans la littérature de ce temps ? Mais des yeux bien ouverts n'hésiteront pas longtemps, je pense, à distinguer, d'une part, ce qui dans les œuvres de ces trois Maîtres ment glorieusement à l'idéal *public* — (cet idéal qui triomphe, « raffiné », dans les livres de MM. Daudet et Loti, « vulgaire », dans ceux de M. Ohnet) — et ce qui, d'autre part, y avoue une insuffisance de répondre à toutes les hautaines exigences de cette heure. Heure solennelle ! Je le répète : la fin du monde ou le commencement d'un monde ? Ces préoccupations peuvent n'être point universelles : il suffit pour être significatives qu'elles soient celles des meilleurs et des plus sincères. Il est constant qu'une fièvre les prend de rendre de leur Humanité un grand témoignage et que l'Art leur apparaît comme un moyen vénérable, et qu'il ne faut pas profaner, de témoigner de leur race et d'eux-mêmes, — peut-être pour laisser à une race plus jeune l'héritage résumé de tous les trésors spirituels entassés par les siècles, peut-être pour répondre à la question qui semble tomber d'en haut : « *Digni sumus* ».

Cette ambition noble et poignante, bien loin de suggérer à de tels ambitieux le mépris du passé, leur en ordonne le respect : mais un respect sans superstition, éclairé, qui ne reste pas figé au stérile point de vue critique de l'histoire, — un *respect jeune*, qui attend du passé un enseignement qui luise pour l'avenir, qui aide les pressentiments actuels à se coordonner dans une féconde alliance.

Les formules accomplies obtiennent notre respect dans la mesure où elles portent et nourrissent en elles les germes d'une formule nouvelle.

Etudions donc l'avenir dans le présent, le présent dans le passé, — les formules nouvelles dans les formules accomplies.

II

LES FORMULES ACCOMPLIES

> Un être auquel serait ac-
> cordée la connaissance pleine
> et entière du présent n'aurait
> pas grand effort à faire pour y
> voir immédiatement l'avenir.
> SAINTE BEUVE.

Il y a longtemps que la loi a été précisée de l'intime corrélation des évolutions politiques d'une Société et de ses évolutions spirituelles. C'est, dit-on, une des plus sûres conclusions de l'histoire, que cette loi des modifications apparentes de l'Art, au cours des modifications sociales, dans ses habitudes d'expression et même, du moins pour un temps, d'idéal. C'est ainsi que les grandes convulsions, guerres ou révolutions, stérilisantes dans l'immédiat, fécondent le tout proche avenir, achèvent de pousser dans l'oubli telles règles ou telles modes qui menaçaient de perpétuer leur désuétude : la Grande Révolution porte le coup suprême au Classicisme qui se survivait languissamment dans un épuisement abominable, incapable de produire œuvre de vie et fertile seulement en monstruosités. La Révolution et l'Empire déterminent le mouvement romantique.

Il y a toutefois, sur la vérité de cette loi, trois observations importantes à faire.

Comme de tout ce qui vit, la loi première de l'esprit est d'agir selon sa nature : or c'est la même causale force, — la Pensée, — qui produit les événements d'une révolution et les œuvres d'une période artistique. L'action de l'esprit est au principe de ces événements aussi bien que de ces œuvres : et c'est là même pourquoi les époques troublées politiquement sont artistiquement engourdies ou mortes, car l'esprit ne peut faire deux choses à la fois et quand il se livre aux actions extérieures, quand il descend aux gestes publics, c'est qu'il a quitté ses hauts et intimes domaines. Mais il y remonte avec d'autant plus d'ardeur qu'il les a plus longtemps laissés. Sa nécessité, dis-je, est d'agir : il se repose de l'action politique par l'action poétique. — Rien donc d'étonnant et rien même de plus essentiel si les deux actions offrent entre elles cette corrélation que constate l'histoire : ce sont deux émissions de la même voix, deux coups du même vent... Ou plutôt, pour choisir dans la foule des images : c'est le flux et le reflux de la mer. Comparaison juste : le domaine naturel de l'esprit humain, c'est la pensée pure et, quand il s'extravase jusqu'aux manifestations historiques, il semble dépasser ses limites éternelles, comme la mer à l'heure du flux. Mais l'heure du reflux ne tarde pas, l'esprit et la mer réintègrent leurs originels abîmes et c'est cette heure divine de floraison luxuriante, de paix puissante, quand la mer et l'esprit ondulent de l'une à l'autre de leurs rives et reflètent tout le ciel dans la pureté de leurs profondeurs. Les pêcheurs, que le flux a mis en fuite, croient volontiers et disent que le reflux est la conséquence du flux. Soit, mais ce sont là des conséquences qui s'enchaînent plus lointainement : le flux et le reflux ont tous deux une cause commune et c'est la force d'expansion des flots immenses, qu'y intervienne ou non l'influence contestée d'un corps céleste, c'est cette loi du mouvement qui régit tout ce qui est, c'est cette résorption de l'Etre en soi après qu'il s'est épandu et épanché dans l'Infini : loi universelle à quoi tout se ramène, de même qu'en tout elle a des symboles, comme le soleil des reflets. — Mais il se peut que la mer, à l'heure de son retour dans sa propre immensité, y rentre autrement colorée qu'elle n'était à l'heure du départ : elle aura roulé ses flots sur des rivages ocreux ou schisteux dont les matières colorantes, en dissolution sous les vagues, leur laissèrent cette vase sédimentaire, rougeâtre ou noirâtre... C'est à peu près dans cette proportion que de son action sur la société la Pensée humaine reçoit une coloration comme conséquente et qu'elle mire dans son action propre, dans son action philosophique et artistique : mais beaucoup de temps ne s'écoulera pas avant que le flot rouge se soit perdu dans l'énorme masse cérulée.

Les fluctuations de l'art selon les fluctuations sociales s'expliquent donc par la même origine des unes et des autres. Il y a plus.

Cette fécondation de l'Art en conséquence des évolutions externes n'est peut-être pas indispensable au développement de l'idée esthétique, qui du moins n'en subit pas aveuglément et fatalement le contre-coup, mais accomplit, de période en période, une ascension qui s'affirme étrangère aux progrès hasardeux de la formule sociale. Car cette influence des événements sur les œuvres ne suffit point à expliquer l'esprit de suite, d'ailleurs inconnu à lui-même, qui fait que les phases de l'histoire esthétique ne se succèdent pas les unes aux autres indifféremment, mais qu'à chaque innovation dans l'Idéal correspond un besoin moins nouveau qu'encore insatisfait, une conquête de plus qui ajoute son personnel contingent aux dépouilles opimes des antécédentes conquêtes. — Sans doute, les événements de la fin du XVIIIe siècle et du commencement du XIXe n'ont pas été inutiles à l'éclosion du Romantisme : mais on peut croire qu'ils l'ont plutôt compromis que servi, quant à la direction qu'ils lui ont conseillée. Peut-être sans ces agitations du dehors la Pensée fût restée paralysée dans la torpeur où elle ne savait plus que feindre la dérision de gestes obcènes ou frivoles.

Elle n'avait pourtant rien à gagner à l'esprit de révolte qui tout à coup se déchaîna. A l'imitation de la société qui se rebellait contre les règles de l'Ancien Régime et, d'un système que sa caducité erronait, se jeta dans un système qu'erronait sa nouveauté, son mépris insolent des grandes traditions, — la littérature nouvelle se rebiffa contre les règles de l'ancienne littérature et l'imprudente décréta l'abolition de toutes les règles, sans distinction. Il arriva qu'en haine de l'*étiquette* on supprimait l'Ordre lui-même : on ne sut pas conquérir la *droit de sentir* sans destituer l'esprit du *droit de penser*.

Telle est, en effet, la double caractéristique du Romantisme à ses premiers jours. Né de la tristesse dont souffrait la Pensée, restée si longtemps immobile, confinée en elle-même, il s'émut et rendit au Sentiment ses droits : c'est son vrai mérite et sa réelle action. Mais dépravé par la fatigue que la Pensée avait d'elle-même au delà de ses excès, par l'impatience des bornes que la Pensée s'était prescrites de peur de verser dans les fondrières de la licence, bornes où l'obéissance manquait d'air et dégénérait en servitude, le Romantisme déclara — effectivement sinon verbalement — que le tort était d'obéir, que le mal était de penser, que le danger était d'imposer à la nature humaine des bornes, et se précipita dans une agitation désordonnée qui devenait la parodie du mouvement :

c'est le défaut qui nous écarte de cette formule et ne lui laisse, d'abord, que les apparences d'une réaction.

Les Romantiques ne s'apercevaient pas que cette sorte de contre-règle : « Tu feras, en tout, le contraire de ce que firent ceux qui te précédèrent », supprimait le libre arbitre de l'artiste aussi sûrement que pouvait faire l'étiquette elle-même. Et c'est pourquoi le Romantisme, tout s'équipollant à son regard égaré, promulgua par la bouche de son législateur cette affirmation étonnante : « En art, le beau et le laid se valent. » Les sorcières de Macbeth avaient dit quelque chose d'analogue : « Le beau est le laid, et le laid est le beau. » Mais c'étaient des sorcières et c'est le mensonge qui parlait en elles. Victor Hugo répéta le mensonge avec la candeur d'une sincérité un peu initiale.

— Le pire et, toutefois, le providentiel, c'est qu'il avait raison, *provisoirement*; c'est que, dès que l'esprit perd, dans le drame spirituel, son rôle naturel de protagoniste, dès que le Composé humain abdique sa faculté de penser, c'est à dire de choisir entre la Vérité et son contraire, le Beau et le Laid, qui sont les espèces du Vrai et du Faux, deviennent indifférents : plus rien n'importe, que de se remuer, de bouger, de s'agiter dans un sens tel quel. On dirait d'un enfant, après de longues heures d'immobilité, qui s'étire et gesticule pour rétablir la circulation du sang dans ses veines. Après le mortel ensommeillement du XVIII° siècle le sang avait un furieux besoin de circuler dans les veines modernes. La Révolution et l'Empire au physique, le Romantisme au spirituel furent les ministres de ce grand œuvre. Ce fut une époque toute en gestes, follement éprise de vie, — mais follement, c'est-à-dire au delà de la vie et c'est-à-dire mortellement. Aussi le sens de cette époque est dans une récurrence, sans souci d'avenir, vers le passé par l'histoire.

Ces généralisations avoueraient de l'injustice si nous venions au détail ; il est certain qu'en ceux qui faisaient, avec peu de bruit, le fond même de l'évolution romantique, qui accomplissaient ce que je viens de désigner sa « réelle action », — en Lamartine, Vigny, de Nerval et Sénancour, par exemple, et pour ne pas quitter la France, — l'Art sauvegardait son principe intime qui ne change jamais puisqu'il est la portion d'éternité des hommes, qui n'est pas à la merci des contingences contradictoires puisqu'il est le terme certain ou les relations constatent leurs différences. Mais ces quatre poëtes — et même le premier qui, s'il se plut à jouer dans la vie un rôle, ne le fit guère qu'à la façon d'un prince, pour passer le temps, jouant la comédie — furent des étrangers dans leur siècle, des rêveurs solitaires que les événements ne touchaient pas. Pourrait-on même pas dire — l'œuvre du génie étant à nous comme un objet de la nature, comme une montagne ou un océan dont les aspects varient avec les points de vue — que ce divin poëme d'*Eloa*, outre tant de sens que le temps n'a pas fanés, avait encore, à sa date, la signification d'une haute satire de ces incohérentes théories qui donnaient au grotesque et au monstrueux accès dans l'Art? L'amour d'Eloa pour le Maudit n'est-ce pas cette impossible alliance qu'on rêvait alors de la Beauté et de la Laideur? Alliance impossible et condamnée, puisqu'Éloa, pour avoir voulu régénérer le Prince du Mal, se perd avec lui sans l'avoir même consolé. — Il n'en est pas moins vrai que ces théories bruyantes, qui n'étaient point la principale affaire de l'innovation romantique, mais qui en furent l'excès nécessaire, lui donnèrent sa couleur, lui servirent d'Évangile : faux évangile et couleur fausse qui lui venaient évidemment des doctrines de la Révolution, ces doctrines de révolte que les victoires de Napoléon imposaient au monde vaincu, comme Mahomet fit le triomphe du Koran, par le sabre.

Nous allons voir qu'un plan très rationnel semble avoir dirigé ce soin successif de l'humanité moderne de s'étudier d'abord dans sa pensée, puis dans son sentiment et son attitude, puis dans sa constitution physiologique et dans sa sensation. Pour l'instant, il nous suffit d'acquérir cette double affirmation prouvée : 1° que la corrélation des évolutions politiques et des évolutions artistiques a pour cause commune l'évolution intime de la pensée humaine, évolution qui peut se manifester d'abord par les modifications politiques, mais qui a pour fin naturelle et principale la modification spirituelle (philosophique ou esthétique), laquelle ne résulte qu'apparemment des modifications politiques ; 2° que l'influence, comme de choc en retour, de la modification politique sur la modification spirituelle, au lieu de désigner avec certitude le vrai sens de celle-ci, tend plutôt à l'altérer et qu'il faut, pour que ce sens acquière sa sincère plénitude, que les troubles extérieurs, politiques, qui parurent produire le nouveau mouvement sprituel, soient définitivement oubliés.

Mais des faits plus proches de la date où nous sommes et cette date même proclament par deux témoignages une troisième et qui serait des trois la plus importante affirmation : à savoir, ainsi qu'on l'a déjà plus haut avancé, que l'idée esthétique évolue indépendamment, *et plus sûrement alors,* de tout ébranlement externe, par la vie propre dont elle porte en soi la secrète force d'expansion.

C'est ainsi que le Naturalisme, — période, dans l'histoire de l'Art, de l'étude de la Sensation, — est né dans un temps politiquement calme. Et aujourd'hui, cette direction nouvelle de l'Art et des arts vers un Idéal nouveau, ce mouvement dont on discute les tendances mais non pas l'existence, qu'on l'appelle à tort ou à raison Décadence ou Symbolisme, de quel ébranlement social est-il la résultante?

Ces considérations préliminaires ont pour but de dégager de l'histoire proprement dite l'histoire de l'Art et en particulier de la Littérature, — de nous permettre de considérer, à peu près étrangèrement à tout accident extérieur, l'esprit moderne sculptant siècle à siècle — en trois siècles — son idéale statue de la Beauté.

Dans le chapitre précédent il s'est agi des rapports de la Beauté et de la Vérité, du fond des choses. Par celui-ci on tâche de préciser comment, pour leur expression, la direction même des Formules Accomplies donne leur sens aux nouvelles formules qui s'agitent aujourd'hui, trop vaguement encore sans doute, sous l'effort de tant d'influences nouvelles.

L'ANALYSE

L'Esprit Moderne a deux caractères spéciaux. Baptisé, chrétien, il est essentiellement *spiritualiste* et de ses croyances baptismales il a gardé cette tendance capitale : il est *analytique*, à ce point qu'on a pu très justement dire que le roman d'analyse est né de la Confession[1], — à ce point aussi qu'il n'a pu atteindre à la Synthèse qu'à l'expresse condition de rompre avec son éducation première[2]

---

1. A. de Vigny.
2. « Les vieilles morales étroites vont faire place à la large

et d'unir aux facultés spéculatives et intuitives de son hérédité asiatique les facultés scientifiques et déductives de son hérédité grecque. Le grand péril qu'il court, dans cette grandiose tentative d'unification des diverses parties qui constituent sa vie intellectuelle, est de perdre ou du moins d'altérer le caractère spiritualiste ou mystique qui jusqu'ici le domine, le distingue le plus nettement de l'homme des civilisations antiques et l'éclaire du plus précieux des rayons dont la lumière évangélique ait suscité le monde.

Mais avant d'en venir à ce grave et actuel moment de la Synthèse, il faut encore une fois prendre le conseil de l'Histoire — de l'Histoire, désormais, seulement de l'*expression* du Beau par l'Art Écrit — et montrer comment l'esprit moderne, dans cette tâche de réaliser sa conception esthétique de « l'Homme dans le Monde », a instinctivement et tout d'abord divisé par l'Analyse son *sujet* en ses termes principaux, constitutifs, et successivement étudié par l'Analyse encore chacun de ces termes.

Pour éviter de trop longs développements nous ne remonterons pas jusqu'où pourtant il serait logique de remonter, jusqu'à ce lointain lendemain de l'Ancien Monde, à la trouble aurore du Moyen Age, quand l'homme, encore tout imbu des sen-

---

sympathie de l'homme moderne qui aime le Beau partout où le Beau se rencontre et qui, refusant de mutiler la nature humaine se trouve à la fois païen et chrétien. » M. Taine.

sualités païennes et souriantes, mais déjà converti à la Religion des Larmes, commençait de balbutier son ignorance et sa souffrance, de se confier aux mains des prêtres, et, sans toujours refréner les naturelles expansions de sa naïveté, du moins épelait l'alphabet dur des Contritions et soulevait péniblement, de mains endolories, le voile profond des trop futures béatitudes. Comment le Christ peu à peu chassa de l'imagination des générations neuves, qui conservaient dans leur vague pensée le Panthéon, tout autre Dieu que lui-même et leur imposa par ses Apôtres des Nations une écriture toute sacerdotale, où seulement des savants comme Rabelais mêlèrent le souvenir des anciennes vérités, — toutes choses qui seraient précieuses à dire mais nous entraîneraient si loin ! Réduit d'avance à la seule Littérature française, nous la prendrons à cette fin du XVIe siècle qui, comme pour nous offrir une sorte d'effectif symbole, ressuscita le paganisme, risqua d'étouffer la véritable inspiration moderne qui est chrétienne, et pourtant, vaincu par l'artificielle mais puissante influence du Christianisme à son tour ressuscité, soumit Homère et Virgile à Bossuet.

I. L'AME SEULE

Ce qu'il y a de plus évident, dans l'attitude du XVIIe siècle, c'est son souci de penser. Il y sacrifie tout : l'imagination des chansons de gestes, le soin même de la gloire nationale. Il n'y a plus qu'une affaire qui lui importe et c'est de *connaître* le fond des choses autour de quoi ses aînés se contentèrent de *rêver*.

Je crois que pour le juger plusieurs ont été induits à de l'injustice qui ont trop vu l'un seulement des deux éléments dont il résulte : l'élément païen qui lui venait de la Renaissance et l'élément purement chrétien qui, compromis un instant par l'influence païenne et par les dissensions intestines des hérésies, triomphait, simultanément avec le triomphe du Droit Divin en politique. Il est bien certain que, dans les emprunts qu'il fit aux traditions fabuleuses des Littératures antiques, l'esprit nouveau ne chercha que des prétextes, des liens artistiques aux spéculations profondes qui seules valaient à son regard, un voile de rêve transparent qui laissât la foncière prépondérance aux réalités idéales.

Les *Réalités idéales*, voilà précisément et uniquement l'objet des préoccupations de tout le XVII° siècle. Les Réalités idéales, c'est-à-dire : Dieu, le Monde, l'*Ame* humaine. Ces trois termes demeurent purement spéculatifs, se maintiennent dans la sphère des idées générales et des entités métaphysiques. Prêtres, Philosophes et Poëtes pratiquent la logique d'Aristote, non pas sa philosophie : ils sont de Platon, qu'ils l'avouent ou le récusent. D'Aristote ils ne retiennent — plutôt d'ailleurs que directement de lui, hérités de la Scolastique et de St-Thomas — que ses procédés dialectiques : de Platon ils gardent la croyance aux Idées-Types et c'est dans une atmosphère absolument idéale qu'ils se débattent. Le Christianisme est là pour moins que la loi de l'heure, car Descartes aura beau mettre ses croyances religieuses dans une Arche sainte et savoir des sciences précises autant qu'homme de son temps, il a une propension naturelle à tenir en médiocre estime le témoignage des sens et ne croit trouver quelque fondement de certitude qu'en l'évidence de la pure pensée.

Descartes a de l'homme une conception, non pas même seulement générale, mais tout à fait idéale, où l'esprit a tout l'empire ; et ce n'est nulle part aussi évident qu'en son *Traité des Passions*. — Cette conception de l'homme est celle même de Bossuet. Encore qu'il connaisse quelque différence entre les deux êtres que le langage sacré nomme « le vieil homme » et « l'homme nouveau », c'est à une entité, en quelque sorte, éternelle de la raison que son génie impose la loi de l'Évangile. Ces deux entités elles-mêmes de « l'homme nouveau et du « vieil homme », il les emprunte aux Écritures : mais « l'homme ancien » et « l'homme moderne », Bossuet ne sait pas leurs différences. Il ne connaît que deux termes extrêmes entre lesquels il s'efforce de conclure une respectueuse alliance : Dieu et l'homme, et dans cette préoccupation les variations du temps lui restent non avenues. Il ne s'intéresse qu'au Dieu et à l'Homme de tous les temps, qu'aux vérités de tous les temps. Il a l'horreur de la nouveauté, et s'il est pourtant lui-même une nouveauté merveilleuse, à ce point de vue, qu'il aurait méprisé, de la beauté littéraire, il se complaît à répéter grandiosement les mêmes affirmations, à opposer l'affirmation comme un mur d'airain aux doutes du siècle. Il est debout comme Moïse sur le roc de sa foi ; cette foi, il la défend des erreurs intérieures, il la garde dans son intégrité divine contre l'esprit maudit de la division ; mais, comme Moïse encore, ses soins ne sont qu'au Peuple Choisi qu'il protège avec vigilance contre l'hérésie, contre le Protestantisme ou le Quiétisme : quant aux Gentils, aux Incrédules, il s'étonne (dans tout le grand sens qu'il gardait à ce mot) qu'ils puissent avoir lieu, ne conçoit pas la possibilité de discuter avec eux, écrase de son ironie éloquente le naissant esprit de science et de critique et le condamne avec cette brièveté significative : « Il manque un sens aux incrédules. » — Si ce n'est tout à fait la même entité humaine que celle de Bossuet et de Descartes, c'est du moins, encore une entité idéale que Racine voit dans l'homme. Il a, lui, la notion de l'homme moderne, de la passion moderne : mais l'être de cet homme moderne et passionné se résout, pour Racine lui-même, en une fiction d'âme. Son étude psychologique dégage la passion propre qu'elle a choisie pour objet des autres accidents humains qui, dans la réalité, l'environnent, s'y mêlent, l'exagèrent ou la diminuent, respectent l'unité de son intensité ou la dépravent. Les *personnages* de Racine ont une vérité de convention ; les *passions* de Racine ont une vérité de réalité. Aux personnages un à peu près d'action historique, un à peu près de visage historique suffisent : aux passions, il faut tous les développements d'une psychologie logique et minutieuse. Les personnages ne sont particulièrement ni Juifs, ni Grecs, ni Romains, et leur titre de roi, de confident, de prêtre, de guerrier, n'est qu'une étiquette ; mais les passions sont humaines et gardent toute la vérité humaine. Aussi, les noms-mêmes des héros de Racine ont-ils perdu le sens qu'ils avaient dans les traditions qui les ont fournies, pour devenir les noms-mêmes des passions dont les personnages sont animés. Ces personnages aux costumes chimériques et dont le geste nous échappe, ont des corps diaphanes où brille seule la flamme de leur passion.

Le désir de connaître une généralité spirituelle restreinte à l'un de ses aspects, voilà donc ce qui caractérise le génie du XVIIe siècle. Bossuet dit l'âme humaine orientée vers le Dieu de l'Évangile et le plus admirable de ses livres, *Les Élévations sur les Mystères,* est l'hymne de cette âme tremblante et magnifiée de connaître son objet; Descartes dit l'âme humaine orientée vers l'abîme du Monde et dans ses *Méditations*, consigne ce qu'il lui a été donné de connaître du problème universel; Racine dit l'âme humaine orientée vers le feu des Passions et nous donne dans son Théâtre ce qu'il a pu connaître de ce problème, de ce mystère infini comme les deux autres.

CONNAITRE, voilà le mot d'ordre de ce siècle.

Quelqu'un répond : « Pourtant, il n'a rien connu ! »

« Rien connu », Bossuet, qui exalte et résume toutes les lumières du Christianisme ! — « Rien connu », Descartes, qui a fondé la méthode philosophique moderne, appliqué l'algèbre à la géométrie et ouvert la voie où l'Allemagne a trouvé les idées dont nous vivons encore ! — « Rien connu », Racine, à qui viennent les plus aigus des psychologues de ce temps demander des leçons de psychologie !

Mais soit, qu'ils n'aient rien connu ; admettons que l'exclusif angle religieux que subissaient les philosophes et les poëtes, aussi bien que les docteurs, ait aveuglé les uns et les autres : Bossuet sera un père de l'Église qui s'est trompé de date ; Descartes n'aura rien trouvé de mieux que sa *Théorie des Tourbillons ;* Racine ne consistera qu'en vaines subtilités passionnelles où, sans doute, se sera-t-il senti paralysé par la terreur d'être mis à l'index. — Même au fond de cette injustice persiste la vraie grandeur de ces génies : elle consiste *en l'exercice qu'ils ont fait de leur faculté de penser.*

L'objet de leur pensée et le résultat même sont ici secondaires. Il suffit de constater, pour leur accorder le profond respect qu'ils méritent, que les hommes du XVII° siècle pensèrent purement, sincèrement et hautement comme jamais depuis quinze siècles on n'avait pensé. Pourquoi se laisse-t-on offusquer par la livrée chrétienne qu'ils portent, ces hommes de bonnes raisons et de bonne foi? Pourquoi, dans notre âge sceptique, accepte-t-on si mal volontiers de se souvenir qu'ils prirent gloire à servir la messe ? Pourquoi plutôt ne se rappelle-t-on pas en quelle caduque enfance végétait la Raison, à la veille du jour où ils se levèrent ? Non pas que j'oublie, à mon tour, le génie de Saint-Thomas et de Paracelse, les Pères de l'Eglise et les Alchimistes, ces rayons spirituels émanés de deux divers foyers de clartés pour converger à la même illumination du monde. Ils vivifient le XVII° siècle lui-même, où Bossuet tire sa principale force d'être fidèle aux doctines de Saint-Thomas, où Descartes se fait initier aux mystères des Rose-Croix. Mais enfin, jusqu'à Bossuet, Descartes et Racine, l'action de penser reste le spécial apanage de quelques mystérieux esprits, n'est point caractéristique de l'époque et de la race. Ce grand frisson de manifester la vérité (chrétienne) de Dieu, de trouver la vérité (philosophique) du Monde, d'étudier la vérité (passionnelle) de l'Homme, est l'universelle nouveauté de notre époque classique. Cette époque où, chez nous, l'âme humaine seule occupa toute l'âme humaine, fut notre période de *raison pure*, le grave instant où l'esprit moderne connut le prix d'exercer en tous les domaines qui lui sont ouverts son intelligence, sa faculté de lire la cause dans l'effet, et sa puissance de comprendre, c'est-à-dire de relier par la cause les effets épars. Je l'admire et je la loue d'avoir gardé pour ligne de direction la métaphysique évangélique qui peut-être restreignit son horizon, mais du moins lui fit un horizon : sans elle, les esprits, inaccoutumés à la liberté, à peine habitués à l'action spirituelle, eussent vagué d'erreurs en erreurs. Les fantaisies où s'emporte le sage Descartes lui-même nous édifient sur les systèmes imaginaires où n'eussent pas manqué de sombrer, comme lui, les Chercheurs d'alors, s'ils avaient tous, comme lui, fait table rase de leurs croyances religieuses.

On dit encore : « Mais à ce goût exclusif pour les idées générales nous avons perdu la Littérature Nationale qui, ébauchée par les Troubadours, et surtout par celui de la *Chanson de Roland*, par les poëtes des Mystères, par les auteurs du *Roman de la Rose*, par Villon et les Chroniqueurs, dévia, sous l'influence de l'inspiration païenne, lors de la Renaisance, mais eût dû se renouveler, dans la rénovation du Christianisme. »

Je réponds : ce n'est pas le Christianisme qui se renouvelait au XVIIe siècle, ce n'est pas l'esprit du Moyen-Age qui se réveillait du charmant mais mortel rêve de la Renaissance : c'étaient les temps modernes qui commençaient. En prenant le nom de Catholicisme la doctrine évangélique tout à la fois se resserrait, se concentrait en soi, comptait ses fidèles, bornait définitivement ses dogmes — et contrôlait au flambeau de la raison humaine les emprunts qu'il fallait bien consentir à faire aux traditions antiques qu'on croyait mortes et qui venaient de prouver l'étrange énergie, vivante jusqu'au prosélytisme, qu'elles recélaient encore. On eût dit que l'esprit humain, au moment même de s'élancer sur l'océan immense des hypothèses modernes, vérifiât le trésor des vérités acquises ; ou, pour accepter une comparaison plus harmonieuse aux nouveautés qu'allait produire la période scientifique que ce XVIIe siècle inaugurait, on eût dit un aéronaute chargeant sa nacelle de choses pesantes, avant de couper le câble qui le retient au sol : elles feront son ascension plus lente, mais plus sûre, et c'est en les jetant successivement et prudemment par dessus son bord qu'il pourra s'élever toujours plus haut. — Une littérature nationale ! Ce qu'on désigne ainsi était, à plus proprement parler, une littérature provinciale, au Moyen-Age, — d'oc et d'oïl, allemande, wallonne, anglo-

saxonne, bretonne, basque ou provençale bien
plutôt que française, et quel glorieux tort si, à
perdre cette littérature prétendue nationale, nous
avons gagné de fonder la littérature universelle,
celle qui puisera dans le trésor cosmopolite des
légendes, pour en informer l'œuvre d'art écrite
selon le génie des peuples divers !

Mais l'aspect seulement du XVII° siècle est,
pour accepter cette accusation après en avoir restreint
la portée, anti-national. J'ai déjà dit que, les
mythes qu'ils empruntaient aux littératures antiques,
Corneille, Racine et Molière les christianisaient :
ils les francisaient aussi. C'est une observation
vieille et véritable ; ces Achille, ces Andromaque,
ces Phèdre, ces Cinna, ces Pompée et ces
Amphitryon sont des personnages, tout simplement,
de la cour de Louis XIV. Ils s'intituleraient
Bayard, Godefroy de Bouillon et Jeanne d'Arc, ils
ne seraient pas plus français. Ils le seraient un peu
moins, à cause des recherches historiques où leurs
noms eussent entraîné les poëtes, à une heure où
l'histoire était encore à naître. Et puis il n'y a rien
de si faux et de si fou que cette sorte d'engoûment
littéraire et lui-même historique pour ce mythe
d'une littérature patriotique. C'est méconnaître
le plus beau caractère du siècle qu'on surnomme
encore le *Grand*. Eh bien, notre histoire poétique,
elle est dans le *Cycle du Roi Arthus*, dans les *Chansons de Gestes*, dans la *Gérusalem Délivrée*, dans

le *Roland Furieux*, etc. : pourquoi les en tirer ? C'était chose faite, c'était l'œuvre, aussi bien que l'histoire du passé, quand le Grand Siècle commença, et sa grandeur consista surtout en ceci qu'il eut l'intuition très sûre des conditions essentielles de l'Art moderne, qui sont de saisir, à sa date contemporaine, l'éternité (qu'on me pardonne d'employer ce mot dans un sens relatif) de la vérité humaine.

Bossuet et les Docteurs, Racine et les Poëtes manifestèrent cette intention dans les deux voies où les entraînaient les impulsions diverses qu'ils personnifiaient, — l'impulsion divine et spiritualiste qui prit à sa date (essor du Catholicisme) et aux souvenirs du Moyen-Age la couleur chrétienne, — l'impulsion humaine et sensualiste qui prit à sa date (lendemain de la Renaissance) et aux souvenirs de l'Antiquité la couleur païenne. Mais de l'une à l'autre des deux impulsions, de l'un à l'autre des deux courants, il se fit des échanges qui formèrent le grand fleuve d'unité classique. La langue que parlèrent les Docteurs resta marquée par l'éducation antique, fut grecque et latine ; l'imagination des Poëtes resta marquée par l'éducation moderne, fut chrétienne. Dans les livres de ceux-là et jusque dans la chaire, l'enseignement de la Théologie se souvient d'Athènes et de Rome ; sous la plume de ceux-ci et jusque sur la scène, le sens sacré des fables d'Homère s'atténue, s'efface, s'anéantit pour ne laisser plus subsister que l'âme-même de l'humanité baptisée. Et, comme pour conclure cette alliance mystique des deux traditions, un Docteur écrivit *Télémaque,* un Poëte écrivit *Polyeucte.*

Elles-mêmes, les conditions matérielles du théâtre sont significatives. Ce sempiternel vestibule où les modernes ont froid, ces acteurs sans costumes, aux attitudes, au parler monotones, toute cette indigence du décor dit assez clairement que la seule réelle scène est dans la pensée du Poëte et des spectateurs. Il n'a pas *d'idées* à leur montrer, il n'a que des *pensées* à leur proposer. Le point de vue est du psychologue héroïque, si c'est Corneille qui parle, du psychologue passionnel, si c'est Racine, du psychologue moraliste, si c'est Molière. Héroïsme, passion, morale sans précise date : la vérité sur l'homme intérieur, sur un type caractéristique de l'âme humaine, voilà ce que prétend dire le Poëte et ce que les spectateurs prétendent entendre. On ne se doute pas encore du *tempérament,* on ne pense qu'au *caractère,* on ignore le *pittoresque* (qui est la transition *romantique* du caractère *classique* au tempérament *naturaliste*). Si l'homme n'a pas de vêtement, c'est qu'il n'a pas de corps, c'est qu'il consiste exclusivement en son âme. Comment connaîtrait-on l'influence mutuelle des affections corporelles et des affections psychiques ? L'homme n'est pas encore un être servi par des organes, et si Molière semble parfois se souvenir d'eux, c'est surtout à titre de ridicule, comme d'un élément de rire. Du moins, ce qu'il ignore foncièrement, c'est la mêlée des passions animales et spirituelles ; comme tous ses contemporains, il ne voit que des caractères. Il choisit fatalement dans les passions dont l'homme est le réceptacle, il en prend une, il n'en prend qu'une et ses héros sont des avares, des hypocrites, des libertins avant d'être des hommes : si Harpagon était un homme, il aurait son instant de faiblesse, qui serait de la générosité ; si Tartuffe était un homme, il aurait son quart d'heure d'inconséquence, qui serait de la franchise. Mais ces noms désignent des vices plutôt encore que des vicieux : c'est l'Avarice plutôt que l'avare, l'Hypocrisie plutôt que l'hypocrite, de là cette constance qui ne se dément pas. — A prendre ces entités ambulantes pour des individualités humaines, on aurait de singulières surprises. Vie factice de la Comédie ; mort factice de la Tragédie. La vie, chez Molière, n'est pas l'union de l'âme u corps ; pour lui le corps n'est à l'âme qu'un facultatif compagnon, que Sganarelle garde, qu'Alceste quitte. Il a beau dire :

> Guenille si l'on veut, ma guenille m'est chère !

Point tant ! Il sait s'en passer. — La mort, chez Racine, n'est pas la séparation de l'âme et du corps, car chez lui, plus manifestement encore que chez Molière, la vie n'a pas résulté de leur union. La seule mort logique, chez Racine, serait la fin de la passion qui fait le seul sujet de sa tragédie : Phèdre devrait mourir de ne plus aimer Hippolyte. Mais cette logique satisferait mal et à la tradition classique dont Racine garde le culte tout littéral et à l'intérêt dramatique dont il pressent les lois sans les bien connaître. De là ce dénoûment toujours comme ajouté, cette oiseuse catastrophe du suicide qui avait un grand sens dans la tragédie grecque, dont les héros sont en proie à l'inexorable Fatalité, et qui n'en a plus guère depuis que ces mêmes héros ont pris des sentiments chrétiens. — Cette conception de la tragédie classique, qui n'est, ainsi qu'on l'a très justement dit, qu'un instant de crise, explique et légitime la soumission de Corneille et de Racine aux lois aristotéliques de la triple unité. Elles les servaient plus qu'elles ne les gênaient. Ils eussent été bien embarrassés de conduire leurs chimériques personnages à travers une longue suite d'années, dans des lieux divers, au cours d'actions successives desquelles seul un sentiment réel et poignant de la vie peut faire l'essentielle synthèse dramatique. L'unité d'action leur était imposée par l'unité-même de conception : les péripéties *d'une* passion parvenue à son dernier période. Et à ces péripéties, un lieu, un jour suffisaient amplement.

Cette unité de la préoccupation morale apparaît plus évidente encore, quoique moins éclatante, dans les Moralistes proprement dits, de La Rochefoucauld à La Bruyère. Ces titres-mêmes, *Les Maximes* et *Les Caractères*, sont assez expressifs. La Rochefoucauld a tous les défauts de son genre et de son génie. En lui l'inspiration classique réduite à sa dernière expression se stérilise. Son point de vue est étroit, son esprit est aigu, plus piquant que pénétrant. Sa peur du grand le fausse. C'est un écrivain et un homme qu'on ne peut aimer et de qui l'influence sur l'avenir est nulle : plutôt tourne-t-il le dos à l'avenir. La Bruyère le regarde en homme qui l'aimerait, en penseur qui le comprendrait, en écrivain qui en a le pressentiment. Le style du XVIIe siècle, presque partout ailleurs lent et majestueux, fixe comme son objet, s'agite chez La Bruyère, s'amenuise, se rajeunit. Il n'a pas le souci du monde extérieur, mais on dirait qu'il *voie les esprits*, qu'il leur connaisse une forme, un costume, des gestes ; pour lui seul, en son temps, le visage humain consiste en autre chose que seulement ses traits et n'est pas que le masque de l'âme : il en serait l'expression. La Bruyère soupçonne la physionomie, devine entre la passion et le rire ou les larmes qu'elle excite un écart et un rapport, — moderne en cela. Et puis on le croirait moins rigoureux qu'un autre aux faiblesses, plus compréhensif des intentions. S'il n'a pas précisément le sens du pittoresque il a une qualité toute voisine, le sens d'un ridicule qui n'est pas comique, qui n'est pas convenu, qui perd la perspective, qui est un accident individuel. Chez lui *l'*homme est tout près de devenir *un* homme. Tout le roman moderne est en germe dans La Bruyère. Peu s'en faut qu'avec lui le caractère se complique et s'explique par le tempérament. — Mais, comme tous ses contemporains, son angle initial et principal dirige son regard vers l'âme et seulement l'âme. Et s'il nous paraît plus clairvoyant que ses émules, moins qu'eux éloigné de nous, c'est qu'il a plus précisément qu'eux exprimé et pratiqué l'intention de tout le siècle. Sauf La Bruyère, tout ce siècle uniquement occupé de l'âme humaine l'a, peut-être pour mieux la voir, traduite par des symboles — récits poétiques, théâtre, fables — ou pressée en ses conséquences — Maximes et Pensées : La Bruyère seul l'interroge directement, la regarde vivre, l'*observe!* Racine et La Fontaine observent aussi, mais c'est pour eux un travail purement préparatoire, qu'ils nous cachent et dont ils nous offrent seulement le résultat dans une fable ou dans une tragédie et sans doute ont-ils pour champ d'observation leur propre intuition, leur imagination ou leurs personnelles expériences plutôt que cette humanité vivante qui jouit et souffre autour d'eux. La Bruyère a inventé l'observation, il a eu le pressentiment des vérités de détail, l'idée d'examiner cette humanité vivre et, tel quel, ce drame journalier lui a semblé digne d'être perpétué. A la fois minutieux de regard et syn-

7

thétique d'aspiration, il a noté en frémissantes peintures et qui la dépassent — excès où l'écrivain classique réapparaît — la réalité visible.

La même vision se peint d'autre sorte en La Fontaine. Lui aussi, certes, a vu vivre, — il a rêvé aussi, et de la vie et du rêve il a fait ses fables. Une erreur accompagne le nom de La Fontaine dans les mémoires modernes. Parce qu'il met en scène des végétaux, des animaux, on veut croire qu'il a le sentiment de la nature, on s'extasie sur la connaissance qu'il a des mœurs de ses personnages symboliques. Il ne connaît pas plus, à parler vrai, les mœurs du Lion et de la Fourmi que celles du Pot de terre et du Pot de fer; il connaît aussi bien les unes que les autres, n'ayant jamais observé le Lion et le Pot de terre que dans son imagination. Bien moins que La Bruyère, La Fontaine dépasse son siècle : il n'est rien de plus — et rien de moins — que le contemporain de Racine. Ses lions, ses ours et ses renards ne sont pas plus des animaux qu'Achille, Agamemnon et Iphigénie sont des Grecs. « Mais, dit-on, voyez comme son renard est rusé, comme sa fourmi est diligente ! » Oui, ils ont leurs caractères généraux, de même que les héros de Racine : et voyez donc comme Achille est violent ! Mais il y a loin de là à l'intelligence qu'on prête à La Fontaine de la mystérieuse vie des bêtes et des choses. Achille et le Lion sont des symboles d'humanité, voilà tout.

— Il est même triste de constater que La Fontaine, devant ce prodigieux spectacle de la surnaturelle et multipersonnelle vie de la nature, se soit réduit à l'égoïste point de vue humain. Il est bien d'un siècle qui ne soupçonnait pas qu'on pût destituer l'Homme de la place royale qu'il s'était arrogée au centre de l'univers. Que de temps il faudra, que de découvertes scientifiques, que de révolutions sociales, que d'évolutions artistiques et littéraires, pour que l'homme en vienne à concevoir l'invisible et formidable vie universelle où sa vie propre se perd comme l'unité dans l'infini ! Pythagore en avait eu le frisson et Kalidasà aussi, qui savait entendre le cantique des regrets dont le mimosa et le lotus bleu déploraient Sakountalà partie. Mais ces Mages sont si loin de nous dans l'insondable Autrefois que leur date et leur doctrine se confondent à notre regard avec les brumes où se lèveront les soleils futurs. A la date, du moins, où écrit La Fontaine, il nous faut attendre près de deux fois cent ans pour que l'humanité retrouve ce sentiment du Mystère qui est pourtant le fond vivant de la Poésie, — il nous faut attendre près de deux fois cent ans ce vers de Lamartine :

Adore ici l'écho qu'adorait Pythagore,

ce vers de Gérard de Nerval :

Crains dans le mur aveugle un regard qui t'épie,

ces vers de Baudelaire :

La nature est un temple où de vivants piliers

Laissent parfois sortir de confuses paroles :
L'homme y marche à travers des forêts de symboles
Qui l'observent avec des regards familiers.

Le mérite de La Fontaine, ce qui lui donne droit de cité dans l'avenir de son siècle, dans le présent aujourd'hui, ce qui justifie l'enthousiaste admiration qu'a pu lui vouer un poëte comme M. Théodore de Banville, ce n'est pas la qualité de sa pensée : c'est son style. Le style de La Fontaine dépasse presque toujours sa pensée et parfois lui prête un spécieux nimbe de rêve qu'on prendrait pour de la Poésie. A ce point que M. Taine a pu l'estimer le plus vraiment Poëte des Poëtes français, et nul en effet de son temps, bien peu depuis ont eu ce don de l'harmonie naturelle, qu'on croirait née d'elle-même, qu'on ne saurait décomposer. Il a tout à la fois le sens du rhythme et le sens de la phrase. Il est admirablement lyrique et admirablement ordonné. Son vers semble plus près de la prose que celui de Racine et en est en réalité plus loin. C'est une musique logique et légère, bien proche parente de cette musique que recommande, à deux siècles — encore — de distance, un maître de ces tous derniers temps[1] et moderne entre tous :

De la musique encore et toujours !
Que ton vers soit la chose envolée
Qu'on sent qui fuit d'une âme en-allée
Vers d'autres cieux à d'autres amours.

1. M. Paul Verlaine.

> Que ton vers soit la bonne aventure
> Eparse au vent crispé du matin,
> Qui va fleurant la menthe et le thym,
> Et tout le reste est littérature.

Il y a longtemps qu'on l'a dit, l'inégalité des vers de La Fontaine, je veux dire le rhythme apparemment inégal de ses vers ne peut paraître une affaire de fantaisie et de caprice qu'à quiconque ignore ce que c'est qu'une Strophe. Enfin il a tous les dons qui désignent le grand Poëte, il a la force qui reste gracieuse, il a l'ingéniosité innée, il a l'esprit lyrique, la science de la composition, le mouvement même, et le sentiment, et l'émotion, tous les dons sauf un seul sans quoi tous les autres mentent : il manque d'une vie intérieure. C'est un charmeur si captieux que tête à tête on ne peut le juger : il séduit et désarme. Le souvenir est plus sévère et révèle le vide affreux de cette âme flottante entre le XVIe et le XVIIIe siècles, ces deux siècles de négation, cette âme sans foi et sans désir de foi, éprise de morale utilitaire et qui nous leurre avec sa fausse pitié. Ouvrez son œuvre[1] : les *Contes* et les *Fables* se donnent la réplique et celles-ci nous enseignent comment il faut « s'arranger » pour vivre dans le goût de

---

[1]. Je n'oublie ni son théâtre ni ses poésies lyriques, mais cette partie de son œuvre n'est pas celle qui a le plus compté pour sa gloire : parce que c'est en effet surtout par ses *Contes* et ses *Fables* que La Fontaine a contribué à la tâche de son siècle.

ceux-là. Il faut être avec les habiles et les rusés contre les imprudents et les malheureux. Il faut garder ce qu'on a, comme la Fourmi, et savoir refuser à l'emprunteuse; il faut, comme le Renard, ménager les grands en les trompant, et se moquer d'eux, et leur sacrifier les faibles. Quelquefois, il est bon d'obliger, mais non pas à l'aveuglette et sans savoir qui l'on oblige: consultez l'Intérêt. Obligez la Fourmi, qui a des qualités d'économie et qui est armée : vous pourrez avoir besoin d'elle. Envoyez danser la Cigale qui n'a su que chanter tout l'été... Mais le plus laid et le plus significatif caractère de La Fontaine, c'est sa haine de toute grandeur. De bien trompés ont voulu voir en lui l'apôtre des petits, se rappelant cette *morale* des *Animaux malades de la peste* :

> Selon que vous serez puissant ou misérable
> Les jugements de cour vous rendront blanc ou noir.

Mais plaint-il l'Ane que tout à l'heure il va nous montrer ridicule auprès du Petit Chien? Plaint-il même l'Agneau dévoré par le Loup? C'est une question. Je crains qu'il en veuille surtout au Loup d'être fort. N'est-il pas pour la patience et la longueur de temps contre la Force qu'il accouple naturellement à la « rage » ? Ne fait-il pas odieusement berner le Lion par le Renard ! Dans la grandeur et la force il ne voit que la rage et l'arrogance: le Chêne offre sa protection au Roseau et cela part, en effet, d'un bon naturel, c'est de la générosité, cela. Pourquoi nous prie-t-on d'en rire ? Mais la foudre menace le Chêne : le Roseau se félicite de sa petitesse qui le défend des grands dangers. Ce Roseau est un malin, c'est le cousin du Renard; il nargue le Chêne, — le Chêne qui va mourir ! La Fontaine n'a même pas le respect de la Mort ! — Et d'ailleurs pourquoi oublie-t-il que, ce Roseau si fier d'être petit, le pied d'un passant va l'écraser ?

Cette triste morale, ce fond noir et mauvais d'un génie si charmant, peut-être est-il injuste d'en faire La Fontaine seul comptable. Ne touchons-nous pas ici la résultante naturelle de tout un siècle d'investigation psychologique, qui fut une bonne éducation de la raison, mais dont les résultats objectifs et immédiats ne pouvaient être que la fatigue, le dégoût même et même le désespoir de raisonner, parce qu'on avait raisonné à vide, sur une humanité chimérique, sans mouvement et sans corps? Qu'ont-ils trouvé, ces Poëtes qui ont choisi les passions pour champ de leur rêve, ces Moralistes qui ont étudié les ressorts du Vice et de la Vertu ? Corneille ne nous montre que des héros, c'est lui qui a la plus haute estime de l'humanité et qui lui fait le plus honneur : mais il lui fait vraiment trop honneur, il l'estime trop haut et son humanité guindée n'est pas la nôtre. Son Sublime perpétuel désespère et en nous comparant à sa grandeur nous nous avouons que nous sommes bien petits. — Racine évoque devant nous un peuple d'âmes illustres et malheureuses, bouleversées, déchirées par la Passion, saignantes et plaintives et qui n'empruntent à leur noblesse qu'un surcroît de douleur : à suivre du regard ces ombres mélancoliques où se reflètent les pires moments de notre destinée, ces âmes nobles qu'une irrésistible et cruelle puissance victime et déprave, nous nous avouons que nous sommes bien faibles. — Molière nous tient, peu s'en faut, le même langage, mais il est plus impitoyable encore : il nous déclare que notre petitesse est risible, que notre faiblesse est honteuse. Corneille avec ses grandeurs impossibles, Racine avec ses misères fatales ne faisaient que nous désespérer : Molière nous dégoûte de nous-mêmes. — Cependant, La Rochefoucauld est descendu par un autre chemin au fond de cette même pauvre âme humaine et nous déclare qu'il n'y a rien, rien que le Mal, que sous la beauté même de ces héroïsmes où nous conviaient Horace, Cinna, Rodogune, Le Cid, se cache un monstre que fait de ces fantômes de courage, de dévouement, de clémence des spectres d'ignominie, et il le nomme : c'est l'Amour-Propre. La Bruyère serait plus indulgent et peut-être voudrait-il nous amuser, mais il nous attriste encore avec cette comédie de nos manies, de nos défaillances, des mille torts de nos habitudes et de nos attitudes… — Quel parti prendre? Du haut de la chaire les Docteurs confirment l'opinion des Poëtes et des Moralistes, nous répètent que notre nature est honteusement petite et faible. Il est vrai qu'ils ajoutent que si l'homme ne peut rien par lui-même il peut tout en Celui qui le fortifie : mais déjà l'humanité se détourne de ce Dieu de l'Évangile qui exige d'elle, en somme, à peu près les vertus impossibles des héros de Corneille. Elle est désespérée et dégoûtée. Quel parti prendra-t-elle ? Celui que lui conseillent La Fontaine et le bon-sens. Puisque l'héroïsme est chimérique, — et aussi bien inutile, fondé qu'il est sur l'égoïsme et l'amour-propre, — on n'y pensera plus. Puisque les passions ne causent que le désespoir, la sagesse initiale est de les éviter. Puisque l'homme est incapable de grandeur et de vertu, que du moins il vive tranquille : qu'il ait l'intérêt pour loi, mais qu'il ne le dise pas ; qu'il ruse avec la grandeur dont il connaît le néant, avec le malheur, c'est-à-dire avec la nature ; qu'il sache jouir des petits bonheurs et, fort seulement de sa triste expérience, qu'il passe, avec un sourire revenu de tout mais qui se moque de tout, au bord des choses sérieuses : — et le XVIIIe siècle est né. C'est la réaction de Corneille et c'est l'action de La Fontaine, — plus justement, c'est la conclusion logique du XVIIe siècle. Les Tragédies, les Comédies, les Maximes, les Fables et même les Sermons ont conduit aux *Contes*.

Une voix proteste. Vibrante et bien humaine, celle-là. La voix d'une Raison toute puissante, d'une Imagination ardente, d'un Corps malade, la la voix d'un homme : Pascal. La plus pure grandeur du XVII⁰ siècle porte ce nom, qui est aussi celui de l'avenir. Pascal a vu plus loin que son temps le désastre où ce parti-pris de spiritualité précipite l'âme humaine. Il a vu la sensualité dévorante de dresser à l'horizon crépusculaire, née de la raison épuisée d'avoir si longtemps régné seule et du corps révolté d'avoir été oublié si longtemps. Pascal a vu de ses yeux d'homme et de génie les besoins nouveaux des jours qui venaient, il a entendu la question qu'allait à son tour proposer au Sphinx l'Humanité, qui se lève quelquefois comme un Sphinx, elle aussi, devant l'autre, l'éternellement silencieux. La réponse du Sphinx, Pascal croyait la trouver dans cet Evangile qui offre à nos faiblesses l'appui divin, et il entreprit sa Démonstration de la Religion Chrétienne. La composition de cette œuvre, qui ne devait pas être achevée, est un drame dont l'horreur passe les plus sombres rêves des Poëtes. Les renseignements trop succincts des témoins de ce drame intérieur éveillent la pitié et l'admiration sans combler la curiosité. Il semble voir Pascal commencer son livre avec le tremblement d'une certitude passionnée et qui, par là-même, échappait à sa propre maîtrise. Et peu à peu, à mesure que s'entassaient ces chiffons de papier, noircis en fièvre, choses de génie et d'insomnie, l'âme, comme grosse de cet avenir qu'elle eût voulu sauver, s'entr'ouvrait aux doutes qu'elle s'était juré de vaincre. Elle sentait la nécessité de satisfaire à l'esprit scientifique qu'elle-même portait en elle et s'avouait impuissante à lui expliquer ce qu'est Dieu, à lui prouver même qu'il est ! Alors l'esprit le plus sincère et le plus grave qui ait été tergiverse avec lui-même, s'hallucine aux évocations de son désir, s'assouvit de superstitions et de sortilèges : et c'est cette obscure et lamentable histoire dont le Diable seul et peut-être aussi Voltaire pourraient sourire, — l'histoire du *Talisman de Pascal*. C'est aussi cette macération de cette âme inquiète dans cet organisme profondément atteint, ce sont ces mortifications effrayantes, ces austérités et ces jeûnes par quoi on espère mériter la Vérité et qui n'obtiennent que la mort. — Et l'œuvre immense de cet esprit qu'on n'ose mesurer reste vaine, une ruine désolée, où retentit, au lieu de la Réponse désirée, la question-même que l'avenir allait faire, une question comme un gémissement. Mais cette question, sans que Pascal ait eu la consolation de le savoir, recélait les secrets-mêmes de la réponse et cette ruine est l'arche magnifique qui relie à l'Église ancienne l'Église des temps nouveaux. L'œuvre de Pascal proteste à la fois contre les hontes véritables du siècle qui allait naître et contre les fausses splendeurs du siècle qui allait mourir. Elle proteste contre cette prétention de scinder l'être humain et de ne lui donner que les vérités de l'âme, — et contre cette autre prétention d'accepter cette scission monstrueuse et de n'y retenir que les vérités des sens. — Quoiqu'on ait quelque pudeur à parler littérature à propos d'un tel homme, on peut dire que Pascal, principalement préoccupé de pensées — et des plus ardentes pensées, de celles qui sont la fumée des Mystères, — mais possédé par toute l'agitation de vivre, ouvert aux passions, aux sentiments humains et muni aussi de cet esprit scientifique qui sait l'influence des causes matérielles, physiques, sur l'action de l'âme, — Pascal est un poëte de l'heure qui sonne aujourd'hui, de la période synthétique. Pascal est notre contemporain au titre de Balzac et d'Edgar Poe, avec qui d'ailleurs il a tant d'analogies. C'est un précurseur, un phare toujours brillant dans le passé. En lui et par lui, par l'éclatement de cette grande âme dans le duel, dont elle était le champ-clos, de l'esprit ancien et de l'esprit nouveau, le complet Idéal Moderne a été formulé et une première fois réalisé. Par l'intensité de sa pensée, par le mouvement et la couleur de son style, par le ton et je puis dire le sang de son génie, Pascal est du XIX° siècle[1].

1. Je pense inutile d'insister sur la langue littéraire du XVII°,

II. LE SENTIMENT SEUL

Théophile Gautier sommeillant aux pièces de Racine, pendant que Rachel est sur la scène, symbolyse à miracle l'état de l'esprit moderne fatigué d'avoir pensé : son rôle naturel, maintenant, l'emploi logique et nouveau de ses forces, c'est de sentir, de s'agiter, de se composer un costume qui reflète son agitation et l'exagère en la drapant. Lui demandez-vous de penser encore ? Il dormira.

Pour rendre, sans excès d'indulgence ni de sévérité, justice au Romantisme, il faudrait faire bien des distinctions entre les inspirations diverses qui le déterminèrent, le dirigèrent et limitèrent son cours.

Il commence aux environs de 1810, il finit aux environs de 1850. Mais tout ce qui s'enferme entre ces deux dates ne lui appartient pas. Balzac vient de plus loin, le traverse et le dépasse dans l'en deçà comme dans l'au delà. Joubert garde pour Demain ce qu'il y a de précieux dans les traditions d'Hier. Stendhal reste presque étranger à

siècle, d'indiquer comment les naïvetés du Moyen-Age cèdent aux caractères logiques du génie latin et français, comment l'ossature du style se révèle dans ces constructions régulières et fortes, dans ces impeccables et majestueuses périodes, etc. Toutes ces choses ont été dites admirablement par M. Nisard (*Littérature française*).

son heure et se date de l'avenir. De tel Poëte telle œuvre est romantique, telle autre est synthétique : ainsi de Gœthe, le *Werther* et le *Faust*, ainsi de Vigny le *Chatterton* et les *Destinées*. Victor Hugo lui-même, qui pourtant prit en main le drapeau de la nouvelle école, est l'incohérent et vaste répertoire de toutes les Formules et de toutes les opinions.

A quels signes, donc, reconnaître ce qui appartient en propre au Romantisme et ce qu'il partage avec les écoles anciennes ou futures ?

Une question plus particulière indique la solution du problème : qu'est-ce qui parut *nouveau* à la génération de 1820 ? — Ce n'est pas le fond des passions : c'est leur gesticulation extérieure, leur manifestation active. Ce n'est pas l'idée profonde et métaphysique de Dieu : c'est son aspect extérieur, la nature. L'immédiat visible et sensible ou, plus philosophiquement peut-être, l'action de la nature sur l'homme par le sentiment, la réaction de l'homme sur la nature par l'expression : voilà le Romantisme. Il ne sait pas se taire et se recueillir, se tenir immobile pour mieux penser : il ne pense pas, il sent et parle, même il crie. Une habitude très humaine est de fermer les yeux quand l'esprit est occupé, pour protéger son indépendance, pour lui épargner la distraction des ambiances, pour détourner le regard de l'extérieur à l'intérieur : la preuve que le Romantisme ne pense pas, c'est qu'il ouvre ses yeux, il les ouvre tout grands et tout larges, naïvement, comme un enfant qui s'éveille, ou comme ce premier homme idéal dont Buffon nous montre les sens qui s'émeuvent successivement. Il regarde, s'étonne, s'enchante et l'apparence des choses lui suffit ; il ne cherchera pas sous l'apparence la réalité cachée. C'est la vie qui l'intéresse, la vie mouvante et sa couleur changeante, ce qui bouge et passe.

Voyez de quels poëtes il se recommande, dans le passé, que tout de suite il acclame, dans le présent.

Le XVIIIe siècle a été un long moment de mort. Mais dans la mort la vie germe. Tout autour de cette France sensuelle qui s'endormait en souriant dans ses hontes fastueuses, sans respect du passé, sans souci de l'avenir, cet avenir pourtant se préparait, suivant les grandes traditions de ce passé. Disciple de Képler, Newton venait de formuler la loi de l'attraction ; Kant était né ; les sages de l'Allemagne allaient exprimer les idées philosophiques qui devaient féconder notre siècle. — Quelquefois la Vie agit et retourne à ses sources par les ministres même de la mort et de la division. C'est Voltaire qui révèle Newton aux Français, servant ainsi cet esprit scientifique à qui, sachant trop mal et trop peu, il fit dire Non, mais qui devait, libre plus tard, s'engager dans la belle voie qui mène aux affirmations lumineuses. Entre les mains de Voltaire, la Science, qui prescrit avant tout le silence et le respect, ne rendit qu'un bruit de mépris et de vanité. — D'Angleterre Voltaire rapporta encore Shakespeare : une barbarie amusante, une bizarrerie plaisante. A Shakespeare non plus qu'à Newton Voltaire ne comprit rien et ce fut un de ses chagrins de voir l'engoûment de ses compatriotes pour le grand Philosophe et le grand Poëte dépasser les bornes qu'il eût voulues. Cet engoûment toutefois n'était que de l'engoûment. Que pouvaient les Français du XVIII° siècle aimer dans Shakespeare ? Ils eussent aussitôt cessé d'être les Français du XVIII° siècle s'ils avaient vraiment aimé et compris *Hamlet* et le *Songe d'une nuit d'été*. Ils placèrent la traduction de Letourneur entre les œuvres de Crébillon et de Florian, gardant certes à ceux-ci la préférence, estimant l'un plus tragique et l'autre plus sensible.

Le XIX° siècle commence et les Romantiques se réclament de Shakespeare. L'a-t-on beaucoup mieux compris dans le Cénacle que dans les boudoirs ? — Guère ! Du moins guère plus profondément. On le lut avec des yeux plus jeunes, non pas plus pénétrants. On vit, dans son théâtre, le Mouvement, l'importance de l'appareil matériel, les coups de poignards et les fioles de poison, le sang qui coule, les manteaux sombres, la machination du drame : toute l'extériorité. Quant aux éléments quasi-divins du génie de Shakespeare, ils passèrent inaperçus au regard de ses imitateurs.

Veut-on s'en persuader? Qu'on observe l'influence shakespearienne dans les drames d'Hugo, et qu'on lise le livre qu'il a consacré à *William Shakespeare* : questions de formalités de forme, lieux communs d'idées et de passions générales, considérations historiques et prétextes à déclamations contre les vieilles règles. Puis, qu'on interroge Gœthe :

« Tous les pressentiments sur l'homme et sur la destinée qui me tourmentaient depuis mon enfance d'une vague inquiétude, je les vois dans Shakespeare expliqués et remplis ; il éclaircit pour nous tous les mystères, *sans qu'on puisse indiquer où se trouve le mot de l'énigme.* »

Gœthe, habitué au mouvement du drame allemand, ne se laisse pas distraire par cet aspect du drame anglais. Il va au fond : ce qu'il demande à un poëte c'est la nature des idées qui l'occupent et, s'il aime Shakespeare, c'est que l'auteur d'*Hamlet* souffre du même sublime mal qui tourmente l'auteur de *Faust*, c'est qu'ils ont tous deux la passion des causes et que leurs symboles sont beaux surtout d'être les vêtements de la Vérité. Mais Gœthe, chez qui le Poëte se parachevait d'une conscience de critique, tout respectueux qu'il soit de la grandeur de Shakespeare, sait où finit cette grandeur : Shakespeare éclaircit tous les mystères, sans livrer le mot de l'énigme. En d'autres termes : il s'arrête où commencerait Dieu. C'est là seulement que cesse et s'évapore le génie de Shakespeare, comme se perd l'éclat d'une étincelle dans le feu d'un brasier. Je me trompe : il est limité encore par les bornes de son art, de cet art sans conscience, l'Art Dramatique qui fige la fiction centrale autour de quoi évolue captive la passion qui voudrait s'envoler.

Un Poëte qu'on peut citer même après Gœthe, M. Théodore de Banville l'a remarqué : « Certes, j'adore Shakespeare, et ce n'est pas dire assez ; il est pour moi le dieu de la poésie, et je comprends Berlioz qui l'évoquait et l'implorait comme un père, dans ses chagrins d'amour. Mais toute fiction, tout événement dramatisé et mis en scène a le tort d'être d'un intérêt très inférieur à celui qu'excitent en nous les développements dont le poëte l'a embelli, et tandis que les mouvements de l'âme humaine, exprimés par lui, sont éternellement variés et inattendus, l'événement reste immuable et nous tyrannise par la persistance obstinée de l'affabulation. » Plus d'une fois Shakespeare a tenté de rompre cette entrave, dans ses comédies féeriques, par exemple, et dans l'*Hamlet* dont on n'a pas, aussi ! manqué de dire que c'est un drame insuffisamment scénique. Le public de son théâtre, ce grave et violent peuple anglais, qui se complait volontiers dans la tristesse à condition qu'on l'en repose par des bouffonneries énormes et d'autant plus irrésistiblement risibles qu'on les lui dira plus sérieusement, ne le suivait pas toujours jusqu'en ces audaces et Shakespeare dut, le plus souvent, se soumettre aux lois du genre et aux préférences du parterre : elles l'ont gêné.

— A la distance d'un peu plus d'un demi-siècle nous voyons donc Shakespeare et Racine toucher aux extrémités de leur art, en constater les insuffisances : Shakespeare sentirait l'unité de sa conception fictive brutaliser la luxuriance naturelle de son génie, et peut-être aussi l'importance de l'appareil matériel compromettre la suprématie nécessaire de sa pensée ; — Racine s'étiolerait dans une atmosphère qui s'est trop raréfiée autour de lui, sans lui laisser prise et repos dans l'appareil matériel, puisqu'il l'a supprimé, et sa pensée par trop nue, son étude par trop restreinte aux développements logiques des passions perdrait sa consistance et se volatiliserait. — On pouvait espérer que le génie de la race qui a produit Racine, s'il lui était donné de connaître Shakespeare, sans perdre ses qualités propres, *sans l'imiter*, lui emprunterait l'idée heureuse d'élargir à l'image de la vie la conception générale, et, sans matérialiser celle-ci, de l'affermir par quelque apparence où l'œil pût se satisfaire, sans que l'esprit se désintéressât. Il n'en fut rien.

Il eût fallu, pour que cela pût être, que ceux qui dirigeaient le mouvement romantique eussent, à l'exemple de Gœthe, la préoccupation principale des Causes : alors, sans se laisser troubler par les effets, nouveaux pour eux, des libertés scéniques de Shakespeare, ils auraient, en restant fidèles aux exigences du tempérament latin, ajouté l'homme à la passion. Mais les Romantiques avaient des âmes puériles, des âmes d'enfants qui font l'école buissonnière. Ils prirent à Shakespeare ses libertés, y trouvant un prétexte de plus à se révolter contre la Règle et l'Ordre. Ils lui laissèrent son humanité et mirent en scène des mannequins qui n'ont ni corps ni âme, mais qui se remuent et déclament, vêtus de costumes splendides.

Le Mouvement, — voilà tout ce qu'ils reçurent de Shakespeare. L'impulsion du mouvement leur vint d'ailleurs, et quelle distance montrueuse, ici, entre la cause et l'effet ! L'impulsion du mouvement, c'est-à-dire le Sentiment, vint aux Romantiques de Jean-Jacques Rousseau.

Je disais que Rousseau rendit au monde moderne le goût chrétien des larmes. Cela est vrai, en dernière analyse : mais, immédiatement, ce n'est pas tout à fait juste. Rousseau ne sait pas plus pleurer que Voltaire ne sait rire. Voltaire ricane, Rousseau larmoie. Voltaire est une contre-façon de la Joie, Rousseau une contre-façon de la Douleur. Pourtant le larmoiement de la *Nouvelle Héloïse* éteignit le ricanement de *Candide* parce que le lointain avenir devait être grave. Le monde prit une attitude sérieuse bien avant d'avoir des sentiments sérieux : peut-être s'hynoptisa-t-il dans cette attitude et le geste évoqua le sentiment. Mais l'attitude outrepassa l'expression réelle du sentiment sincère. Ce siècle s'ouvre par une plainte immense et ce sont des jeunes hommes qui l'exhalent, des jeunes hommes échevelés, pâles, aux yeux fiévreux, des jeunes hommes à qui le monde renaissant sourit et qui lui préfèrent les solitudes, les ruines, qui appellent l'orage et le bravent et ne se reposent jamais de leurs rôles d'exilés, de corsaires, de réfractaires, de rebelles. Et qu'y a-t-il au fond de tout ce désespoir ? Un effet physique, un sombre souvenir, mais surtout une comédie. Nous avons vu comment le XVIIe siècle persuada trop l'homme de sa petitesse. Pascal disait : « S'il se vante, je l'abaisse, *s'il s'abaisse, je le vante...* » Mais Pascal parlait surtout pour l'avenir et son temps ne le crut pas. L'homme consentit à croire sur leur parole ses Poëtes et ses Docteurs. Il consentit à se croire vil et faible et s'en vengea contre Dieu et contre lui-même par cent ans de vilenies en effet et de faiblesses, de mollesse, de rire, de débauche et de folie. Dans l'usage d'une telle vie il s'énerva, s'exaspéra et, au bout de ses cent ans, fut pris d'une crise de vanité et de férocité : il déifia sa Raison que l'Evangile avait bafouée et fit la Terreur. Puis il eut peur de ce qu'il avait fait et en resta tremblant, assombri. Las de rire, il avait voulu être grave, il avait été furieux : avant d'atteindre à la gravité, il devait subir l'horreur de ses récents souvenirs. Il en eut l'horreur, non pas le repentir ; il n'accepta pas avec simplicité l'expiation par la tyrannie, il ne s'accusa pas d'avoir à demi stérilisé la Révolution par la Terreur : il resta révolté, mais un révolté de théâtre. Tout en démêlant vaguement la vérité et l'erreur dans la fameuse formule de Rousseau : « L'homme naît bon, la société le déprave,[1] » il affecta de garder rancune à la société qui l'avait dépravé et d'en profiter pour se dépraver davantage : par le culte du désespoir. Il n'y a pas de passion pire que celle-là, plus inhumaine, plus diabolique.

Le mot du désespoir est *Jamais*, quand le mot de l'humanité est *Toujours*. Tout autre était la tristesse chrétienne qu'exige la Contrition, cette tristesse qui se moissonne en Joie, cette tristesse qui n'abaisse l'homme que pour le relever, qui ne lui fait toucher du pied le fond de son propre abîme que pour qu'il se hâte de remonter à la surface. L'homme moderne paya cher l'audace qu'il avait de renoncer à la Contrition ; il en garda, comme

---

1. La première de ces deux propositions a ceci de vrai : qu'il est bon de dire à l'homme qu'il est capable de bonté, car c'est lui rendre cette intime confiance sans quoi sa volonté resterait stérile et lâche. La seconde a ceci de faux : qu'il est mauvais et illogique de dire à l'homme que la société n'est en lui qu'un facteur de mal et de malheur, puisqu'elle est nécessaire et puisque c'est lui qui l'a faite.

un châtiment, la tristesse première et en perdit la joie définitive. Le désespoir se sert de but à lui-même et ne peut produire que la mort. Mais combien méprisable cette infamie morale si elle n'a pas même de sincérité profonde! Le Satan des Chrétiens, celui qui hurle dans *Le Paradis Perdu* :

> *Evil, be my God!*

celui qui répond à *Eloa* se perdant pour le sauver et lui demandant si du moins il est heureux :

> ... Plus triste que jamais !

le Satan est sincère dans son désespoir, il a l'éternité derrière et devant lui, l'éternité sur sa tête coupable, et si sa caresse déchire c'est que son rire gémit. Le désespoir de *Manfred* est la crise hypocondriaque d'un homme qui en a souvent de telles et qui n'écrit guère que dans de telles crises, avec même une sorte de naïveté, bien moins pour faire parler de lui[1] que pour s'épancher, pour se délivrer

---

1. Pourtant et si peu qu'on ait le goût des anecdotes, en voici, parmi beaucoup de semblables que nous rapporte Thomas Moore, dans ses *Mémoires de Lord Byron*, une qui semble assez significative et qui nous montre le poëte désespéré assez volontiers souriant à sa gloire. — Moore avait rejoint Byron à Venise : « Il avait fait commander le dîner dans quelque *trattoria*, et tandis que nous l'attendions, ainsi que M. Scott qu'il avait invité à être des nôtres, nous nous établîmes sur le balcon, pour mieux jouir, avant que le crépuscule fût entièrement passé, de quelques échappées des vues du grand canal. En levant les yeux vers les nuages qui brillaient encore à l'ouest, je fis la remarque

de l'obsession du mal : pourtant le même homme jouit violemment de la vie et a des heures de très franche gaîté. Tous les plaisirs de ses sens l'intéressent, la nouveauté des spectacles, le luxe, l'amour et la gloire aussi. Pourquoi donc n'écrit-il que sous la morsure du désespoir ? Parce qu'il en a le culte, parce qu'il accomplit sans cesse, dans son âme, ce péché contre l'Amour et contre la Joie. Mais encore — cela est si hors nature ! — pourquoi le commet-il, ce triste péché ? L'explication semble si peu proportionnée avec le phénomène que les contemporains de lord Byron ne purent la trouver et lui substituèrent des motifs romanesques dont la postérité a souri. Gœthe lui-même donna dans ce roman de goût médiocre et le consigna dans l'article qu'il consacra au Manfred [1]. Cette page vaut d'être rapportée, montrant si bien que même à ceux qui subissaient les mêmes influences de cette

que « ce qui me frappait surtout, dans les couchers du soleil d'Italie, c'était cette teinte rosée particulière au pays. » — A peine avais-je prononcé le mot « *rosée* » qu'appuyant sa main sur ma bouche, lord Byron me dit en riant : « Allons donc, damnation ! Tom, *n'allez pas faire* le poétique. » Parmi le petit nombre de gondoles qui filaient devant nous, il y en avait une, à quelque distance, où étaient assis deux *gentlemen*, qui paraissaient Anglais ; et, observant qu'ils regardaient de notre côté, lord Byron, mettant ses poings sur ses hanches, s'écria, avec une gloriole comique : « — Ah ! *John Bull*, si vous saviez qui sont les deux camarades qui se tiennent debout ici, je pense que vous ouvririez de grands yeux ! »

1. *Kunst und Alterthum*, 1820.

heure en tempête, la première du siècle, le désespoir de Byron eût paru chose factice s'il n'avait eu pour causes des fautes et des malheurs personnels.

« Nous trouvons, dans cette tragédie, la quintessence du talent
» le plus surprenant, né pour se dévorer lui-même. Le caractère
» de la vie et de la poésie de lord Byron permet à peine une appré-
» ciation juste et équitable. Il a confessé assez souvent ce qui le
» tourmente : il a peint ses angoisses, à plusieurs reprises, et à
» peine se trouve-t-il quelque âme qui sympathise à ces souf-
» frances intolérables ! Il est, à vrai dire, hanté de deux femmes,
» dont les fantômes le poursuivent toujours, et qui, dans cette
» pièce aussi, remplissent les principaux rôles : l'une sous le nom
» d'Astarté ; l'autre, sans forme ou existence visible, est seule-
» ment une voix. Voici ce que l'on raconte de l'horrible événe-
» ment qui termina les jours de la première. Lord Byron, alors
» jeune et entreprenant, gagna les affections d'une dame floren-
» tine : le mari découvrit leur amour et tua sa femme ; mais
» l'assassin fut trouvé mort la même nuit, dans la rue, et les
» soupçons ne purent se fixer sur personne. Lord Byron quitta
» Florence et depuis ces spectres l'ont toujours harcelé.

» Cet incident romanesque acquiert de la probabilité par les
» innombrables allusions qu'il y fait, dans ses poëmes, comme,
» par exemple, lorsque, tournant ses contemplation en dedans, il
» s'applique à lui-même la fatale histoire du roi de Sparte.
» — Pausanias, général lacédémonien, se rendit célèbre par l'im-
» portante victoire de Platée, mais s'aliéna ensuite la confiance
» de ses compatriotes par son arrogance, son obstination et ses
» secrètes intrigues avec les ennemis de son pays. Cet homme
» attira sur lui le cri du sang innocent qui le poursuivit jusqu'à
» sa mort : car, tandis qu'il commandait, sur la mer Noire, la
» flotte des Grecs alliés, il s'enflamma d'une violente passion pour
» une vierge byzantine ; il l'avait enfin obtenue de ses parents,
» après une longue résistance, et elle devait lui être livrée la
» nuit. Elle pria, par pudeur, l'esclave d'éteindre la lampe, et,
» tandis qu'elle cherchait son chemin, dans l'obscurité, elle la ren-
» versa. Pausanias, éveillé en sursaut, craignant une attaque de

» quelque meurtrier, saisit son épée et tua sa maîtresse. Cet
» horrible spectacle fut depuis constamment devant ses yeux;
» l'ombre le poursuivait sans relâche et il appela en vain à
» son aide et les dieux et les exorcismes des prêtres.

» Le poëte qui choisit dans l'antiquité une telle scène pour se
» l'approprier et en tirer de tragiques images doit avoir un
» cœur déchiré. »

Ce qu'il y aurait d'odieux dans le fait par Gœthe de prêter l'autorité de son grand nom à ces calomnies légendaires est un peu atténué par le silence de Byron. Accusé de meurtre, il ne protesta point. Il ne lui déplaisait pas de laisser s'accréditer autour de sa gloire ces fables sanglantes. — Le goût inné du caractère anglais pour le malheur ne suffit pas à nous expliquer cette disposition chez Byron : elle a chez lui un accent personnel où presque tous les poëtes du même instant vont reconnaître l'écho magnifié de leur propre cri. Elle ne s'explique que par la mode de révolte de cette génération. Or, au fond de cette révolte il y a peu de chose : il y a surtout les déclamations de Rousseau.

Il y a ses deux propositions, dont l'une empoisonne l'autre : l'orgueil de naître bon s'est tourné en vanité délétère pour l'homme dépravé par la société. Voilà tout le bagage de *Child-Harold* et toute la cargaison de la barque de *Lara*. « Nous serions bons loin de la société : fuyons-la! » Voilà ce qu'ils disent, et ils croient la fuir, dans l'espace et dans le temps, loin de leur patrie et vers le passé. De là cet innombrable sillage de navires de poëtes, dans tous les sens, vers toutes les solitudes, au Nouveau-Monde, en Grèce, à Jérusalem, en Orient, — Chateaubriand, Byron, Shelley, Lamartine, Gautier, Nerval, d'autres encore ! — Je veux que dans cette sorte de sauve-qui-peut il y ait une part de ce noble et naturel sentiment du génie évitant le contact des hommes inférieurs. Lamartine a dit : « Tout Poëte se fait dans l'âme une solitude pour écouter Dieu. » Oui, *dans l'âme !* Mais est-ce bien la solitude de l'âme qu'Harold cherche ? Je crains qu'il se fuie lui-même, qu'il cherche plutôt un spectacle où se distraire du désir d'infini qu'il a dans l'âme. Et puis il y a du vrai même dans les calomnies : il ne dépend pas du poëte que les fables de malheur où il se plaît soient autre chose que des fables. Il est homme d'action et ce n'est qu'à défaut d'action qu'il se résigne aux rêves. En somme — et jusqu'aux lâchetés du cœur et de la chair qui l'arrêteraient sans doute en deçà — il préférerait au récit l'émotion réelle des crimes qu'il raconte. Du moins en a-t-il cette réalité : la délectation intime. — Il ne s'agit pas ici de cette vieille controverse close dès toujours, à savoir s'il faut être capable des atrocités qu'on peint pour bien les peindre. Nous étudions un homme, homme avant d'être poëte, nous faisant d'atroces peintures où le mal a pris des masques de beauté — générosité, grandeur, courage ; dans ces peintures ce poëte se complaît évidemment; évidemment aussi l'*idée* du poëme ne lui est venue que du *sentiment* qu'il a éprouvé ici ou là, sur le lac de Léman, pendant un orage, à Venise, au cours d'une scène tragi-comique du carnaval. Pour trouver et combiner les développements et les péripéties de son poëme ou de son drame, il n'a eu qu'à pousser à leurs extrêmes conséquences ses sentiments imaginaires, mais sincères, les sentiments qui lui ont bouleversé l'âme alors qu'il se demandait, exalté par la propre fumée de son génie et par l'électricité de l'air orageux : « Si j'avais la toute-puissance, que ferais-je de mes ennemis, que ferais-je du monde ? » Il a jeté sur la réponse de sa colère la draperie de son imagination et il a vu ses héros marcher dans son rêve. — Oui, il y a du vrai dans les calomnies : si ce n'est en action, c'est du moins en pensée que Byron est ce coupable dont son temps s'épouvanta.

Shakespeare et Rousseau, voilà donc les inspirateurs [1] du romantisme dans le passé. Au présent

1. Il y faudrait joindre l'*Ossian* de Macpherson, le *Paul et Virginie* et la *Clarisse Harlowe*, et ces trois sources d'inspiration, secondaires par la valeur, ne le sont point par l'influence. Toutes trois contribuèrent à exaspérer jusqu'au sentimentalisme les trois sentiments qui fondent tout le Romantisme: le sentiment héroïque qui, dans Ossian, ne s'embarrasse d'aucune réalité; le sentiment de la nature que Bernardin de Saint-Pierre déprave des plus dégoutantes niaiseries ; enfin le

il acclame quatre poëtes : Byron et Walter-Scott, Châteaubriand et Gœthe.

Du moins, en Byron, le sentiment poétique pouvait admirer ce qu'il recélait de plus jeune, initialement : cette immense effusion de vie que le poëte de Don Juan trahissait, — mais point plus que tout traducteur. En s'éprenant de Walter-Scott, le Romantisme avoua quelles étaient ses secrètes et véritables tendances, où devaient le conduire ses sympathies naturelles le jour où il abdiquerait enfin son attitude théâtrale. Walter-Scott est une réduction au « bon sens » de tous les sentiments qui mouvementent son temps : or, réduits au bon sens — plutôt au « sens commun », ces sentiments rentrent dans leur néant natal. Une seule qualité persiste dans Walter-Scott : il ne pense pas, il imagine lourdement et vulgairement, il fait de l'histoire une fable ridicule ; il n'a ni l'ingéniosité, ni la bonhomie, ni la terreur ; ses personnages ne sont ni des entités idéales, ni des hommes vivants, ni même des fantômes, il ignore l'amour comme toutes les autres passions [1],

---

sentiment proprement dit, le sentiment de l'amour circonvenant la vertu qui résiste et se lamente (le larmoiement de Rousseau se fait torrent, cataracte et déluge chez Richardson). — Il y faudrait ajouter encore les dramaturges espagnols et le Romancero. Mais les Romantiques n'y trouvèrent que ce qu'ils avaient déjà trouvé dans Shakespeare : l'aspect extérieur et le mouvement.

1. Un seul roman de Walter-Scott infirmerait ces sévérités :

— mais il a le *pittoresque*, et cela suffit à lui conquérir l'enthousiasme universel. Scott n'apportait pas une seule idée nouvelle, mais il avait de la nature un certain sentiment dont la fausseté même flattait ses contemporains. Ce paysage irrité qui fait le fond de son banal drame devait singulièrement plaire aux fanatiques de Lara et à Lara lui-même, qui déclarait Walter-Scott le plus grand poëte de son temps. Le paysage fit oublier le drame et plut comme le décor naturel et nécessaire du drame de révolte qui se jouait dans toutes les âmes. Mais qu'on l'oublie ou qu'on y pense, il n'en est pas moins banal et bourgeois, l'intérêt dramatique dont Scott se contente et qu'il nous offre. Ses héros sont vulgaires, quelconques, leurs chagrins, leurs gaîtés, leurs ambitions, leurs « circonstances » aussi. La gloire que le Romantisme fit à un tel poëte était le présage certain de son triste avenir : par cette gloire le Romantisme confessait combien superficiel était son goût pour l'extraordinaire, que cet idéal satisfait d'une devanture s'accommodait fort aisément des pires platitudes d'esprit et de cœur, que sa passion de nouveauté s'arrangeait tout de même des conventions les plus usées, qu'elle s'en arrangeait même avec une prédilection évidente et qui en dit long sur la sincérité de toutes ses révoltes. Le

---

Ivanhoe. Ce livre est unique dans l'œuvre du romancier anglais, et même extraordinaire pour son temps.

Romantisme s'en remet volontiers aux arbres et aux rochers de protester contre Dieu : dans son for intime, il accepte très bien les choses comme elles sont. — Or, quand le paysage aura cessé de plaire, quand ce décor (il ne sera pas longtemps neuf, prodigué comme il est) aura vieilli, quand on sera décidément las de ces castels en ruines, de ces âpres montagnes, de ces arbres échevelés et qui crispent sur un fond de ciel sanguinolent leurs branches comme des bras maudits, quand on ne voudra plus pour rien, nulle part, d'une lyrique barque de corsaire, ni d'un poétique corps de garde moyen-âge, ni d'un dramatique burg démentelé, — restera le drame lui-même, qui n'est ni la passion, ni l'homme, qui est une puérile complication d'incidents violents et vides, qui est un inutile grossissement, jusqu'à l'invraisemblance, de sentiments quelconques, qui n'est, à parler vrai, rien du tout — et dont on se contentera en le renouvelant, grâce à deux recettes qui sont les secrets de deux Ecoles : *l'École du bon sens* et *l'École de la thèse*. Toutes deux prétendront se contenter de la vie telle qu'elle est, et toutes deux la feront mentir. Toutes deux perdront jusqu'au soupçon de la Beauté et ne prêcheront qu'utilité. Le *Bon Sens* (c'est encore le sens commun qu'il faudrait dire) exagérera la laideur, la platitude et la banalité de la vie, en fera un songe plus chimérique mille fois que le Paradis de

Mahomet, et, après avoir arrangé son monde imaginaire, Dieu merci ! mais qu'il ne croit pas tel — de sorte qu'il soit impossible, non pas d'y vivre à l'habitude, mais d'y supporter les trois heures de la comédie, déclarera gravement, avec une sincérité qui est un élément de comique très sûr, quoique involontaire, que « cela n'est pas mal, qu'il y a moyen d'être heureux quand on sait borner ses désirs, qu'il y a même de quoi être fier et de quoi rire, que l'imagination n'est point nécessaire et que c'est une faculté dont on se prive sans douleur, qu'à condition d'être sans rêve et sans raison, sans cœur et sans esprit, sans caractère et sans tempérament, ont fait sans secousses le grand voyage. »

> Et si les choses vont de la bonne façon
> Nous pourrons nous payer le luxe d'un garçon.
> . . . .
> O père de famille, ô Poëte, je t'aime !

La *Thèse*, elle aussi, commencera par exagérer la laideur du monde, mais elle sera bien moins optimiste, elle professera que le laid n'est pas beau, que le triste n'est pas gai, que tout va mal autour de nous, que la société est décidément bien malade, qu'on fait bien du tort aux enfants en les classant, suivant que se sont comportés leurs producteurs, en légitimes et illégitimes, qu'il est bien dommage aussi qu'un brave homme dont la femme aura eu des fantaisies en reste désolé, etc... et à tous ces maux proposera des remèdes. Ces points de vue, aussi étrangers à l'art (malgré l'adresse extraordinaire des bons faiseurs) que la chaîne et le niveau de l'arpenteur à la palette et au pinceau du Vinci ou que les cris des agioteurs et des boursicotiers aux harmonies de la *Symphonie Pastorale*, eussent pu, du moins, avoir quelque importance sociale et d'économie politique. Il s'est malheureusement rencontré que tous ces guérisseurs et rebouteux de la société n'étaient que des charlatans dont les remèdes n'avaient pas la puissance de l'orviétan. De telle façon que leur œuvre — à laquelle je ne suppose même pas des visées littéraires — ne laissera point de traces dans la sociologie. — Au contraire l'autre école, je ne sais comment, sans doute par l'invincible vertu du talent, quelque triste effort qu'on fasse pour l'anéantir, et peut-être aussi grâce à l'ironie occulte de son rêve, produisit des œuvres, non pas belles, pourtant louables. Le nom de M. Emile Augier est un des plus respectables parmi ceux qui représentent l'officielle littérature française.

Il semble étrange et il est certain que ces deux dramaturges dont toutes les tendances sont la contre-partie des apparentes tendances romantiques, M. Augier et M. Dumas fils, ont précisément exprimé le fond-même de ces tendances, le vide qui se dérobait sous tant de fastueuses draperies. Elles s'étaient substituées à la profonde psychologie classique : quand elles tombèrent, il ne resta rien, — ce rien dont le *Bon-sens* et la *Thèse* firent des drames.

Mais, en même temps que Byron et Scott, le Romantisme, disais-je, acclamait Chateaubriand et Gœthe.

En Chateaubriand, comme en Gœthe, il y a deux hommes. *Werther* n'est pas de l'auteur de *Faust*. *René* n'est pas de l'auteur du *Génie du Christianisme*. Nous retrouverons le *Faust* et le *Génie du Christianisme* aux origines de la Grande Synthèse moderne. Le *Werther* et le *René* sont romantiques. Ces distinctions sont-elles arbitraires? Relisez donc! L'amant transi et sentimental de Charlotte est aussi insupportable aux esprits de cette heure qu'ils prennent d'ardent intérêt et de grave plaisir à se rendre maîtres, selon l'expression de Gœthe lui-même, de tout ce qu'il a mis de secrets dans le *Second Faust*. La différence est peut-être moins nette entre les deux livres correspondants de Châteaubriand. Bien des pages datent dans son grand ouvrage, et je sais des morceaux de *René* qui sont d'un délice éternel. Plutôt qu'au *Génie* peut-être eût-il fallu comparer *René* aux *Mémoires d'outre-tombe* dont l'écriture palpite encore et qui est le plus solide monument de style et d'humanité du Maître. Mais c'est dans le *Génie*, dans les *Martyrs* et dans le *Pélerinage* que vibre le sentiment mystique et c'est par ce sentiment que l'esprit de

Chateaubriand pressentait l'avenir. — Dans *René*
nous ne voyons — encore ! — qu'un révolté, plus
faible à la fois et moins violent que ses émules
byronniens. Le sentiment même qu'il a de la
nature est plus voulu que sincère, et Chateaubriand a fait à ce sujet un aveu qu'il est bon
de retenir : « Trop occupés d'une *nature de convention*, la vraie nature nous échappe. » Un révolté aussi, *Werther*, le plus faible, le plus désolant
et le plus dangereux de tous. Ces deux livres sont
de désespoir : on a compté combien parmi leurs
lecteurs se sont tués et j'ai déjà dit que la mort est
la conclusion logique du désespoir. — Or, de ces
deux suprêmes génies, qui font le parfait et complet Janus Geminus de l'Esprit Moderne, le
Romantisme comprit et aima surtout ces deux pages imparfaites et où ni l'un ni l'autre n'avaient
donné l'expression complète des révélations
qui étaient en eux. Qu'on m'entende : je ne dis
point que de Gœthe et de Chateaubriand ces deux
pages seules furent *connues*. Tout ce qu'ils dirent
retentit au loin et fut célèbre. Ils sont, à l'ouverture du siècle, des dieux qui obligent à l'hommage et qui étonnent la critique. Mais par ces
deux pages, entre toutes, ils eurent sur l'immédiat instant d'alors leur immense influence : le
reste s'adressait à l'avenir. Si les contemporains
lisent *Faust*, c'est sans le comprendre et, comme
Byron (qui d'ailleurs ne connut que le *Premier*

Faust), pour y chercher un sujet de drame[1]. S'ils vont plus loin, bien vite encore s'arrêtent-ils, et s'ils suivent Gœthe aux pieds d'Hélène, ils sont comme médusés par la beauté païenne, en acceptent aussitôt le symbole, en lui-même si court, l'imitent, le prennent pour idéal et ne se doutent pas que ce n'était là pour Gœthe qu'un échelon de son ascension sublime vers la Vérité Belle. Ils ne se doutent pas que *Gœthe était un initié.* Ils ne savent pas quelle lumière lointaine le dirige dans ses universelles recherches, quelle ardente foi métaphysique et scientifique il y a au fond de cette immense mêlée de Légendes, le *Faust.* Des paroles comme celles-ci étaient pour eux lettre close : « Ah ! si nous connaissions notre cerveau, ses rapports avec Uranus, les mille fils qui s'y entrecroisent et sur lesquels la pensée court çà et là ! L'éclair de la pensée ! Mais nous ne le percevons qu'au moment où il éclate !..... L'HOMME EST LE PREMIER ENTRETIEN DE LA NATURE AVEC DIEU. Je ne doute pas que cet entretien ne doive se continuer sur une autre planète, plus sublime, plus pro-

---

[1]. Il semble que Gœthe se soit fait le ministre d'une indulgente et divine Vengeance en fixant dans son œuvre celui qui l'avait effleuré : Byron avait touché à *Faust* par *Manfred*, Gœthe enferme Byron dans *Faust* sous l'allégorique visage d'*Euphorion*, et le magnifique chant funèbre dont le grand poëte allemand salue son jeune rival fait oublier et, s'il était besoin, réparerait la trop facile créance prêtée aux ridicules contes dont Byron laissait s'entourer sa renommée.

fond, plus intelligible. Pour ce qui est d'aujourd'hui, mille connaissances nous manquent. La première est la connaissance de nous-mêmes, ensuite viennent les autres... Il peut se faire que le savoir ne doive arriver qu'à l'état fragmentaire sur une planète qui, elle-même dérangée dans ses rapports avec le soleil, laisse imparfaite toute espèce de réflexion qui, dès lors, ne peut se compléter que par la foi... Où la science suffit, la foi est inutile ; mais où la science perd ses forces, gardons-nous de vouloir disputer à la foi ses droits incontestables. En dehors de ce principe, que la science et la foi ne sont pas pour se nier l'une l'autre, mais au contraire pour se compléter l'une par l'autre, il n'y a qu'erreur et confusion... »

Que Gœthe exprime directement, avec cette simplicité auguste, les conclusions de ses méditations profondes, ou qu'il les confie à Faust, les Romantiques ne l'écoutent ni ne l'entendent. Ils font leur choix : Faust les intéresse tant que Marguerite lui donne la réplique, ils le quittent avec elle.

Un autre choix, plus évidemment expressif des influences que les Romantiques étaient capables de recevoir et de celles qui les dépassaient, c'est le choix qu'ils ont fait entre Byron et Shelley. On a besoin d'un instant de réflexion, devant cette incroyable injustice, pour se rappeler que Byron et Shelley étaient contemporains, qu'ils se connaissaient et s'aimaient, que leurs œuvres furent écrites aux mêmes dates. Pourquoi Byron fut-il aussitôt célèbre tandis que Shelley[1], du moins pour la France, était, il y a dix ans, un poëte nouveau? C'est que Shelley n'est de son temps ni par la nature de ses pensées, ni par la forme qu'il leur donnait. Comme Pascal, de qui pourtant il apparaît si loin, Shelley est notre contemporain. Non que son œuvre soit sans erreurs, — je veux dire concorde tout entière avec les croyances de notre heure, — mais ses erreurs ont de profondes racines dans les vérités relatives, dans les relations des vérités successives. La haine de la religion — en général — est un peu déclamatoire et nous blesse : « O religion ! prolifique monstre qui peuples la terre de démons, l'enfer d'hommes et le ciel d'esclaves ! » Mais, à sa date, cette haine avait ceci d'éclairé qu'en effet les plus grands maux de la société lui venaient des trop rigoureuses entraves où l'enfermait, nous l'avons vu, le christianisme mourant. Son expression exagère et compromet un peu sa réelle pensée, mais cette pensée est juste et bienfaisante, dans les limites où elle traduit l'urgente nécessité de la délivrance spirituelle. Et puis Shelley, à la différence de tous ces poëtes

---

1. M. Gabriel Sarrazin, dans un livre qui va paraître, *La Renaissance de la Poésie anglaise*, nous donne enfin sur Shelley l'étude complète que nous attendions depuis longtemps. Lire aussi le volume biographique de M. Rabbe, dans sa traduction des *œuvres* du poëte de *Prométhée*.

épris de glorieuses et retentissantes thébaïdes, a le sentiment de la seule solitude précieuse, celle de l'âme. Des mots comme ceux-ci ne sont pas rares dans ses poëmes : « .. jusqu'au jour où surgit dans mon âme le sentiment de ma solitude. » « …il sentit renaître sa solitude. » Enfin Shelley est aux confins de ces nouveaux territoires de la pensée où luit le rêve encore imprécisé des croyances mystérieuses, des immémoriales et toutes récentes croyances de l'homme moderne. Il a le sentiment de la vie des choses : « J'ai entendu des sons amis sortir de plus d'une langue qui n'était pas humaine. » Il croit aux correspondances et devine Swédenborg : « O terre heureuse, réalité de ciel ! » Il promulgue cet évangile de la dignité humaine se suffisant à elle-même et affirmant que la pensée des récompenses et des châtiments éternels est inutile à sa noblesse naturelle : « Dans leurs propres cœurs les bons trouveront toujours l'ardeur de l'espérance qui les a faits grands…. »

Tout cela est d'aujourd'hui, tout cela est fondé sur l'unique désir que l'homme trouve dans son âme, quand il y regarde : le désir du bonheur. Shelley échappe aux Romantiques[1] principalement en ce point : qu'il rêve le bonheur au lieu de se condamner à considérer stérilement son propre

---

1. Exceptons Lamartine, qui se complait, lui, en des visions de bonheur, et fût-ce de joie mélancolique, mais qui, sans doute, se contente aisément.

fantôme dans le miroir de son propre malheur:

> Tum quoque se, postquam est inferna sede receptus,
> In Stygia spectabat aqua.

Les Romantiques ne regardaient pas dans leurs âmes. Il suffit de nous rappeler les Types qu'ils ont créés — et qui sont déjà bien loin de nous! Je ne parle plus des créations de Gœthe et de Byron. Je pense aux héros des drames et des romans d'Hugo, à Hernani, à Dona Sol, à Marion Delorme, à Triboulet, etc., à Quasimodo, à La Esmeralda, à Jean Valjean ; je pense au Chatterton de Vigny, à l'Antony de Dumas, au Fortunio de Gautier, au Don Paez, au Rolla de Musset.... On a tout dit mille fois sur leur grâce irréelle. Ce qu'ils déclament est bien délicieux, souvent et presque toujours leur geste est charmant comme leur costume est magnifique. Mais ce n'est pas d'eux que M. de Banville pourrait croire qu'ils ont pris leur costume dans leur âme, car ils n'ont jamais eu d'âme ! J'entends ce qu'ils disent et je vois le geste qu'ils font, je suis fâché qu'ils n'aient pas pensé avant de parler et que leur geste ne soit pas régi par le battement de leur cœur.

Le Romantisme *manqua de conscience*, — voilà sa plus nette et sa plus vraie caractéristique. C'est pourquoi sa forme préférée est la forme dramatique, celle où le plus aisément le poëte peut donner le change sur l'indigence de ses pensées. — Je le répète une fois encore, le Romantisme est une enfance capricieuse, volontiers méchante et triste, avec des éclats de gaieté, de naïveté.

On a trop pris l'habitude de le personnifier en Victor Hugo. Par je ne sais quel prodige dont les causes échappent, autour de lui se rangèrent les poëtes, comme autour moins d'un chef que d'une idole, desquels la postérité pense qu'ils avaient au moins autant que lui le droit de commander. Et tous lui firent l'hommage de leur génie, tous furent trop heureux de lui laisser cueillir le fruit de l'arbre qu'ils avaient planté. Victor Hugo avait une immense puissance imaginative et verbale, mais il manquait expressément d'une direction dont le point de départ fût en lui. C'est pourquoi il a pu les suivre toutes, indifféremment. Son génie était propre à tout, sans préférence, — sans les préférences, qui limitent mais qui soutiennent, d'un tempérament. Diderot, qui eut quelques éclairs de bon sens en dépit de lui-même et de son siècle, a dit : « Il faudrait prendre son parti et y demeurer attaché. » Victor Hugo a pris tous les partis et les a tous quittés. Il y a cent poëtes en lui, qui à eux tous n'en font pas un. Ses contemporains ont consenti qu'il leur donnât l'illusion qu'il fût le premier des poëtes. Mais cette conception même d'une principauté poétique n'a pas de sens. Il n'y a ni premier ni second en Art, dès qu'on est on est seul puisqu'*être* consiste à dire ce qu'un autre ne sait pas. Les génies sont comme les femmes : ils n'ont pas de rang. — Victor Hugo usurpe un rang qui n'est pas. Son originalité est faite de l'imitation de tout le monde. En tout il se crut le premier? Il était le second en presque tout. Il débute par des Odes que Lefranc de Pompignan eût signées et continue en recevant de toutes mains, sans rien trouver par lui-même. Il imite Shakespeare, Chateaubriand, Byron, Lamartine, Alfred de Vigny, Théophile Gautier, Leconte de l'Isle. D'ailleurs il imite avec génie, il a l'originalité d'être plus abondant que ses modèles ; il a le tort aussi de relâcher tous les ressorts qu'il touche. Il est plus éloquent que personne : mais l'éloquence n'est que grandiloquence, qui ne parle pas au nom de solides croyances. Quelles sont les croyances d'Hugo? Il aime Voltaire! Il osera dans une même phrase associer ce nom à celui de Jésus! et ses vers philosophiques ne sont faits que de noms propres. — Il est vrai qu'il a les prodigieux mérites de ses prodigieux défauts. Cette audace qui lui permet de risquer partout son don de phraser l'a conduit au bord de toutes les intuitions. Mais son œuvre est impersonnelle et gonflée, — vide.

(Ces choses paraîtront chanceuses à dire : on ne les dit pas sans y avoir songé. Elles paraîtront manquer de respect au génie : elles sont fondées sur ce respect même. Victor Hugo a opprimé son temps. Il ne faut pas qu'il opprime l'avenir. Il faut qu'on cesse de croire qu'il ait tout réalisé. Il faut qu'on lui rende sa juste place d'artiste merveilleux et de poëte secondaire).

Les contemporains en l'adorant furent peut-être plus habiles encore que modestes. Ils lui ont comme confié ce titre saint, le titre de Poëte, pour lui rendre, dans un autre, l'hommage religieux qu'ils ne pouvaient lui rendre en eux-mêmes et qu'il fallait pour obliger le monde au respect. Un pourtant de ces poëtes s'affranchit de l'hugolatrie [1]. C'est le plus clairvoyant de tous : le seul qui convienne qu'il soit un enfant, parmi tous ces enfants à prétentions tragiques ou pédantesques, et le seul que trouble le regret de n'être pas un homme. C'est le plus clairvoyant et le plus insouciant des Romantiques, le plus gai, pourtant aussi celui qui poussa les plus douloureux cris. On sait les gamineries de Musset contre Hugo. Au fond de ces gamineries il y avait un grand sens. — Je ne veux pas exagérer Musset. Il y a de plus vastes parts que la sienne, il n'y en a pas de plus pures. Comme tous ceux de sa génération, il est une victime de Voltaire et de Rousseau, mais seul

---

1. Un autre aussi : Henri Heine. En dépit de sa nationalité effective, Heine est avec Musset le plus foncièrement Français des poëtes. Son esprit est français, son bon sens n'est pas allemand. Il parle des Légendes, mais il n'en a pas le sentiment, par exemple, de Schubert. Son chef-d'œuvre (*Reisebilder*) est un livre d'essence toute française.

entre tous il sait la cause de son mal et seul il en soupçonne le remède, quoiqu'il n'ait pas la force d'y goûter, — ce remède qui serait un retour sincère, et sans littérature, de la Poésie à l'alliance mystique du sens religieux et du sens scientifique. La pureté de Musset est dans la qualité *humaine* de sa souffrance. Je ne vois que cet enfant — si je ne parle que des romantiques proprement dits — qui se doute encore de la vérité humaine au delà des figures peintes qui grimacent autour de lui. Si elles savent qu'elles viennent d'un siècle d'horreur, de mensonge, d'ennui, elles s'en vantent, elles célèbrent Voltaire : Musset a pour lui la haine de la victime pour l'assassin. Il lui dit : « Réjouis-toi, car tes hommes sont nés ! » Et pour ces hommes comme pour lui-même, hélas ! il n'a que des mépris. Il les sent, comme il est lui-même, incapables d'aimer la Vérité, mais comme il souffre de cette impuissance et qu'il est dégoûté de n'être que ce qu'il est ! Il sait l'instant mauvais, il en voudrait sortir ou en avoir raison. Mais, si faible !... d'avance il renonce. Dégoûté de la Vérité autant que de son heure et de son âme, il se résigne à passer en ayant tout ignoré. Sans fierté — il n'y a pas de quoi — il se confesse *un enfant du siècle*, et cette confession témoigne d'une étrange perspicacité. La *Confession d'un enfant du siècle* n'est pas comme *Werther*, *René* ou *Adolphe*, la complaisance de la passion pour ce qu'elle a de négatif, c'est bien plutôt la souffrance noble d'une âme qui connaît l'écart de ses aspirations à ses capacités. *Werther*, *René*, *Adolphe* enseignent la lâcheté. *La Confession* ne mire que la douleur et nous apparaît — point de vue que les admirateurs mêmes de Musset ont trop négligé — comme le chef-d'œuvre d'un aigu et dolent moraliste. — Musset resta toujours à l'heure et avec les sentiments de sa *Confession*, une heure navrante, des sentiments d'impuissance, — la conscience du désespoir. Et Musset — qui a beaucoup des vices et toutes les qualités du génie français — fut logique comme ce génie. Ne pouvant s'acquérir par quelque bel effort l'estime de lui-même, il ne se consola point de se mépriser et le désespoir le conduisit au lent suicide. J'admire ce suicide, combien plus que la majestueuse destinée et la vieillesse glorieuse d'Hugo. Si, comme Hugo, Musset avait pu se contenter d'une apparence quelconque de la Vérité ou si, comme Gœthe, il avait eu le courage de regarder au fond des choses, il eût accepté la longueur de la vie : il n'eut ni cette mauvaise foi ni cet héroïsme. Sa mémoire est triste et charmante. On aime sa gaîté folle, on l'aime d'autant plus qu'on sait qu'elle doit se résoudre en larmes, que ses chansons vont mourir en cette plainte :

> Le seul bien qui me reste au monde
> C'est d'avoir quelquefois pleuré.

On n'aime que chez lui ce Moyen Age, tout aussi

fabuleux et controuvé que celui d'Hugo, mais qui ne se prend pas au sérieux et semble s'exalter lui-même et s'égayer aussi d'être à ce point chimérique. Volontiers même pardonne-t-on à ces bravades romantiques des *Premières Poésies* comme à ces outrances de laisser-aller du Rhythme et de la Rime. On se rappelle qu'il y a, malgré tout, un sentiment intense et bien vivant au fond de ces caprices, un ardent désir de savoir et d'aimer. Ce Moyen-Age des Poëmes, des Contes et des Comédies, aussi fantaisiste que Fantasio lui-même, c'est pourtant le Moyen-Age aussi de ces moines que Rolla jalouse d'aimer :

> C'est un profond amour qu'au fond de vos calices
> Vous buviez à plein cœur, moines mystérieux :
> *La tête du Sauveur errait sur vos cilices...*
> Vous aimiez ardemment, ah! vous étiez heureux.

Et Fantasio lui-même, et aussi Lorenzaccio et tous les personnages des adorables Proverbes, c'est toujours Don Juan, le Don Juan des miraculeux vers de *Namouna*....

A bien plus juste titre qu'Hugo, Musset et Lamartine sont les représentants du Romantisme en ce qu'il eut de meilleur [1]. Hugo crut découvrir l'*Antithèse* : ignorait-il donc qu'il n'y a qu'elle au fond de toute œuvre artistique et de toute action vitale?

[1]. « En ce qu'il eut de meilleur », non pas de plus spécial. Nous verrons qu'à ce dernier titre c'est Théophile Gautier qu'il faudrait nommer.

L'Amour, un Vers, la Pensée-même sont des antithèses, on ne nous apprend rien en nous l'affirmant, c'est une vérité naïve que les Classiques savaient déjà mais où ils se gardaient d'insister, la sagesse étant de ramener à l'unité divine les deux termes extrêmes au lieu de laisser se perpétuer leur duel immémorial. C'est pourtant à ce dernier parti — qu'il croit nouveau — qu'Hugo s'arrête, et, ce faisant, il innove en effet : contre l'Humanité et contre la Sagesse. Lamartine et Musset gardent de la raison, ne brisent pas les chaînes des traditions. Lamartine n'aime pas Rousseau, mais il en vient, et il a lu Châteaubriand qui a lu Bossuet. Musset déteste Voltaire et Rousseau, mais il en a hérité, et il a lu Marivaux qui a lu Molière. — Or, tous les deux, ils sont des enfants. Nous venons de constater l'âge de Musset : il fut un enfant de vingt ans, fiévreux, capable de gaité, foncièrement triste. Lamartine a le même âge, mais c'est un enfant calme et joyeux. — Notre génération est parfaitement injuste pour lui. Elle a des excuses. Élève de Maîtres savants et profonds, somptueux et sombres, éprise de Beautés concentrées, singulières et qui se gouvernent, rompue à toutes les difficiles délicatesses du métier autant que familière avec les données rigoureuses de la Science d'où s'essore le plus beau mais le plus austère des Rêves, elle est mal préparée à sympathiser au lyrisme splendide mais abandonné de Lamartine, à cette fantaisie claire et royale, naturelle et qui ne se surveille pas, à ce génie superbement ignorant du procédé comme de toute chose qui s'apprenne. — Elle serait plus juste si elle avait la mémoire meilleure, si elle se rappelait la chose triste qu'était la Poésie française avant que Lamartine parlât. Elle était sans verbe ni sentiment, sans rhythme ni rime, une chose morte et sans nom, un idéal perdu. C'est Lamartine qui lui rendit l'idéal et la vie, le souffle, l'harmonie, l'ampleur. Il fit l'expansion qui était nécessaire pour que Baudelaire pût faire la concentration. Notre injuste génération devrait se souvenir qu'elle doit à Lamartine la *possibilité* des Poëtes qui l'ont suivi. — A lui-même elle doit, au prix de négligences qui vont à l'oubli, des vers d'un lyrisme unique et qui sont encore dans tous les bons souvenirs.

> Quand le souffle divin qui flotte sur le monde
> S'arrête sur mon âme ouverte au moindre vent,
> Et la fait tout à coup frissonner comme une onde
> Où le cygne s'abat dans un cercle mouvant;
> . . . .
> Quand d'un ciel de printemps l'aurore qui ruisselle
> Se brise et rejaillit en gerbes de chaleur,
> Que chaque atôme d'air roule son étincelle
> Et que tout sous mes pas devient lumière ou fleur;
> . . . .
> Quand tout chante on gazouille ou roucoule ou bour-
> Que d'immortalité tout semble se nourrir [donne,
> Et que l'homme, ébloui de cet air qui rayonne,
> Croit qu'un jour si vivant ne saura plus mourir,

. . . .
>Jéhova, Jéhova, ton nom seul me soulage !
>Il est le seul écho qui réponde à mon cœur :
>Ou plutôt ces élans, ces transports sans langage
>Sont eux-mêmes l'écho de ta propre grandeur...

Quelques uns m'entendront ; quoique Alfred de Vigny et Baudelaire aient vécu, Lamartine reste, parmi les morts, notre seul Poëte, le seul dont le nom évoque tout un monde d'enchantement, d'aristocratie, de rêve, de Beauté. C'est que seul il échappe à ce triple malheur du caractère français : le didactique, le critique et l'ironique. Le Poëte, du moins, y échappe, sinon l'homme. Car il y eut un Lamartine national et vieilli qui avouait du goût pour Ponsard, Delavigne et Béranger, — et ce faux Lamartine-là subit en châtiment l'admiration des vieilles demoiselles. — S'il collabora, peut-être, au *Jocelyn*, il ignora tout des MÉDITATIONS, des HARMONIES, de la CHUTE D'UN ANGE et de RAPHAEL. Lamartine avait conscience de cette dualité. Voici comment il s'en excuse : « Quelques pas chancelants et souvent distraits dans une route sans terme, c'est le lot de tout philosophe et de tout artiste. Les forces, les années, les loisirs manquent. Les jours de poëte sont courts, même dans les plus longues vies d'homme. » Mais à ses jours de poëte il fut, plus nettement qu'aucun autre, excepté de la médiocrité héréditaire. Il eut l'intelligence d'une Nature en fête. Autour de son esprit se mouvait un jardin mystique : c'est le paradis naturel ; demi-voilée, demi-défaillante avec un sourire, la défaillance et le sourire de la volupté qui se recueille, une femme y passe, marchant d'un pas harmonieux et dont le jardin s'enchante. Elle est sans mystère. Ce n'est ni *l'armée rangée en bataille*, ni *l'enfant malade*. C'est une lumière autour d'elle illuminant tout, c'est un éclair vivant qui donne à cette nature qui l'admire, et dont elle est l'incarnation aimable, le reflet de sa grâce et jusqu'à l'indulgence de son propre accueil. Car nul effroi, dans ce jardin des doux rêves, où pourtant une croix se dresse, mais elle est tressée en fleurs. Son ombre n'est qu'une fraîcheur sans horreur. Cette croix n'enténèbre pas cette nature qui invite et qui aime, au sein toujours ouvert : et dans cette atmosphère de voluptueuse religiosité, le Poëte prie comme un élu. Il prie vers la croix : mais il ne la voit guère qu'au miroir des yeux d'Elvire, — une Béatrice qui serait elle-même le Paradis, et c'est la divinité réalisée dans la structure humaine qu'il adore. Un jour[1] il l'avouera : les arbres du jardin et la croix en fleurs auront disparu, la femme jaillira de ses voiles et, se multipliant, laissera le rêve du poëte s'éblouir d'un palais de splendides corps féminins. — Au delà du Jardin clair, il y a la morne Ville. Lamartine n'y entre pas. Il aime mieux attendre la mort au Jardin...

---

1. *La Chute d'un Ange.*

Point de conscience. Peut-être à ce mot d'ordre un livre d'âpre psychologie, comme l'*Adolphe*, échapperait. Aussi ce roman n'est guère romantique, si ce n'est par de certaines excessivités de sentiment, jusqu'au sentimentalisme, où l'analyse ordinairement aiguë de Benjamin Constant s'émousse, et par des complaisances au désespoir qui sonnent leur date. Mais plutôt faut-il inscrire Constant au dessous de Stendhal, parmi les ancêtres du roman analytique, où très peu, presque point de drame extérieur et toute l'importance laissée aux intimités psychologiques. Le drame, au contraire, absorbe tout chez Sand, Sandeau et tous les romanciers, jusqu'à Mérimée. — Celui-ci, une des dernières productions de Romantisme, est un cas singulier. Il vient sur ces limites où les influences contraires se rencontrent, se croisent, se combattent, s'allient, se nuisent, se servent. Mérimée est, de cœur et d'esprit, pour un art de combinaisons et de complications scéniques. Par excellence il est homme-de-lettres, fût-ce homme-de-lettres-de-cour. Mais il sent qu'un vent hostile souffle, que quelque chose de nouveau est naissant, et il se met en garde. La psychologie revient en goût, — Mérimée l'étudie, maussadement, mais sûrement. On reproche aux derniers héritiers de Lamartine et d'Hugo de s'abandonner par trop, de se lâcher, — Mérimée se tient. Il se compose une attitude correcte, une écriture irréprochable. Il ne discorde pas dans la phalange des stylistes impeccables. Il y a peut-être de l'ironie : on peut s'y attendre avec le mystificateur de *La Guzla*. Mais l'attitude ne se dément pas. Il a même été touché par l'influence scientifique. Au besoin et de hasard il fait intervenir un mobile physique. Il sait aussi le prix de la vie dans une œuvre d'art et il en donne une fort jolie illusion. *Colomba*, *Carmen* ne sont pas de convention pure, ni les paysages où elles vivent... Qu'est-ce donc, pourtant, qui fait que ces très agréables livres restent d'hier ? Qu'est-ce qui a manqué à Mérimée pour être un Poëte ? Quel est son défaut ? Son défaut est un excès d'intelligence. Il a la mémoire très bonne et un grand esprit de discernement. Il sait tous les mérites et tous les torts qu'ont eus ses prédécesseurs et tâche de retenir tous les uns, de s'épargner tous les autres. Il a l'oreille fine aussi et demêle assez bien le vrai du faux dans ce qu'il entend dire. Mais il ne devine rien. C'est un spectateur qui se mêle de jouer la comédie et qui la joue à merveille — sans génie. Ce n'est pas un héros, ce n'est qu'un témoin. Il est horriblement sec et froid. De quoi il a manqué ? De cœur. Son œuvre sent plus qu'une autre le passé précisément par sa relative perfection. Il y a des défauts qu'il est bon d'avoir, c'est le déchet nécessaire de la création : Mérimée ne les a pas ? c'est qu'il ne crée pas. — Il nous laisse l'exemple et l'avertissement d'une œuvre parfaite qui ne vaut rien.

Point de conscience et, — preuve irréfutable — point de critique.[1] — Je ne puis accepter comme œuvres de critique littéraire, esthétique, ni les causeries de Jules Janin, ni les sèches dissertations de Planche, ni les développements brillants et plaisants de Gautier ou de Paul de Saint-Victor, à propos des ouvrages de littérature et d'art : c'est presque toujours leur imagination qui parle, ce n'est presque jamais leur raison.

Pourtant, à l'époque du Romantisme, la Critique était née. Elle est dans les livres de Cousin sur le XVIIe siècle, de Villemain sur le XVIIIe : mais elle y est au titre historique, orientée au passé. Sur l'évolution actuelle de l'Art, sur le sens de ses tendances et l'expression qu'elles résument de l'époque vivante, ni Cousin ni Villemain ne savent, du moins ne disent rien. — Pour entendre quelqu'un nous balbutier la philosophie de l'art qui bout et bouillonne, à l'heure contemporaine, il faut attendre Sainte-Beuve. Mais Sainte-Beuve n'est pas un Romantique. Même *Joseph Delorme*, le seul de ses livres qui semble appartenir au mouvement de 1830, est plein de choses qu'on n'a comprises qu'en 1880 et qui ont été bafouées dans leur nouveauté. En tout cas, *Les Pensées d'août* et *Volupté* ne risquent pas d'être confondues avec les romans et les poésies « de gestes ».

1. « La critique est la conscience de l'Art. » Ernest Hello.

Et, d'ailleurs, Sainte-Beuve lui-même, comme l'a très bien observé Emile Hennequin[1], n'est pas encore le Critique moderne tel, par exemple, qu'il nous apparaît en M. Taine et j'ajoute : tel qu'il nous apparaissait, hélas ! en Emile Hennequin lui-même. Saint-Beuve n'étudie pas le problème « du rapport de l'auteur avec son œuvre et celui du rapport des auteurs avec l'ensemble social dont ils font partie; questions délicates et fécondes que M. Taine a le mérite d'avoir aperçues le premier. » Sainte-Beuve manquait d'assises scientifiques et d'une vision générale ; il n'a eu que des lueurs.

En définitive et telle quelle, l'œuvre du Romantisme n'est pas peu de chose. Romantique, dit M. de Banville, « *romantique*, dans le vrai sens du mot, c'est-à-dire cruel et ironique, poétique et bouffon, amalgamant le rire et l'épouvante, la négation et l'enthousiasme, plein d'antagonisme, de grandeur, de folie, d'amour, d'élans sublimes et d'absurdité, comme la Vie elle-même. » M. de Banville fait ici, lui-même, un peu comme ce critique dramatique qui voyait les pièces, non pas telles qu'elles étaient, mais telles qu'elles devaient et auraient pu être. Ce n'est pas le Romantisme que M. de Banville vient de définir, c'est l'Art parfait, c'est Shakespeare. — Le Romantisme découvrit le monde extérieur, eut le souci de la beauté des apparences, introduisit le mouvement dans l'Art

---

[1]. *La Critique scientifique.*

et vit le sentiment où jusqu'à lui on n'avait vu que la pensée. Voilà, quant au fond. — Quant à la forme, il remua la vieille langue et lui donna les allures de la vie. Il tua la périphrase. Il démomifia le vers classique et le vivifia par plus d'exactitude à la fois et de liberté, par le respect de la rime et l'enjambement. Il songea au mot propre, idéal illusoire, mais utile. Il inventa la prose plastique, dont le chef-d'œuvre est cet introuvable *Gaspard de la Nuit* d'Aloïsius Bertrand.

III. LA SENSATION SEULE

Comment, au lendemain de son enfance, l'homme moderne fut-il si vieux ? Car il faut être vieux pour s'intéresser exclusivement à sa sensation, pour l'observer et l'analyser, pour la suivre dans ses causes, ses accidents et ses effets. — L'homme moderne se fit vieux par réaction. Après la grande orgie de bruit et de couleur du Romantisme, il eut honte. Il sentit la nécessité de se prendre à quelque chose de solide, de connaître le fond des choses dont il avait, si légèrement, parlé sans rien savoir. — Ce fond des choses humaines, il crut le trouver dans les raisons physiques de la vie et entra dans les laboratoires et les salles de dissection. — Quel brusque changement ! Hier on n'entendait parler que de cape et d'épée, de grandes passions, de grands crimes et chacun s'en allait au loin chercher des aventures et des paysages nouveaux. Aujourd'hui on reste chez soi, on ne parle que de petits phénomènes naturels, on s'enferme, avec prédilection, dans les horizons connus. On aspirait au grand, au grandiose et fût-ce au gigantesque : c'est l'infiniment petit qui passionne, sans excès. On était presbyte et fou : on est myope et sage.

Il faut noter, tout de suite, que le mouvement naturaliste est français, — en tout différent du Romantisme. Le mouvement classique aussi était français, mais avec adjonctions d'influences antiques et de très lointaines origines dans le Moyen-Age. Le Naturalisme est une génération spontanée de notre race. En somme, ce qui surtout fit sa fortune, c'est que, sous des apparences de violence froide et de brutalité, il flatta le gros bon sens public en ne parlant que de choses solides et qu'on puisse toucher. Les grands gestes romantiques étaient espagnols, anglais, allemands. Le petit geste démonstratif du Naturaliste satisfait les vues courtes et de plus il a cela pour lui qu'on le prendrait parfois (à n'y pas trop regarder de près, car rien n'est si triste, au fond, et si pédantesque) pour une plaisanterie plutôt gauloise encore que française.

Le Romantisme s'inspirait de Shakespeare et lisait Gœthe. Le Naturalisme se recommande de Balzac et de Claude Bernard.

Ce dernier nom indique à la fois l'origine immédiate et la nature réelle de ce mouvement. — Il est déterminé par le courant scientifique, physiologique, et se limitera *volontairement* à l'explication des mystères de la vie par les lois qui régissent les phénomènes physiques. Volontairement, dis-je ; et, en effet, il y a quelque chose d'artificiel et de voulu, il y a une réaction contre les récents excès d'imagination, un parti-pris — détestable — d'oublier tout idéal, toutes préoccupations de Beauté, aussi tout libre-arbitre et de ramener l'innombrable multitude des accidents passionnels — individuels ou sociaux — à quelques fatalités phénoménales.

Telle est la plus évidente caractéristique du Naturalisme ; il diminue, réduit, rapetisse, *étrique* l'homme et la nature. Quant à Dieu, il n'en est même plus question et les Naturalistes ne disent qu'avec une complaisance ironique le mot « Mystique », — presque une injure.

Et voyez ! Ils s'inspirent de Balzac, ils acclament Flaubert : mais, dans l'œuvre de ces deux Maîtres, quel arbitraire choix. ils font ! — plus arbitraire encore que celui des Romantiques dans l'œuvre de Gœthe. Que font les Naturalistes des *Œuvres Philosophiques*? *Louis Lambert*, qu'en pensent-ils? Que pensent-ils de *Séraphita*[1]? Ils sont en extase devant *Madame Bovary* et *Un cœur sim-*

---

1. S'il faut croire que [M. Zola a voulu nous indiquer par *Le Rêve* dans quelle mesure le Naturalisme admet et pratique les réalités d'Au delà, c'est dommage.

ple. *L'Education sentimentale* les enchante moins, moins encore *Bouvard et Pécuchet*, et quant à *Salammbo*, la *Tentation* et les deux autres *Contes*, « c'est la part inférieure de l'œuvre de Flaubert. »

Le mouvement naturaliste nous retiendra moins longtemps que les précédents. Non qu'il soit moins nettement caractérisé, mais il est plus court. C'est comme un acquit de conscience de l'esprit moderne se lestant d'études scientifiques avant d'entreprendre la grande synthèse, — rien de plus : et je n'en veux qu'une preuve, c'est qu'il ne lui a pas donné un seul poëte, — je dis un poëte en vers. Plus d'un, pourtant, a essayé d'être *le* poëte naturaliste qu'attendait impatiemment M. Zola. M. Zola lui-même a fait des vers : ils sont romantiques; M. Guy de Maupassant a fait des vers : ils sont mauvais; M. Daudet a fait des vers : —! Un seul poëte parut mériter les sympathies naturalistes : mais M. François Coppée est un Parnassien d'origine, un intimiste et un moderniste, il n'est pas plus naturaliste que Gautier.

Un second signe — s'il en était besoin d'un autre — de la brièveté de souffle du Naturalisme, c'est l'interminable queue qu'il traîne déjà, dont il a honte et qu'il garde pourtant, parce que, du moins, cela fait nombre. Le Naturalisme est déjà poussif (tournons l'image) et c'est tout s'il a trente ans ! — C'était fatal. Rien n'est facile à faire comme un roman, selon cette formule, et toutes les médiocrités s'y sont jetées. Par exemple, on a tôt pataugé en pleine pornographie. Il n'y a plus alors ni talent, ni observation, il n'y a que la boue — et sa tristesse ! Or, cette boue n'est pas légère aux chefs de l'école : ils en sont responsables, car c'est délibérément qu'ils ont abaissé et restreint l'horizon. Ils ont proscrit l'imagination, — en principe, — quitte à s'en servir à l'occasion, témoin M. Zola qui est romantique autant que naturaliste. Mais les disciples ont pris les maîtres au mot. La consigne était de ne rien inventer, de n'apporter dans l'étude de la nature aucun préjugé d'idéal, de ne rien dédaigner, surtout, de fouiller de préférence dans les tréfonds et les bas-fonds, car « la perle est là-dedans. » On l'y a cherchée, — je crois même qu'il y a de pauvres gens qui l'y cherchent encore.

Pourtant les prétentions du Naturalisme sont plus larges que je ne dis et je le blesse sans doute en lui assignant la Sensation pour tout objet. C'est autre chose qu'il voit dans Balzac, et la formule : *Un coin de la nature vu à travers un tempérament*, embrasse toute la vie. — Laissons, pour un instant, Balzac : c'est l'ancêtre ; il y a, en effet, chez lui, autre chose que la sensation, car il y a tout. Etudions plutôt Flaubert ; *Madame Bovary* est incontestablement une œuvre naturaliste. Qu'est-ce qui surtout distingue ce roman des romans de Sand, de Sandeau, d'Alphonse Karr, etc. ? Trois caractères : le romancier se recule de son sujet, n'y intervient jamais en personne, c'est une œuvre objective ; rien n'y est anormal, tout y est déterminé par le tempérament d'Emma, c'est une œuvre logique; le tempérament d'Emma est tout physique, tout sensuel et le récit de ses amours n'est que le récit d'une suite de sensations, c'est une œuvre sensationnelle ou physiologique, et tout, dans le livre, est de même, physiologique ou sensationnel. Pour caractériser un personnage de George Sand, *André*, par exemple, nous dirions que c'est un faible, un rêveur, nous chercherions des mots vagues et d'ordre moral ; pour caractériser un personnage de Victor Hugo, Jean Valjean, nous chercherions des mots vagues encore et d'ordre social, nous dirions un forçat honnête homme, etc. D'André et de Jean Valjean nous ne voyons que le geste, le vêtement, l'attitude et nous sommes obligés, pour les préciser dans notre mémoire, de nous rappeler les mots qu'on leur a fait dire. Pour caractériser Charles Bovary et sa femme il nous serait impossible de dire autrement que : un lymphatique, une hystérique, et cela, sans nous souvenir de leurs paroles, car nous voyons leurs visages, le teint pâle et les yeux éteints du mari, et son allure un peu hésitante, l'autre pâleur de sa femme, une pâleur chaude et des yeux brillants, la balèvre sensuelle, l'allure rapide, les mains promptement jointes et ouvertes... Et l'empoisonnement! Nous avons vu comme on meurt sur le théâtre classique : des âmes qui s'évaporent. Chez les Romantiques, c'est une poupée qui se casse à tout propos, pour tout, pour rien, pour commencer comme pour finir et dans un beau geste. Mais Emma ! Elle meurt comme nous mourons, — à l'heure où nous n'avons plus en nous que la vie évanescente des sens, à l'heure où l'esprit s'est déjà voilé, où les yeux ne trahissent plus que la douleur animale, le désespoir physique de l'organisme qui s'agite pour retomber inerte, définitivement. Emma n'a guère jamais eu d'âme, elle ne peut perdre que la vie qu'elle avait; mais il émane de cet empoisonnement, à le lire, une contagion de nausée. — Concluons : qu'avons-nous trouvé dans *Madame Bovary*? Une œuvre objective et logique, c'est le procédé; une œuvre sensationnelle et physiologique, c'est le fond. — Est-ce une exception? Mais dans les autres romans naturalistes, reconnus tels par l'Ecole, que trouvons-nous encore, toujours et principalement, sinon uniquement? Comment nous apparaissent les personnages de *Germinie Lacerteux*, de *Madame Gervaisais*, du *Ventre de Paris*, de *L'Assommoir*, de *Nana*, des *Sœurs Vatard*, de *Boule-de-suif*, d'*Une Belle Journée*, du *Nommé Perreux*? Quels mobiles les font agir? A quoi pensent-ils? Quel est leur monde intérieur? — Ils n'en ont point, ils ne pensent à rien, leurs mobiles d'action sont dans leur bile ou dans leurs nerfs. Ils n'ont pas de rêve, pas de joie. Ils sont tristes,

tristes ! — d'une tristesse purement physique. Nous les suivons du regard, figures pâles, figures colorées, agitées de maladies, névroses ou chloroses, poussées par la faim, par l'ivresse, par la sensualité, unies ou séparées par la communauté ou par la différence de leurs besoins, — toutes des figures sur qui pèse la Fatalité d'un vice physique ou d'une hérédité de folie. — La Fatalité ! Plus noire, plus impitoyable, plus atroce, plus lourde, mais moins grandiose et belle que l'antique, les Naturalistes ont ressuscité la Fatalité. Oreste peut, du moins, avoir encore l'illusion consolante qu'il fuira les Euménides, qu'il mettra de la distance entre elles et lui ; il court vers le sanctuaire d'Apollon en criant asile et le Dieu le défend contre les Furies. Mais Germinie Lacerteux, mais Coupeau, comment échapperaient-ils à leurs Furies ! Elles sont en eux ! Elles se nomment l'Ivresse et l'Hystérie ; elles hurlent dans leur sang, elles se crispent dans leurs nerfs. — Ce rapprochement entre les deux fatalités, antique et moderne, s'impose si bien que celui des représentants de la nouvelle école qui a la qualité la plus officielle (encore que cette qualité lui vienne plutôt, sans doute, de sa propre initiative que du consentement des camarades, et encore qu'il la doive surtout à son génie de *réclamier*, le plus extraordinaire tel génie que ce siècle ait vu, depuis Victor Hugo) le provoque de lui-même dans un de ses plus célèbres romans. Le motif choisi est l'inceste[1]. M. Zola, qui a de la fantaisie, a risqué là toutes les audaces. Son livre impose de dangereuses comparaisons, par son titre qui évoque celui de Chateaubriand, par son sujet qui est celui de *Phèdre*. Quoique systématique, *Renée* témoigne d'un talent admirable. C'est peut-être le chef-d'œuvre de son auteur et c'est certainement un des beaux livres de ce temps. L'infériorité de M. Zola, s'il faut le comparer aux illustres rivaux qu'il affronte, se devrait pourtant compenser par le grand avantage qu'il a sur eux : il connaît les fautes qu'ils ont commises, lesquelles sont surtout celles de leurs formules, et, dans le même sujet, pourrait les éviter. — Il ne les a pas évitées ! *Phèdre* n'a ni le sentiment de la vie apparente, ni la vie des sens, elle n'a que des pensées passionnées ou plutôt elle n'est qu'une âme aux prises avec la Passion ; *René* a, peut-être, un peu de la réalité idéale de la Passion, mais il

---

[1]. Il est singulier que les Modernes, comme les Anciens, n'ont parlé de l'inceste — qui n'est pourtant un vice que parce que la société l'a décrété tel, l'inceste qu'Israël pratiquait religieusement — qu'avec une excessive timidité. L'inceste de *Phèdre* n'est un inceste que d'alliance, comme celui de *Renée*, comme celui des *Barthozouls* de M. Caraguel. L'inceste de *René* serait réel, mais reste en désir. Celui de *Zo'har* seul est à la fois réel et effectif. Mais à ce sujet, et tout à fait exceptionnellement, M. Mendès se transforme en moraliste sévère — un peu artificiel, je pense — et ne parle qu'avec une horreur qui la condamne de la belle faute qu'il vient de décrire en un style, pourtant, épris d'elle.

manque de la vie des sens, il n'a guère que le mouvement et le sentiment ; — *Renée* ignore absolument cette réalité idéale, elle n'a pas d'âme, et si elle garde quelque apparence de geste et d'extériorité de sentiment, c'est que les Naturalistes viennent de lire les Romantiques, mais sa seule vraie vie est dans ses sensations. C'est une élégante brute. J'exagérais les torts de Racine en disant qu'il a rendu muets les sens et les sentiments de *Phèdre*, j'oubliais le miraculeux vers :

> Oh ! que ne suis-je assise à l'ombre des forêts !

Racine — et aussi Chateaubriand — savent l'influence que la nature exerce sur l'esprit des amants, ils savent cette vérité que formulera bien plus tard un secondaire et délicieux poëte, qu' « un paysage est un état de l'âme [1]. » M. Zola, s'il s'en doute, n'en laisse rien voir. Plus d'une fois il se surprend à dégager du personnage qui la subit la sensation, pour l'étudier plus profondément, et, s'il s'aperçoit qu'il risque ainsi de compromettre la vérité générale de son personnage, se hâte alors de le jeter, par un procédé tout romantique, dans l'action. — *René* est peut-être plus faux, parce qu'il se préoccupe moins des causes que des effets ; mais il y a plus de vérité dans *Phèdre* que dans *Renée*, parce que les causes psychiques sont plus graves et plus profondes que les causes physiolo-

---

[1] Amiel.

giques. — Les Naturalistes nous affirment hautement le contraire, et pour eux, ces myopes ! l'homme ne consiste qu'en ses organes. Quand ils sont sincères, ils s'effrayent de leur propre conclusion et s'en reculent avec une secrète horreur où se trahit une reprise de cet Esprit qui vit en soi et ne se laisse pas toucher : « L'être physique ferait-il l'homme ? et nos qualités morales et spirituelles ne seraient-elles, ô misère ! que le développement d'un organe correspondant à son état morbifique [1] ? » Ils perçoivent quelquefois, même dans l'ordre purement, voudraient-ils croire, physique, des phénomènes qui ne s'expliquent pas physiquement, comme cette « atmosphère des journées de juin 1848, qui agita tous les fous de Bicêtre [2], » et mille autres insaisissables et souterraines correspondances qui échappent nécessairement à leur analyse. La femme, surtout, avec ses complications naïvement subtiles, ses apparences d'illogisme, les imprévus, les brusques ressauts de ses ressorts invisibles, le mélange indiscernable de ses vices et de ses vertus, les mesquineries de sa grandeur, les tendresses de sa perversité, les cruels sous-entendus de son indulgence, la femme avec toute sa féminité joue et trompe infailliblement l'analyse naturaliste. Il y a quatre ou cinq vers de Racine qui en disent plus long là dessus que tous les romans

1. M. de Goncourt.
2. Le même.

de la dernière école. C'est encore M. de Goncourt, de tous pourtant le plus fin, le plus pénétrant et aussi le mieux informé sur, précisément, ce mystère féminin, qui nous fait l'aveu de son impuissance : « La femme ne se lit pas comme l'homme, elle est enveloppée, fermée, cachée souvent à elle-même. » Mais la plupart ont une certitude qui inquiète. Il y a du comique. La Science a-t-elle donc si formellement et si définitivement pris ses suprêmes conclusions qu'on puisse avec tant d'intolérance à tout « pourquoi » répondre : Voici le « parce que » ?....

Madame Bovary et *Germinie Lacerteux* eussent suffi à la démonstration de la formule naturaliste si elle n'avait eu, après les sensations individuelles, à rendre les sensations sociales.

C'était la plus importante part de l'œuvre des Naturalistes, c'est celle qu'ils ont le plus mal réussie. Ils semblent pourtant avoir nettement eu conscience de l'objet à atteindre. M. Zola, par exemple, a souvent le projet précis de peindre des masses : la foule de la rue, un atelier, un grand magasin, le peuple des mines. Son tempérament même l'y invite, risquant moins de rencontrer là quelqu'un de ces problèmes individuels, — mystérieux et profonds, qu'il se hâte de supposer résolus, ayant pour la psychologie un dédain dont il n'y a qu'à sourire. Ses tentatives en cette voie sont ordinairement heureuses : il sait faire se mouvoir les foules, il le sait mieux que personne jamais. C'est là qu'il a parfois trouvé la grandeur. Et cela n'est pas étonnant : les foules sont toutes physiques, dans leur *action* d'ensemble ; les pensées, en ce moment de l'action, ne leur arrivent qu'à l'état de sensations et d'images, elles subissent les impressions physiques de la chaleur que leur agglomération même accroît, elles anéantissent l'individu pour n'en plus faire qu'une de leur cent mille voix, — elles sont des synthèses de mouvantes impressions. L'aptitude naturelle de la formule naturaliste à rendre le physique, et ce qu'a gardé M. Zola de son éducation romantique le préparaient donc tout spécialement à être le plus merveilleux peintre des foules. — Mais il y a autre chose, sous la sensation sociale, que le grand cri et le grand geste momentanés de la multitude ; ce moment n'est que le dernier période et l'éclat d'une crise. Il y a quelque chose de plus important que la crise : il y a ce qui la précède et la prépare, il y a la formation latente et lente de la *pensée* commune, il y a la vie occulte et très forte de *l'âme populaire*. Cette vie, M. Zola ne l'a pas rendue, et nul écrivain naturaliste ne peut la rendre parcequ'il y faudrait l'effort synthétique des trois formules littéraires que nous avons successivement étudiées, — la passion classique, le sentiment romantique et la sensation naturaliste [1].

[1]. Un seul Poëte réalise parfois — encore imparfaitement

C'est surtout de la première de ces trois inspirations que manque le Naturalisme. Précisons toutefois : il ne s'en passe *apparemment* pas, il ne peut faire autrement que de nous annoncer des « êtres moraux », — intelligents ou sots, chastes ou débauchés, francs ou hypocrites, vaniteux ou modestes, etc., mais ni son intérêt, ni son point de vue principal ne se maintiennent dans ce domaine moral et psychique, pour lui la pensée n'importe pas capitalement dans l'action humaine : en un mot, il ne constate et ne peint que des effets matériels. — Il est pictural moins que photographique, et, pour agréer le mot qu'il préfère, il est « objectif ».

Cette grande prétention à l'*objectivisme* esthétique n'est que l'erreur d'un instant. Si, par ce mot, on a voulu prescrire à l'écrivain de ne jamais « donner son avis » sur les choses qu'il écrit, soit — et peu importe : il y a des chefs-d'œuvre de Balzac et de M. Barbey d'Aurevilly où l'auteur a ce tort d'intervenir dans le roman, comme un personnage sans visage ou comme le Chœur antique. Mais si on a voulu défendre à l'écrivain de nous laisser voir la couleur de son âme dans la couleur des passions et des paysages qu'il décrit

— cette vie de la foule ; c'est Michelet, dans son Histoire. — Michelet, un des plus grands poëtes de ce siècle, reste étranger à toute influence sur l'art de l'avenir. Cas à déduire ailleurs et non pas en quelques lignes. C'est ainsi que, pour d'autres causes et pour le même motif, on a dû négliger, dans ce livre, une figure de l'importance du duc de Saint-Simon.

ou suggère, c'est une simple ineptie. Cette ineptie, les Naturalistes ont, autant que possible, essayé de la réaliser et ils ont inventé ce qu'on nomme le « style descriptif ». La description naturaliste consiste, un paysage — par exemple — étant donné, à le rendre, par l'écriture, *tel que tout le monde le voit*, dans sa « vérité externe ». Ces deux derniers mots n'ont que l'inconvénient de ne pouvoir être joints : en art, il n'y a pas de vérité externe. L'aspect photographique des choses, outre qu'il est matériellement faux, n'est que le sujet de l'œuvre d'art ; l'œuvre d'art commence où cet aspect s'arrête, elle est dans l'au delà de cet aspect, et cet au delà est dans l'âme de l'artiste. L'œuvre d'art, c'est le SENS que Corot et Cazin dégagent du paysage, selon certaines communes lois du développement de la lumière, — lois qu'encore appliquent-ils avec une soumission libre et suivant les préférences de leurs tempéraments ; or, si Corot et Cazin « copient » le même paysage, ni les paysages de Corot et de Cazin ne se ressembleront entre eux, ni le paysage « copié » à l'aide de l'objectif photographique ne ressemblera — sinon vaguement — aux paysages de Corot et de Cazin. A rigoureusement parler, il y a pas de description *exacte* possible. Outre que deux paires d'yeux ne voient que très initialement de même, la reproduction exacte de la nature serait un péché inutile : un péché, puisque ce serait la doubler, — inutile, puisqu'elle EST et puisque l'*utile*, en Art, c'est le Nouveau : le plus loin, le plus intense. — Or, il n'y a de nouveau que le sentiment de l'artiste, l'impression personnelle qu'il reçoit de l'universelle nature. — L'Art est donc essentiellement subjectif. L'aspect des choses n'est qu'un symbole que l'artiste a la mission d'interpréter. Elles n'ont de vérité qu'en lui, elles n'ont qu'une *vérité interne*. — C'est parce que l'étroit de leur point de vue ne leur permettait de rendre que les effets matériels que les Naturalistes ont été conduits au style objectif et descriptif. En d'autres termes, ils ont, autant que possible, essayé d'abolir le Style lui-même. Il y a de vieilles définitions, polies et usées par la citation et qu'on a un peu honte de rééditer. Elles sont encore vraies, pourtant : « Le style, c'est l'homme, » et l'homme, c'est surtout son âme. Le style d'un homme est dans l'habitude de son attitude, dans le son de sa voix, dans sa manière de regarder, de marcher, de s'asseoir, de porter ses vêtements, jusque dans les plis que prennent à la longue ces vêtements — puisque le corps n'est que la forme de l'âme — aussi bien que dans son écriture. Comme ils avaient décrété que l'homme n'a point d'âme, les Naturalistes tâchèrent de n'avoir point de style, en écriture, et toutefois gardèrent le contradictoire projet d'exprimer, dans cette écriture sans style, le style de la vie ! C'est, peut-être, cette contradiction qui les a défendus de se perdre absolument : le style de la vie a sauvegardé celui de l'écriture, — point tout à fait, pourtant, et il faut avouer que, depuis Flaubert qui réalisa la perfection de la forme littéraire française (et qui put le faire parcequ'il n'était pas que *naturaliste*), ceux qui, pourtant, se réclament de lui ont étrangement ébréché et faussé l'outil admirable qu'il leur avait légué. Je ne parle point de M. de Goncourt et de M. Huysmans qui ont, au contraire, de très merveilleuses qualités d'écrivains. Je parle de M. Zola, de M. Maupassant et de ceux qui les imitent. Leur langue n'est pas littéraire : incorrecte, impropre, impersonnelle, pesante, banale, c'est la langue des journaux. Il faut que M. Zola ait bien du talent pour parvenir, parfois, à nous donner le sentiment de la grandeur avec un tel instrument ! — Un autre sentiment qu'il nous donne, par malheur, plus souvent, c'est celui de l'ennui, avec ses descriptions interminables, inutiles et que stérilise ce désir de rendre la vérité externe. Et quand il parle d'exprimer *toute* la vérité et se déclare l'héritier de Balzac, comment ne pas lui répondre : mais Balzac était un visionnaire ! mais Balzac croyait à une réalité intérieure du monde qu'il a créé, non pas copié ! Ce monde, c'est dans son imagination qu'il l'a vu et observé, bien plutôt que dans la vie, et c'est pourquoi il a bien plus de vérité que votre monde copié ligne à ligne et traduit mot à mot. Balzac et Stendhal — de même Dickens et

Thackeray — en qui les Naturalistes saluent leurs héros, sont des imaginatifs et leurs créations ne sont vraies que parcequ'elles sont imaginaires, puisque « l'imagination est l'œil de l'âme [1] », « la reine du vrai [2] », « l'organe par lequel nous percevons le divin [3] ». Pour accomplir cette tâche immense d'exprimer la synthèse du monde qui s'agitait autour d'eux, ils n'ont pas eu l'imprudence de ne s'en remettre qu'à leur propre expérience et à leurs yeux matériels. L'expérience personnelle pouvait les tromper : ils l'ont corroborée par l'expérience universelle, humaine, par les traditions immémoriales et par le jugement de l'homme impeccable que chacun porte en soi et qui est précisément étranger aux rancunes de la personnelle expérience. Ils ont fermé leurs yeux, qui pouvaient eux aussi les tromper, pour aiguiser et libérer le regard de l'âme. — Peut-être, sauf Balzac qui savait tout, n'ont-ils pas laissé assez d'importance aux mobiles physiques des actions humaines. Le mérite des Naturalistes est d'avoir vu le mobile physique, leur tort est de lui avoir fait la part trop grande. Ils ont d'autant diminué l'homme.

Je comprends qu'ils veuillent nous persuader que leur œuvre soit autre chose qu'elle n'est. La

---

1. Joubert.
2. Baudelaire.
3. Carlyle.

petitesse du résultat exagère leur dessein. Dans ce résultat comment se tenir? Comment s'en contenter? Et la plupart des Naturalistes le dépassent en effet, — les uns par ambition et vers le passé, comme M. Zola qui s'est fait le V. Hugo du mouvement, les autres par intuition et vers l'avenir, comme M. de Goncourt et M. Huysmans.

Mais la *queue* ne dépasse rien : les imitateurs sont plus fidèles à la Formule que les maîtres. Les jeunes Naturalistes — ils sont déjà bien vieux! — copient patiemment la nature à peu près tel qu'un aveugle la verrait. Eux, ils ne transigent pas : plus d'âme décidément et pas la moindre issue dérobée par où pourrait pénétrer le Rêve. Laboratoire et Document! Ces pauvres jeunes gens doivent bien s'ennuyer. Ils n'écrivent, sans doute, que lorsqu'ils sont de mauvaise humeur. A coup sûr, s'ils ont des « instants de Poëte », ils jouent au baccarat ou fument des cigares, dans ces instants-là.

De leur œuvre et de celle de leurs maîtres fuse l'ennui. Ce n'est plus le désespoir qu'ont produit les Classiques et dont les Romantiques se sont follement énorgueillis : c'est tout simplement un ennui bête, animal, un écœurement, un dégoût... Peut-être vient-il, ce dégoût, des excès de dépenses physiques qu'on fait dans les romans documentés : *Omne animal post coïtum triste...* Et, comme nous le verrons, le roman psychologique, — une réaction, pourtant, du moins en partie, contre le roman naturaliste, subira cet effet de tristesse comme il continuera d'en exploiter la cause.

Mais résumons.

IV. RÉSUMÉ DE L'ANALYSE

Trois hommes et trois œuvres résument et personnifient parfaitement les trois Formules.

Des trois celui seulement qui personnifie la formule classique est grand (aussi est-il presque oublié) : entre le second et le troisième il y a la même différence de mérite, à peu près, qu'entre le premier et le second. Et ces degrés dans les esprits disent eux-mêmes les degrés différents de l'importance des Formules.

Joubert est né au milieu du XVIIIe siècle, il n'en a pas été touché. Si, comme il le déclare, la Révolution a chassé son esprit du monde réel en le lui rendant trop horrible, le désastre de l'Art chrétien et classique ne l'a désespéré ni de Dieu ni de l'Art. Un peu pressé dans les bornes évangéliques, il est aussi métaphysicien qu'un esprit français peut l'être par lui-même ; il a des mots comme celui-ci : « L'espace est la stature de Dieu. » Bien loin de laisser son style s'abandonner aux lâchetés de l'époque, il le serre et le concentre. Il voudrait mettre « tout un livre dans une page, toute une page dans une phrase et cette phrase dans un mot ». Par ce sentiment il soupçonne le poëme en prose : il le précise par de telles observations : « Il serait singulier que le style ne fût beau que lorsqu'il a quelque obscurité, c'est-à-dire quelques nuages ; et peut être cela est vrai, quand cette obscurité lui vient de son excellence même, du choix des mots qui ne sont pas communs, du choix des mots qui ne sont pas vulgaires. Il est certain que le beau a toujours à la fois quelque beauté visible et quelque beauté cachée. Il est certain encore qu'il n'a jamais autant de charmes pour nous que lorsque nous le lisons attentivement dans une langue que nous n'entendons qu'à demi... Il y a, dans la langue française, de petits mots dont presque personne ne sait rien faire... C'est l'équivoque, l'incertitude, c'est-à-dire la souplesse des mots qui est un de leurs grands avantages et qui permet d'en faire un usage exact... Etc. » Il a comme nul en son temps le sens du vers moderne : « Les beaux vers sont ceux qui s'exhalent comme des sons ou des parfums. » — Il ne larmoie ni ne ricane. Il pense. Après La Bruyère, même après Pascal, Joubert pense, et ses pensées, dans la plus pure tradition du XVIIe siècle, avec je ne sais quoi de moderne dans le ton, d'aigu dans le fond, s'inscrivent dans une forme rapide et ménagée, sont essentielles. — Il n'a ni mouvement ni couleur et ce n'est guère qu'un esprit : pourtant Châteaubriand l'admire et le consulte comme le plus sûr dépositaire de toutes les certitudes où il voudrait retenir les générations qui viennent ; — celui de qui émanera, mystiquement, la grande synthèse moderne, écoute, en Joubert, l'écho pur et profond du passé — encore purifié et encore approfondi par un esprit doué de sens critique et ouvert aux souffles du Futur.

Théophile Gautier dort pendant qu'on joue Racine, mais, la pièce finie, il se lève et, si on le lui demande, sur cette pièce qu'il n'a pas écoutée il écrira, sans y réfléchir, le plus éblouissant des feuilletons. C'est que pour Gautier peu importe le sujet, peu importe la pensée. De sujet il n'en cherche point : « Qu'est-ce qu'ils vont encore *me faire faire ?* » Et il ne pense guère à ce qu'il va écrire. Pense-t-il jamais ? Il peint des formes en mouvement et qu'il a le bonheur de voir belles. Mais la vie intérieure de ces formes lui échappe, c'est pourquoi il ne peint pas vivant : il peint mouvementé, beau et froid. La passion, quand il en parle, est toujours secondaire, du moins quant au mérite du rendu, sinon quant à la valeur de l'objet. Sa sensualité est grossière et banale. Son esprit a, parfois, de la curiosité : quelle profondeur ? Mais sa main, ses yeux sont extraordinaires. Ils font oublier l'âme absente. Gautier pense si peu que parfois le prestige de son talent apprête à croire que la Pensée soit inutile. Il fait oublier la vie qu'il oublie. Ses personnages et ses paysages ont autre chose que la vie, ils ont la magie des apparences ; ce sont des tableaux et des statues. — Et l'œuvre du magistral ouvrier nous est indifférente et précieuse comme une galerie de Musée : on y peut venir étudier les prodiges, surprendre les secrets de l'art. Mais c'est un dangereux séjour pour quiconque n'a pas dans l'âme une flamme bien ardente. Une simple Nouvelle nous expliquerait mieux que ses plus longs livres et qu'aucuns commentaires le tempérament de Théophile Gautier. Non pas que *Fortunio* soit son chef-d'œuvre, — et cette expression n'a pas de sens, avec Gautier : il n'a fait que des chefs-d'œuvre ! — mais le sujet de *Fortunio* offrait ce hasard qu'ayant à traiter, là, de passion et de passion très violente, Gautier « extériorise » cette passion elle-même, la rend par des tons et des sons, des couleurs et des gestes. Ses personnages sont des machines admirables, ou plutôt de véritables andréïdes. Il y a une petite phrase très caractéristique : « Fortunio promenait sa main sur le dos de la Cinthia, mais avec le même sang froid que s'il eût touché un marbre. » Il y a tout le Romantisme dans cette petite phrase. Qu'a-t-il fait autre chose qu'inspirer une vie de convention à de belles — ou grotesques, mais le grotesque est l'autre face de la Beauté — formes mouvantes, mais non pas émouvantes, parce qu'elles n'ont ni nerfs ni pensées. Je le crois bien que Fortunio peut garder son sang-froid : c'est du marbre, en effet, qu'il touche[1].

M. Guy de Maupassant a débuté, — élève de Flaubert — par un chef-d'œuvre, *Boule-de-Suif*, — *le* chef-d'œuvre de la formule naturaliste la plus étroite et la plus logique. Le sujet en est triste et plat, le style congru. — Peu nous importe que, depuis, M. de Maupassant soit descendu aussi bas que possible dans la littérature de journal, qu'il y ait tout perdu, sentiment de la vie extérieure et physique, couleur, langue, personnalité. Peu nous importe qu'il soit inutile autant qu'impossible de lire les contes à la douzaine qu'il « mène rondement et trousse lestement » (comme parlent les faiseurs d'articulets sur les livres, à la dernière page des revues). Je crois même qu'il a « manifesté » quelque part, formulé l'*idéal* de cette littérature de hussard. Peu nous importe. Il a eu son

---

[1]. « Un article, une page, c'est une chose de premier coup, c'est comme un enfant : ou il est ou il n'est pas. Je ne pense jamais à ce que je vais écrire. Je prends ma plume et j'écris. Je suis homme de lettres : je dois savoir mon métier. Me voilà devant le papier : c'est comme le clown sur le tramplin... Et puis j'ai une syntaxe très en ordre dans ma tête ! je jette mes phrases en l'air... comme des chats ! je suis sûr qu'elles retomberont sur leurs pattes..... Toute ma valeur, ils n'ont jamais parlé de cela, c'est que je suis *un homme pour qui le monde visible existe...* »

Personne n'ignore qui est *Masson*, dans CHARLES DEMAILLY.

heure de sincérité littéraire et, privé comme il est de toute pensée, de toute idée même, mais courageux à fouiller dans les plus ignobles fonds des motifs humains, dans la vérité crapuleuse d'une humanité sans âme, sans cœur, sans esprit, sans imagination et très *moderne*, il en a rendu le hoquet avec la cruelle fidélité d'un écho. — Les temps pressés qui sont venus se lassent aux écritures abondantes. Ils croient volontiers sur parole les critiques « autorisés » qui leur signalent comme maîtres-livres naturalistes *Madame Bovary*, *Germinie Lacerteux* et *L'Assommoir*. Encore savent-ils qu'il y a, dans le premier de ces trois romans, des qualités de Poëte, dans le second un sens artistique de la modernité et dans le troisième un héritage romantique, toutes choses qui dépassent la Sensation : elle est seule dans la nouvelle de M. de Maupassant, — pure essence de Naturalisme.

II. LA SYNTHÈSE

Sommaire. — Châteaubriand et Gœthe. — Stendhal, Vigny, Sénancour, Nerval. — Hugo. — Balzac; Wagner. — Poe; Baudelaire. — Flaubert; Sainte Beuve. — Leconte de Lisle; Banville et les Parnassiens. — Goncourt; Barbey d'Aurevilly. — Villiers de l'Isle Adam, Verlaine, Judith Gautier, Huysmans, Rimbaud, Mallarmé.

Tandis qu'évoluaient, après l'épuisement de la longue période classique, les plus brèves périodes, romantique, puis naturaliste, quelques poëtes, qui furent, d'ailleurs, pour la plupart, mêlés à l'un ou à l'autre de ces deux derniers mouvements, découvraient ou plus vaguement pressentaient un idéal esthétique plus complet que celui d'aucune école, plus lointain, dégagé des lenteurs de toute analyse, plus large et pourtant plus aigu, convoitant un domaine universel où il se spécialiserait vers l'Absolu. Aucun des Poëtes, — pourtant suprêmes, — dont je vais maintenant parler avec une joie respectueuse, ne fait lever en nous cette admiration comblée, parfaite, que nous rêvons. En aucun d'eux n'éclate ce génie dont parle Edgar Poe, « qui résulte d'une puissance mentale également répartie, disposée en un état de proportion absolue, de façon qu'aucune faculté n'ait de prédominance illégitime. » Sans doute, ce génie-là refusera toujours de naître, pour ne pas décourager l'avenir. — Mais tous ont des lumières qu'avant eux on n'a pas eues. Leurs livres entr'ouverts ouvrent des voies, à qui sait lire, nouvelles et de perspectives infinies. Rien ne sera nouveau qui ne leur doive une vénérante reconnaissance.

Châteaubriand et Gœthe sont aux sources du courant moderne, aux deux angles de base du grand triangle spirituel dont le sommet se perd dans l'infini. En eux l'*esprit mystique* et l'*esprit scientifique*, presque également sensualistes, l'un et l'autre, mais très différemment, se recueillent et prennent conscience d'eux-mêmes. Il sont l'un de l'autre très loin, ils sont les points extrêmes du champ de l'esprit humain. Mais par cet échange qu'ils ont fait de *sensualité esthétique* ils annoncent ce profond, cet intense et contemporain désir de l'esprit humain de faire confluer en un seul large et vivant fleuve de Beauté réunie à la Vérité dans la Joie le courant mystique et le courant scientifique.

— Il semblerait que celui-ci dût absorber celui-là. Naguère la Science avait biffé le mot : Mystère. Elle avait, du même trait, biffé les mots : Beauté, Vérité, Joie, Humanité. C'est ce que le Naturalisme a bien prouvé, en nous donnant ses tristes et fades brutes, qui n'ont rien de mystérieux, certes, mais qui manquent de vérité dans la mesure précise où elles manquent de mystère. Les mots effacés ont reparu sous la rature : elle était de mauvaise encre. Dans ce domaine de l'Art, leur principal champ de bataille, le Mysticisme a repris à la Science intruse et accaparante, non seulement tout ce qu'elle lui avait dérobé, mais peut-être bien aussi quelque chose de la propre part de la Science. La réaction contre les négations insolentes et désolantes de la littérature scientifique, au lieu d'éclater dans un grand essor vers une Beauté joyeuse, s'est faite par un regain d'études psychologiques qui ne tiennent plus guère compte de l'organisme et pourtant restent sujettes de la science, — d'une part, et par une imprévue restauration poétique du

Catholicisme, d'autre part : trois des plus grands Poëtes de cette heure — MM. Barbey d'Aurevilly, Villiers de l'Isle-Adam et Paul Verlaine, sont catholiques. Mais leur catholicisme, outre que les prêtres catholiques et romains lui sont plutôt encore hostiles qu'indifférents, a tous les caractères d'un retour très profond vers les Origines : il se pourrait que ces Catholiques eussent entendu la grande parole de Gœthe. — M. Taine, après avoir énuméré les réponses mauvaises que fait le passé aux pressantes questions de l'inquiétude moderne, ajoute : « Sont-ce là des réponses ? et que proposent-elles, sinon de s'assouvir, de s'abêtir, de se détourner et d'oublier ? Il y en a une autre, plus profonde, que Gœthe a faite le premier, que nous commençons à soupçonner, où aboutissent tout le travail et toute l'expérience du siècle et qui sera peut-être la matière de la littérature prochaine : TACHE DE TE COMPRENDRE ET DE COMPRENDRE LES CHOSES. » Il se pourrait que ce fût en remontant aux sources vives du passé que ces Catholiques eussent rencontré le Catholicisme, à son heure de splendeur et de vérité : il les a séduits à ses beautés défuntes et ils les ont ressuscitées. Mais ils constituent avec la véritable (qui est fausse) religion actuelle et vivante (qui est morte) un anachronisme dont elle s'épouvante. L'art chrétien est mort le jour où un Pape a fait peindre des voiles sur les nudités du Jugement Dernier de Michel Ange. La

Chrétienté actuelle et vivante ne manque jamais de faire le geste de Tartuffe devant les audaces de ces Poëtes qui prétendent la servir et qui ont du génie ! — Aussi ne sont-ils point de cette Eglise. Ils ont rejoint, puis dépassé Châteaubriand. Leur foi a le luisant fruste d'un objet ancien dont l'éclat se conservait sous la poussière : leur foi est retrouvée. C'est un prétexte plutôt qu'une raison — cela dit sans suspecter les sincérités qui sont évidentes — de certitude mystique : l'esprit mystique se revanche de l'esprit scientifique, qui l'avait humilié, en arrêtant à l'une des plus vieilles et des plus simples « explications de l'homme et des choses » quelques-uns des plus grands esprits du monde, qui s'asphyxiaient dans l'atmosphère pneumatique de la science seule — de la science irrespectueuse et inintelligente du Mystère — et qui recouraient aux heures larges d'antiquité où l'esprit avait de l'air... — L'important était que le mot Mystère fut répété ; il ne nous empêche pas d'entendre la réponse de Gœthe, plutôt la corrobore-t-il : le sentiment du Mystère éveille et retient éveillée la passion des Causes. — Dans ce grand dialogue de la pensée moderne Châteaubriand et *Faust*, Gœthe et le *Génie* du *Christianisme* peuvent s'entendre : ils parlent sur les sommets et leurs voix ébranlent la même atmosphère. Un jour, leurs paroles se confondront en un seul magnifique Verbe.

Stendhal, Vigny, Sénancour, Gérard de Nerval… On pourrait me demander quel trait commun assemble ces Poëtes. De trait commun, ils n'ont que celui-ci : ils ont écrit de 1820 à 1840 — à peu près — pour les générations qui devaient les lire aux environs de 1880. Le Rouge et le Noir, Les Destinées, Obermann, Le Rêve et la Vie, — nos Bibles ! A leur naissance, des livres ignorés.

Stendhal, un esprit constructeur, aigu, nerveux, psychologue infaillible, moderne, presque indifférent aux lignes, sensible à l'expression de l'âme, à la physionomie, doué, plus que quiconque, du sens intime de la vie, n'ayant ce sens que la plume en main, *inventant la vérité* avec une prodigieuse certitude. Sa plume était cette baguette des fées, talisman qui indique où gît le trésor. Il y a de tels hommes — Balzac, Stendhal — qui savent la vie, avant d'avoir vécu : leur âme est un microcosme où, pour voir le monde, ils n'ont qu'à regarder. Peut-être même ne vivent-ils jamais ; quand ils sortent de leurs rêves, ce n'est que pour des préoccupations secondaires ou disproportionnées, — Stendhal pour des tentatives de succès mondains qui lui échappent, Balzac pour d'énormes entreprises commerciales qui l'écrasent : mais ces mêmes esprits que la vie berne, rentrés dans leur atmosphère de poëtes, savent et démontent les plus secrets rouages de cette vie ; l'un enseigne l'art d'obtenir les triomphes qu'il n'a pas, l'autre fait vivre des hommes d'affaires dont les visages sont stupéfiants de vérité, et nous initie aux détails du quotidien énorme d'une maison de commerce ou de banque. — Pour d'autres, dont le monde intérieur est un enchantement qui les console de vivre, « C'est la vie qui est le rêve [1] ». Pour Stendhal, c'est son rêve qui est la vie. L'idée de la passion, plus que la passion-même, le captive. C'est une grande intelligence passionnée.

Alfred de Vigny, un Raphaël noir, un solitaire, une âme hautaine et tendre et blessée, — un Poëte. Toujours en conversation silencieuse avec lui-même sur les plus graves sujets des réflexions humaines, il sort rarement de son silence pour écrire avec une sorte d'amère et sauvage joie — une joie qui n'est pas l'ironie cruelle du désespoir car le Poëte puise dans la fierté de son intégrité, dans la conscience de son honneur, la force de vivre et la vertu d'aimer — quelqu'une de ces pages sombres et pures, *La Mort du Loup*, *La Maison du Berger*, *Le Jardin des Oliviers*, frémissante protestation, révolte, autrement profonde que toutes celles de Manfred, contre l'injustice du Dieu qui aurait fait les conditions de notre vie.

> S'il est vrai qu'au jardin sacré des Écritures
> Le Fils de l'Homme ait dit ce qu'on voit rapporté,
> Muet, aveugle et sourd au cri des créatures,
> Si le ciel nous laissa comme un monde avorté,
> Le Juste opposera le dédain à l'absence

[1]. M. Théodore de Banville.

> Et ne répondra plus que par un froid silence
> Au silence éternel de la Divinité.

L'accent sévère, la *réserve* de cette révolte sonne les qualités rares de l'âme qui l'ose, — ardente et calme. Vigny est de la lignée de Pascal. Moins puissant, moins génial, plus occupé de l'aspect extérieur et sentimental, Vigny est aussi probe que Pascal et le sujet de leurs pensées est le même : LES DESTINÉES. — On a cru Vigny athée : il ne l'est précisément pas plus que Pascal. Pascal sent crouler sous ses pieds le Temple qu'il défend ; Vigny regarde ces ruines, déclare qu'elles ne rendent pas — elles ne le rendent plus ! — le son divin, et passe. Mais comme tout Homme digne d'être Homme, c'est Dieu qu'il cherche. Son immense tristesse lui vient de l'heure d'interrègne où il vit. Sa tristesse est la même que celle de Musset, la même que celle de Sénancour.

> Qui de nous, qui de nous va devenir un Dieu ! [1]

Il leur manque à tous un symbole d'Infini qui réponde à tous les désirs de leurs âmes : l'Art — la Beauté en soi — ne se suffit pas encore et voilà que l'Evangile parle une langue morte. — Mais Vigny, sans peut-être s'en rendre exactement compte, contribue de toutes ses forces à dignifier l'Art de sa mission d'absolu. *Stello* cons-

---

1. A. de Musset.

tate l'atmosphère spéciale essentielle au Poëte et qui exige autour de lui des respects et des prudences. Le vers des *Destinées* est bien près d'être le vers moderne lui-même : il ne retarde que d'un peu sur le vers de Sainte-Beuve et sur le vers de Baudelaire. Enfin, Vigny a le sentiment juste du rôle définitif du Poëte, qu'il désigne : « le tardif conquérant ». Il a même le pressentiment que le vrai devoir, le devoir premier et dernier de ce Poëte soit, au lieu d'accumuler de belles ruines de hasard, d'ériger un monument[1], et le pressentiment plus admirable encore que ce Poëte sera *conscient de son inspiration*.

[1] « ... Il se recueille en lui-même, rassemble ses forces et craint de se hâter. Étudiant perpétuel, il sait que, pour lui, le travail, c'est la rêverie. Son rêve lui est presque aussi cher que tout ce qu'on aime dans le monde réel, et plus redoutable que tout ce que l'on y craint. — Sur chacune des routes de sa vie, il recueille, il amasse les trésors de son expérience, comme des pierres solides et éprouvées. Il les met longtemps en réserve avant de les mettre en œuvre. Il choisit entre elles la pierre d'assise de son monument. Autour de cette base, il dessine son plan, et quand il l'a de tous côtés contemplé, refait et modelé, il permet enfin à ses mains d'obéir aux élans de l'inspiration. — Mais, dans le travail même, il est encore contenu par l'amour de l'idéal, par le désir ardent de la perfection. Mécontent de tout ce qui n'entre pas dans l'ordre pur qu'il a conçu, il se sépare de son œuvre, en détourne les yeux, l'oublie longtemps pour y revenir. Il fait plus, il oublie l'époque même où il vit, et les hommes qui l'entourent, ou, s'il les regarde, ce n'est que pour les peindre. Il ne songe qu'à l'avenir, à la durée de sa construction, à ce que les peuples diront d'elles... »

Sénancour[1], toutes les belles et poignantes souffrances du poëte de ce temps, non encore résigné

[1]. Sénancour est tellement oublié que je crois à propos de citer ici, d'*Obermann*, quelques lignes, çà et là, préférées.

« Qu'une fois, avant la mort, je puisse dire à un homme qui m'entende : Si nous avions vécu ! — ... Ainsi, voyant dans les choses des rapports qui n'y sont guère et cherchant ce que je n'obtiendrai jamais, étranger dans la nature réelle, ridicule au milieu des hommes, je n'aurai que des affections vaines ; et soit que je vive selon moi-même, soit que je vive selon les hommes, je n'aurai dans l'oppression extérieure ou dans ma propre contrainte que l'éternel tourment d'une vie toujours réprimée et toujours misérable. — ... Une jonquille était fleurie. C'est la plus forte expression du désir. — ... J'ai honte des affaires de la vie civile. — ... Opposant à mes ennemis cette conviction qui me place intérieurement auprès de *l'homme tel qu'il serait*. — ... Je demande si le bonheur n'est pas un rêve d'enfant. — ... Je suis condamné à attendre toujours la vie. — ... Je ne sens plus que ce qui est extraordinaire. — ... Je ne connais point la satiété, je trouve partout le vide. — ... Pour moi, je me mis à rêver, au lieu d'avoir du plaisir. — ... En cherchant avec impatience ce qui ne m'intéresse point.... — Que d'infortunés auront dit, de siècle en siècle, que les fleurs nous ont été accordées pour couvrir notre chaîne, pour nous abuser tous au commencement et contribuer même à nous retenir jusqu'au terme ! Elles font plus, mais assez vainement peut-être ; elles semblent indiquer ce que nulle tête mortelle n'approfondira. Si les fleurs n'étaient que belles, sous nos yeux, elles séduiraient encore ; mais parfois, ce parfum entraîne, comme une heureuse condition de l'existence, comme un appel subit, un retour à la vie plus intime. Soit que j'aie cherché ces émanations invisibles, soit qu'elles s'offrent, qu'elles surprennent, je les reçois comme une expression forte, mais précaire, d'une pensée dont le monde matériel renferme, mais voile le secret... Espérer, puis n'espérer plus, c'est être ou n'être plus : voilà l'homme, sans doute. Mais à n'être pas un homme, à se laisser, comme Gœthe, accuser d'hypocrisie et d'égoïsme, afin de pouvoir, loin du bruit des passions, élever ce monument dont nous parlait Vigny, — Sénancour, le génie flottant, irrésolu et désolé, entre les rêves de l'esprit et les besoins du cœur, sans satisfaire l'un ni l'autre, mais avec pourtant des plaintes, des murmures d'ombre où je sens plus d'âpre sincérité que dans les cris de tels bien vivants. La disproportion de son désir et de son pouvoir, en d'autres termes, *le mal d'espérer*, voilà, comme de toute autre tristesse en ce temps, une cause principale de la tristesse de Sénancour.

comment se fait-il qu'après les chants d'une voie émue, après les parfums des fleurs, et les soupirs de l'imagination, et les élans de la pensée, il faille mourir? et il se peut que, le sort le voulant ainsi, on entende s'approcher secrètement une femme remplie de grâce aimante, et que, derrière quelque rideau, mais sûre d'être bien visible à cause des rayons du couchant, elle se montre sans autre voile, pour la première fois, se recule vite, et revienne d'elle-même, en souriant de sa voluptueuse résolution. Mais ensuite, il faudra vieillir.. Si j'arrive à la vieillesse, si, un jour, plein de pensées encore, mais renonçant à parler aux hommes, j'ai auprès de moi un ami pour recevoir mes adieux à la terre, qu'on place ma chaise sur l'herbe courte, et que de tranquilles marguerites soient là devant moi, sous le soleil, sous le ciel immense, afin qu'en laissant la vie qui passe, je retrouve quelque chose de l'illusion infinie. — La vie réelle de l'homme est en lui-même, celle qu'il reçoit du dehors n'est qu'accidentelle et subordonnée. Les choses agissent sur lui bien plus encore selon la situation où elles le trouvent que selon leur propre nature. »

Il y en a d'autres, et ces deux autres causes sont les parts de son génie pour lesquelles l'époque actuelle peut surtout l'aimer. Cet homme qui a honte des devoirs de la vie civile, et qui vit « misérable et presque ridicule sur une terre assujettie », qui parle avec l'accent d'une conviction singulièrement présente de la liberté naturelle de l'amour, a, comme Shelley, à la même date, le sentiment moins lyrique et plus pénétrant d'une poésie panthéistique où l'homme, non pas s'abîmerait dans la nature naturelle, mais redeviendrait fidèlement et vraiment le fils de cette nature et porterait sa rassemblance. Cette ressemblance, *Obermann* la trouve en lui et en conçoit cette fierté qui le place intérieurement auprès de l'*homme tel qu'il serait.* Il la trouve dans cet instinct qui, plus qu'à nul autre, lui livre le sens des choses de la nature, surtout des fleurs: « Ce serait assez de la jonquille ou du jasmin pour me faire dire que, *tels que nous sommes, nous pourrions séjourner dans un monde meilleur.* » On dit que cet *Obermann*, comme tous ses contemporains, a lu Rousseau, qu'il lui a pris et ce dégoût de la société et cet amour de la nature: mais on oublie que ce dégoût et cet amour sont l'un et l'autre fondés sur une très intense vie intérieure, si intense qu'elle ne cède peut-être, en sa date, qu'à l'effrayante et perpétuelle méditation de Balzac. C'est la seconde et la plus noble des deux causes que j'annonçais, personnelles, de la tristesse de Sénancour. Il n'avait pas su choisir entre la joie sentimentale d'agir et l'austère bonheur de vivre en soi : du moins, à défaut de la choisir, a-t-il eu la force d'indiquer la meilleure part.

Gérard de Nerval, — le merveilleux mystère de cette vie intérieure. En lui ce sens s'exaltait parfois jusqu'à rompre l'équilibre et l'harmonie des autres sens, jusqu'à troubler la vie. Tant qu'ils demeurent plutôt pressentis que prouvés, les dons suprêmes — dont l'avénement définitif égalise et fortifie tous les éléments du génie — absorbent injustement tout l'esprit, le lancinent, l'intriguent, risquent de l'altérer. C'est ainsi que le même don, s'il est à Gérard de Nerval, produira *Le Rêve et la Vie*, morceaux sublimes d'une œuvre incohérente où la vie intérieure, au lieu de régir l'autre, sans se confondre avec elle, l'annihile tantôt et tantôt la déprave, — et s'il est à Balzac, produira *Louis Lambert* et *Seraphita*, œuvres du plus parfait équilibre. — Mais l'intuition de Nerval est claire. Cette perception de deux existences simultanées se correspondant en une seule âme, il n'a que le tort de l'avoir soit arrêtée trop court dans la voie vers le symbole, soit de la séparer trop net de l'ensemble de la vie normale. C'est un mélange des procédés direct et indirect, un atermoîment qui fatigue. Mais que de pages extraordinaires ! Cette folie, quelle étonnante intelligence de l'invisible et de l'inouï ! « ... Tout, dans la nature, prenait des aspects nouveaux, et des voix secrètes sortaient de la plante, de l'arbre, des animaux, des plus humbles insectes, pour m'avertir et m'encourager. Le langage de mes compagnons avait des tours mystérieux dont je comprenais le sens, les objets sans forme et sans vie se prêtaient eux-mêmes aux calculs de mon esprit ; — des combinaisons de cailloux, des figures d'angles, de fentes et d'ouvertures, des découpures de feuilles, des couleurs, des odeurs et des sons je voyais ressortir des harmonies jusqu'alors inconnues. Comment, me disais-je, ai-je pu exister si longtemps hors de la nature et sans m'identifier à elle ? Tout vit, tout agit, tout se correspond ; les rayons magnétiques émanés de moi-même ou des autres traversent sans obstacle la chaîne infinie des choses créées ; c'est un réseau transparent qui couvre le monde, et dont les fils déliés se communiquent, de proche en proche, aux planètes et aux étoiles. Captif en ce moment sur la terre, je m'entretiens avec le chœur des astres, qui prend part à mes joies et à mes douleurs. » — A cette magnifique intuition d'œuvres où l'art se fonderait sur la métaphysique Nerval joint encore le sens des légendes et celui du vers vraiment moderne, bien plus agile que le vers de Vigny, bien moins lâche que le vers de Lamartine, poétique infiniment plus que le vers d'Hugo, — vrai vers de rêve dont *Les Chimères* donnent des exemples courts et rares, mais incontestables.

Je viens de nommer Hugo. J'ai déjà dit qu'il est le répertoire de toutes les formules et qu'il est au bord de toutes les intuitions. Pourtant, quant à l'exemple réalisé, son œuvre est en ruines et son influence sur l'avenir sera presque nulle. Peut-être aurons-nous, un peu resserrés par le désir du rare, du spécial et de l'aigu, profit à nous retremper dans le flot intarissable de l'abondance hugolienne : personne ne lui demandera plus de conseil. Il a cru, en réunissant dans ses mains les fils du réseau spirituel qui se tendait autour de lui, accomplir le monument devant quoi l'avenir resterait à genoux, — et voilà que ce monument s'est écroulé ne laissant debout que quelques superbes pans de mur, — tels que *L'Homme qui rit* et *Les travailleurs de la mer*, choses trop littéraires peut-être, mais littéraires parfaitement, des vers çà et là (pas un poëme entier!) admirables, et çà et là des morceaux de prose[1]. Rendons-lui pourtant un grand hommage : il a authentiqué les libertés que son temps sentait nécessaires, il a par là contribué

---

1. Parmi les plus beaux et les moins connus signalons les pages d'histoire qui terminent dans quelques éditions les volumes du *Rhin*. Victor Hugo y atteint à la synthèse historique. Ces pages vides de faits, pleines de pensées, très exceptionnelles dans toute la production romantique, sont peut-être, avec des instants de Michelet, ce qui, chez nous réalise le mieux l'Histoire proprement dite, cette futurition du passé.

à éclairer « le crépuscule des choses futures, » selon sa belle sorte de parler ; il marque, par ainsi, de son nom une heure grave de l'évolution moderne. Et puis, s'il est directement sans correspondance avec les générations nouvelles, il influe indirectement sur elles par leurs maîtres immédiats dont plusieurs se proclament ses élèves, dont tous ont subi l'influence des idées qui, légitimement ou non, sont représentées par ces syllabes : Victor Hugo [1].

J'arrive aux deux vrais dominateurs de ce siècle : Balzac et Wagner.

Honoré de Balzac a inventé le monde moderne et l'a peint avec les pensées d'un homme moderne qui, de beaucoup, dépassait son heure. Sans copier jamais, il a fait vrai, de cette Vérité personnelle et supérieure qui tend à se revêtir de Beauté. Acceptant cette définition de Madame Necker : « Le roman doit être le monde meilleur, » Balzac ajoute : « Mais le roman ne serait rien si, dans cet auguste mensonge, il n'était pas vrai dans les détails. » Dans les détails, c'est-à-dire dans la mise en œuvre des éléments que la passion ajoute à la vie : « La passion est toute l'humanité »,

---

[1]. On sait le culte de M. de Banville pour Hugo. MM. Barbey d'Aurevilly, Goncourt, semblent lui échapper. Mais Sainte-Beuve et Baudelaire, Flaubert et M. Leconte de Lisle lui doivent beaucoup. MM. Villiers de l'Isle-Adam, Mallarmé, Verlaine lui gardent du respect.

et dans une reproduction fidèle des indifférentes apparences sociales, conditions conventionnelles de l'existence des hommes en collections. Mais Balzac vivifie ces principes par cette pensée synthétique de *l'unité de composition* du monde et des ressemblances de la société avec la nature. C'est en fondant une œuvre littéraire sur cette loi scientifique de l'unité de composition, perpétuelle et primordiale loi de la nature créante, que Balzac inaugure le véritable Art Moderne *foncier*, dont l'essence est de se reprendre, par la science, à l'originelle nature et de procéder comme elle. En faisant le départ du « vrai dans les *détails* » (et ce mot ne dit peut-être pas toute la pensée de Balzac) et de « l'auguste mensonge » par quoi le roman doit « tendre vers le beau idéal, » Balzac inaugure le véritable Art Moderne *formel*, dont l'essence est de lier par le nœud arabesque d'une Fiction ces graves détails de vérité dérobés à la nature ou à la société par l'observation ou par l'intuition. — Enfin, bien plus nettement qu'Alfred de Vigny, Balzac se rend compte que le Poëte ne doit pas être au caprice de l'inspiration, qu'il doit la régir, que le génie est précisément la faculté volontaire d'être inspiré, que le génie ainsi gouverné par une volonté gouvernée elle-même par la raison doit se destiner tout entier à l'édification d'un seul monument, complet et un [1]. — L'unité

1. Cette idée n'est personnelle ni à Balzac, ni à Vigny. V. Hugo

du monument de Balzac est plus artificielle que réelle. Sans doute fallait-il la fonder sur les idées et non sur les personnages. Mais, — et je n'ose ce reproche qu'en protestant de mon culte pour ce tout-puissant génie en qui nous ne pouvons voir des ombres qu'aux lumières, au reflet de sa propre clairvoyance, — le tort principal de Balzac est de ne s'être pas contenté de ce « Beau idéal » dont il parle, d'avoir laissé, comme il la trouvait, l'âme humaine scindée entre une Religion et un Art qui dès alors commençaient à divorcer, l'âme en croix entre la Religion de la Croix et les joies de la Beauté pure et libre, de n'avoir pas deviné, lui qui avait deviné tout, excepté cela, que l'Art ne s'adresse pas seulement à une part de l'âme, qu'il veut tout parce qu'il porte en lui le secret de tout, parce qu'il peut contenter tous les désirs. Cette vérité, Balzac l'eût comprise si le « vrai dans les détails » — qui était si nouveau à cette heure — n'eût accaparé sa majeure attention, ne l'eût distraite de « l'auguste mensonge. » De là certainement viennent ces taches qu'on regrette dans le style de *La Comédie Humaine* et, parfois, ces légères insuffisances de la pensée. Le plus grand esprit du monde s'expose à bien des hasards si, dans

la connaît, Lamartine essaie de la réaliser : *Jocelyn*, *Les Pêcheurs* (livre perdu), *La Chute d'un Ange* sont les épisodes d'un seul et immense poëme. Mais cette idée, c'est Balzac qui l'a conduite le plus loin.

son œuvre d'art, et dans une œuvre d'un art qu'il renouvelle de fond en comble, il ne fait pas converger comme à leur but naturel toutes ses croyances et tous ses rêves, toutes ses amours, toutes ses haines, tout son désir de bonheur. Cette façon de décerner au christianisme un brevet d'utilité sociale puis de s'en passer, en réalité, dans l'œuvre, ressemble au système d'arche sainte de Descartes. Au fond, la vraie Religion de Balzac, c'est son Art, et sa vraie Vérité, c'est celle qu'il aperçoit dans l'humanité et qu'il tâche de dégager. On ne parle jamais avec bonheur que de ce qu'on croit. Si Balzac était allé jusqu'à la fiction pure, il y eût exalté jusqu'à une Religion de l'Art son idéal de vérité humaine : dans des œuvres comme *Séraphita* — sublime réponse à ceux qui l'accusaient de « considérer l'homme comme une créature finie » — il effleure ce suprême domaine, cette terre promise où il n'entrera pas. Mais lui-même, n'en a-t-il pas conscience ? Je le crois. Il sait ce qui lui manque et peut-être considère-t-il son œuvre magnifique ainsi que les assises de réalité de l'œuvre d'art de l'avenir, de l'œuvre de rêve ! N'est-ce pas le sens des singulières paroles qu'il laisse échapper dans sa dédicace de *Séraphita* à madame Eveline de Hanska ? Il souhaite que ce roman ne soit lu que par des esprits « préservés des petitesses mondaines par la solitude : ceux-là sauraient y imprimer *la mélodieuse mesure qui man-*

que et qui en aurait fait, entre les mains d'un de nos poëtes, la glorieuse épopée que la France attend encore. » Et il demande qu'on accepte de lui ce livre — qu'il semble préférer dans son œuvre — « comme une de ces balustrades sculptées par quelque artiste plein de foi, et sur lesquelles les pélerins s'appuient pour méditer la fin de l'homme, en contemplant le chœur d'une belle église. » Il y a, là, d'incontestables pressentiments d'un Absolu esthétique. Mais Balzac ne les avoue pas toujours. Son attitude préférée est d'un sociologue ; son programme est d'écrire l'*histoire des mœurs*[1], d'en « surprendre le sens caché » et de

---

1. « Avec beaucoup de patience et de courage je réaliserais, sur la France au dix-neuvième siècle, ce livre que nous regrettons tous, que Rome, Athènes, Tyr, Memphis, la Perse, l'Inde ne nous ont malheureusement pas laissé sur leurs civilisations et qu'à l'instar de l'abbé Barthélemy, le courageux et patient Monteil avait essayé pour le Moyen-Age, mais sous une forme peu attrayante. » Ce point de vue historique, très notoire aussi dans les prétentions des *Rougon-Macquart*, est à la fois secondaire, faux et dangereux. Secondaire et presque inutile, car qu'importe, en somme, la réalité historique des mœurs et la physionomie sociale d'une civilisation aux civilisations futures ? L'héritage des pensées et des images traverse les révolutions et importe seul : l'habit que portaient les hommes, morts depuis longtemps et dont la parole nous gouverne encore, ne peut solliciter qu'une curiosité oisive. Mais ce point de vue est faux car il n'est pas humain : il oblige celui qui s'y place à se supposer au lieu des hommes qui viendront dans deux cents ans. Pourtant rien n'est urgent et capital, que de vivre sincèrement sa vraie vie, sa vie contemporaine, et de faire le plus bellement fleurir en soi ses pensées d'homme de

dire « en quoi les sociétés s'écartent ou se rapprochent de la règle éternelle du vrai, du beau. » Il est allé bien plus loin et, je le crois, il savait où allait son génie naturel, où, du moins, il irait par son influence future. Je crois entendre aussi vibrer une résignation généreuse dans la grandeur incomplète de son OEuvre.

Richard Wagner a fait deux principales choses : l'union de toutes les formes artistiques et la synthèse des observations et des expériences dans la Fiction. Personne des contemporains — j'entends des méditatifs et des sincères — ne doute plus, après tant d'injures, intéressées ou seulement ineptes, qui annoncèrent le glorieux effort, que là, dans cette voie ouverte par Wagner, au terme

ce temps. Mais s'imagine-t-on une succession de générations dont les plus hauts génies n'auraient point d'autre soin que de dresser pour l'avenir le tableau historique et fidèle des mœurs de l'instant? A quel avenir se dédieraient de telles œuvres, puisque ce serait l'œuvre aussi de l'avenir d'y ajouter sa page? — Et puis ! qui peut savoir ce qui, de nous, intéressera le XXI siècle? Il y avait peut-être beaucoup d'histoires des civilisations dans la bibliothèque d'Alexandrie. D'un poëme des vers subsistent, qui défient le feu parcequ'ils sont flammes eux-mêmes : d'un livre d'histoire... — Et encore ce point de vue historique a ce grand danger qu'il risque, en détournant de soi l'œil du génie, de nous faire perdre la seule histoire qui nous intéresse, qui nous passionne : l'histoire elle-même, l'histoire intérieure de cette âme unique. — Cette histoire, Balzac nous l'a donnée, malgré lui, et parceque son génie ne lui a pas permis de se tenir toujours à la lucarne qu'il avait choisie — trop petite pour son regard infini.

de cette voie, ne se dresse et rayonne le geste éblouissant de l'Art triomphant. On pense vain d'expliquer comment le théâtre de Wagner, quoi qu'en aient dit tels et tels, n'est pas la résurrection du théâtre grec[1], comment tous les moyens esthétiques requis par le Maître, musique, art scénique, poésie, concourent à l'Action : ce sont là vérités familières à ceux pour qui les présentes lignes sont écrites. Inutile aussi d'affirmer davantage de quel précieux et grave poids la pensée wagnérienne pèse et toujours plus pèsera, féconde ! sur les esprits engagés dans la voie lumineuse. Plus intéressant sera-t-il d'énoncer par où cette Pensée ne serait pas elle-même ce geste dont je parlais, qui concluerait tout (et sans doute ne sera jamais) comment l'OEuvre unique laisse encore du chemin entre elle et le But : regrets et désirs à ne murmurer que tout bas, entre deux ou trois âmes respectueuses mais non pas enchaînées, regrets, désirs ultimes que j'imprime pourtant, sûr de les risquer sans danger en ce temps de bruit, en ce temps où nul n'écoute, sûr d'une innocuité que le succès certifiera en ce temps où, j'ai pu le dire, il n'y a plus de silence. — Trois regrets. — L'*union*, non pas la *synthèse* des formes artistiques. Nulle ne domine et là serait le défaut. Évitons la sempiter-

---

[1]. Lire l'article d'Émile Hennequin, dans le n° du 8 novembre 1885 de la REVUE WAGNÉRIENNE : *L'esthétique de Wagner et la doctrine spencérienne.*

nelle discussion de la précellence des arts entre eux ; tranchons vite : que celui-là soit le premier qui s'élève au plus près de ce point de départ où il faudra que tous reviennent : la Pensée ; et celui-là est le plus près de la pensée qui parle la plus précise parole. C'est évidemment la Poésie. Or, justement parce que précise (et encore qu'elle parvienne à s'en douer par des sortilèges, — ainsi qu'ont prouvé de nouveaux Poëtes, tel M. Paul Verlaine) elle pourrait manquer de ce Vague, l'ondoyant, transparent et nécessaire voile de la Beauté : mais si la Poésie s'adjoint les autres arts pour obtenir d'eux cet essentiel Vague sentimental et sensationnel, qu'elle les régisse ! Sinon, il y aura juxtaposition, union même ; synthèse et fusion, point. La Parole est le lien naturel qui retient le spectateur au spectacle, qui opère la transsubstantiation des apparences de réalité qui écoutent aux réalités de rêve qui parlent. Elle et la Lumière prolongent la Comédie de la Scène à la Salle, échangent du geste qui se voit aux visages qui regardent une sympathie, une émotion qui reviennent en afflux fécondants au Geste-même qui les a causées. Que la Parole laisse donc à la Musique de faire l'atmosphère où le Verbe aura tout son sens, — comme un roi ordonne qu'on prépare le chemin où il va passer, et comme il ne se montre pas d'abord, mais se précède d'un cortège : puis, sur la scène ainsi préparée, que la Parole se montre, royale comme elle est en effet. Et voyez :

peut-être parcequ'il n'avait pas soumis les autres arts à la Poésie, Wagner a été conduit à supprimer cette comédie seconde, à deux personnages, la Scène et la Salle : comédie que je regrette dans ce théâtre où seule est éclairée la Scène, comme pour, par un procédé trop initial, conventionnel, et qui par ainsi ne prouve plus rien, attester que le Rêve, visible seul, est seul en cause, que cette lumière impose le silence à cette ombre. (Ou peut-être aussi serait-ce le tempérament français, latin, qui relucte contre cette arbitraire ordonnance du Maître allemand?) C'est le malheur de l'Art qui a voulu que Wagner fut plus musicien que poëte. — Wagner fait la synthèse des observations et des expériences dans la Fiction. Mais cette fiction, quelle est-elle? Historique, encore qu'elle recule l'Histoire jusqu'aux limites de la Légende. Elle évoque une heure, un lieu connus. Il eût été bien digne de Wagner de conclure (après tous les efforts des Poëtes précédents vers le rêve au moyen de ce subterfuge : l'éloignement dans l'espace et dans le temps) par la suppression du temps et de l'espace, par l'épanouissement du Rêve en sa propre patrie qui est sans heure et sans lieu, non pas l'oublié, mais l'inconnu, non pas le trop distant du sol précis qui porte nos pas, mais ce beau Pays qu'on ne verra sur nul continent. — Enfin Wagner, quoique aux splendeurs de son drame musical il n'ait pas manqué d'ajouter la puissante Grâce d'un caractère profondément religieux, n'a guère plus que Balzac et non plus qu'aucun autre accompli l'union fondamentale de la Religion et de l'Art par ce retour qui s'impose, inévitable ! à l'unité primitive de la Vérité et de la Beauté. Sa pensée, qui plus directement que dans ses drames se livre dans ses écrits théoriques [1], n'est pas équivoque : Wagner n'a pas vu le rôle divin de Religion Suprême qui incombe à l'Art Suprême. Il limite l'Art, dans ses tendances vers la Vérité, à faciliter *l'intelligence de la vérité divine que renferme la religion, par une représentation idéale de ses allégories*. Mais de quelle religion parle-t-il, en ces temps nouveaux où la Critique a mis en lambeaux les Mythes que

1. « On pourrait dire que, quand la religion devient artificielle, il appartient à l'art de sauver l'âme de la religion en rendant à leur valeur figurée les symboles mythiques que celle-ci prend au sens propre pour mettre en lumière la vérité contenue dans leurs représentations idéales. Tandis que le prêtre s'applique à considérer les allégories religieuses comme des vérités de fait, l'artiste, au contraire, donne ouvertement et librement son œuvre pour un fruit de son invention. Mais la religion ne peut vivre pour l'art qu'autant qu'elle enveloppe ses symboles dogmatiques, et qu'elle voile son élément de vérité sous un entassement toujours croissant de choses incroyables qu'elle impose à la foi. Elle l'a senti, et c'est pourquoi elle a toujours recherché le concours de l'art qui n'a pas pu lui-même arriver à son plus haut développement tant qu'il a dû représenter cette prétendue réalité des symboles sous forme d'idoles destinées à favoriser l'adoration sensuelle, le culte, et n'a rempli sa véritable mission que lorsqu'il a facilité l'intelligence de la vérité divine, inexpressible, que renferme la religion, par une représentation idéale de ses allégories. »

le vieil autrefois conservait et adorait? La Critique moderne ne permet plus qu'on croie à des choses incroyables, et pourtant l'esprit moderne comme l'esprit ancien, reste avide de beaux mystères : comment n'a-t-il pas compris, Wagner, que, puisque *la religion ne peut vivre pour l'art qu'autant qu'elle voile son élément de vérité sous un entassement toujours croissant de choses incroyabes*, et puisque, cependant, les hommes ne veulent plus que ces belles chimères soient proposées à leur raison, c'est à leur imagination SEULEMENT qu'il faut les offrir! que ces choses incroyables, merveilleuses, qui lui servent à laisser à la vérité sa perspective d'adorable éloignement, d'accessibilité toujours future, reviennent à l'Art, non pas en conséquence et comme au serviteur de tel Evangile, mais en principe et en propre! La doctrine de Wagner, sur ce point, tout au plus serait-elle admissible, contemporaine d'une religion triomphante, — alors que...

Des révélateurs de moins larges ensembles et de plus aiguës directions : Edgar Poe, Baudelaire, — illustre et double vigile de la Fête sacrée.

C'est un déjà vieux fait, qu'Edgar Poe, à peine révélé en France[1], y trouva comme la patrie naturelle de sa gloire, orpheline en sa vraie, vraiment

---

[1]. La version française de l'Œuvre d'Edgar Poe est enfin achevée par la magnifique traduction que M. Stéphane Mallarmé vient de nous donner des Poëmes.

factice patrie. De lui et de Baudelaire il faut aimer les influences comme fraternelles et qu'il sied de ne séparer point.

— Ce sentiment de la *conscience poétique*, plutôt, jusqu'à lui, pressentiment, n'acquiert tous ses droits qu'en Edgar Poe, par l'exemple de toute son OEuvre corroborant de l'autorité de la beauté le conseil de la logique. Moins souvent, — dans cette œuvre dont les conditions de sa vie ne nous ont donné que les miettes, dans cette œuvre, telle quelle, pourtant divine — put-il manifester cette conscience principalement, je veux dire en de l'art pur, que secondairement, en des pages où le plus sublime Poëte ne montrait que ses moins rares dons. Là, il a fait de la *Curiosité* une passion extraordinaire. Moins certes l'admirons-nous dans l'infaillible construction de ses Nouvelles, dans sa maîtrise parfaite de l'intérêt progressé jusqu'à l'éclatement final, que dans le sens profond qu'il a de cet aspect non encore observé de la nature et de l'humanité, et dont V. Hugo n'avait vu que la forme : le grotesque et l'horrible. Quasimodo n'est qu'un monstre vulgaire, ayant pour tout intérêt une bosse. C'est dans l'âme qu'E. Poe voit le grotesque, dans le cœur et surtout dans la tête ; c'est à notre âme, et non plus à nos yeux, qu'il s'adresse. Chez lui tout se spiritualise, il se fait une synthèse spirituelle : ses fictions, toutes frémissantes pourtant des sensations les plus violentes, sont toutes spirituelles aussi. Ses passions dépassent l'humanité. Ses êtres grotesques sont des démons, ses êtres beaux sont des anges. Et, comme l'humanité, il dépasse la vie, soit par l'exaspération même de la sensibilité, soit par la mort, au delà de laquelle il connait une vie ardente et mystérieuse. Donnons-lui sa vraie grandeur : il est le Poëte de l'Amour dans la Peur, de l'Amour dans la Folie et de l'Amour dans la Mort. Aussi, ses créations gardent ce caractère *singulier*, — qu'il recommande expressément comme une des lois du Beau, — et qui leur est naturel dans leur atmosphère d'exception. L'Exception! voilà peut-être le plus significatif trait d'E. Poe, sa plus féconde vue en art. Dans l'exception seule, en effet, pourront les nouveaux Poëtes réaliser les grands rêves d'aristocratie savante et de pureté belle. Et ces exceptionnelles et singulières figures, *Ligéïa*, *Morella*, et les deux pâles habitants de la *Maison Usher*, quelle frénésie de passion bat dans « leurs poitrines inertes d'anges [1] » ! Cette frénésie, celle-même du Poëte! Mais elle n'endort jamais sa conscience et dans les plus compliquées combinaisons d'horreurs ou de folies, de peur, il garde la lucidité imperturbable du Maître qui a discipliné le Hasard. A la Mort et à l'Horreur il donne volontiers un cadre fastueux qui n'est pas un caprice, où sourd l'ironique vie des choses, où la splendeur

---

1: L'expression est de M. J.-K. Hüysmans.

aiguise l'angoisse, où les héros du triste rêve voient grimacer les visages de leurs cauchemars. — Le sens de l'Exception, le sens Spirituel (singulier) de la Beauté dans l'intensité et enfin le sens Lyrique de la Science, — voilà les trois plus glorieux titres de Poë à l'admiration éternelle. On demande comment la Science et l'Art feront le grand accord sur quoi compte l'avenir? Pascal, Balzac, Edgar Poe, M. Villiers de l'Isle-Adam le savent. L'Art touchera du pied la Science pour prendre en elle l'assurance d'un fondement solide et d'un élan la franchira sur les ailes de l'Intuition. Lisez *Eureka*, ce roman et ce poëme, cette vaste explication religieuse, scientifique et lyrique dont le *Faust* est jaloux. — Comme caractère fondamental de la Beauté, Poe indique la Mélancolie. Je ne perdrai ni le respect ni la sagesse en disant qu'à l'heure où écrivait Poe tel était, en effet, le caractère essentiel de la Beauté : en parlant aujourd'hui comme il parlait alors, on parlerait contre sa profonde pensée. Notre vie étant cette chose affreuse, tant que l'Art n'a pas eu les moyens d'une réalisation *parfaite* de nos rêves de bonheur, il devait en effet se maintenir dans le deuil des joies que la vie nous refuse et qu'il ne pouvait encore réaliser en rêve. Poe n'a pas connu Wagner. Il en était à cette heure comparable aux vigiles des fêtes chrétiennes, où l'Eglise prescrit à ses fidèles toutes les tristesses physiques et morales afin que la fête du lendemain emprunte plus d'éclat au voisinage de cette ombre. Mais Wagner a parlé, et la Science, adjuvant l'Art, lui offre de miraculeux moyens de réalisation : aujourd'hui E. Poe dirait que le caractère essentiel et fondamental de la Beauté, c'est la Joie [1].

L'heure d'E. Poe est celle de Baudelaire. Baudelaire a comme recensé nos motifs de tristesse. Il a, comme un prince des ténèbres, tracé dans l'Art un rayon de lumière noire, — « révélé la psychologie morbide de l'esprit qui a atteint l'octobre de ses sensations ; raconté les symptômes des âmes requises par la douleur, privilégiées par le spleen ; montré la carie grandissante des impressions, alors que les croyances, les enthousiasmes de la jeunesse sont taris, alors qu'il ne reste plus que l'aride souvenir des misères supportées, des intolérances subies, des froissements encourus par des intelligences qu'opprime un sort absurde [2] ». Sa gloire est, « dans un temps où le

---

[1]. Edgar Poe est le dernier Poëte étranger dont on aura parlé ici. D'autres pourtant semblaient s'imposer dans cette revue, quoique si succincte, des essais de synthèse et des influences : Hoffmann, par exemple, et surtout Carlyle. Mais Hoffmann est plutôt une exception — combien délicieuse ! — qu'une influence. Quand à Carlyle — plutôt, d'ailleurs, philosophe que poëte — on peut prédire que sa pensée laissera une trace profonde dans la génération nouvelle. Malheureusement, son œuvre n'est pas encore traduite. (On a de bonnes raisons pour croire que la traduction nécessaire ne se fera plus longtemps attendre.)

[2]. J.-K. Huysmans.

vers ne servait plus qu'à peindre l'aspect ext...
des êtres et des choses, d'être parvenu à exprim...
l'inexprimable, grâce à une langue musculeuse e...
charnue qui, plus que toute autre, possédait cette
merveilleuse puissance de fixer avec une étrange
santé d'expressions, les états morbides les plus
fuyants, les plus troublés des esprits épuisés et
des âmes tristes [1] ». — Il a, lui, consacré la triste
vigile à ouvrir des chemins secrets dans les abîmes
de l'âme. Il a mesuré la grandeur du mal, de l'artifice et s'en est perversement épris, sans bonheur
et comme un qui lui-même, par amour pour la
Justice, prononcerait sa propre damnation. Baudelaire est un sensuel condamné au mysticisme,
étranger à toute explication scientifique et, perdu
sur les flots du vice moderne, les considérant avec
un regard sévère de prêtre latin, — sans doute de
mauvais prêtre, d'autant plus sévère, — latin et
traditionnel par son haut goût de moraliste, par
la logique de sa pensée en plein rêve, latin et romain par la force carrée de son génie bref, — non
pas court, — très sûr, riche, sombre, par sa poétique-même et surtout par sa rhétorique, par l'incisive concision de son style. A la fois, Baudelaire a
trouvé le vers moderne et retrempé le génie français
dans ses sources vives, sans plus lui tolérer les libertés illogiques où il se dépravait. Il a concentré

---

[1]. Le même.

…sie française dans ses vers et dans sa prose cette prose incomparable des *Petits Poëmes* et des *Paradis Artificiels !* — Ce grand effort et l'objet désolant de sa constante vision lui ont donné une amertume inguérissable. Triste et superbe visage que celui de ce Poëte ! Il faut le voir, non pas dans le médiocre portrait[1] des *Fleurs du Mal*, mais plutôt dans le Baudelaire vieilli que nous montre une photographie des dernières années. Cette bouche qui méprise et ces yeux qui fouillent et jugent, sans plus beaucoup d'intérêt peut-être, mais aussi sans pitié ! Un reflet de toutes les hideuses pensées sur ce beau visage et comme une perpétuelle vision de châtiments. Les cheveux restés longs et qui blanchissent, un côté du visage ironique, l'autre rigide et comme d'un mort, les yeux hagards, les lèvres dégoûtées et serrées…

Flaubert, Sainte-Beuve, M. Leconte de Lisle et les Parnassiens[2] ont concouru, formellement, à une grande révolution littéraire. Foncièrement, chacun d'eux a fait une œuvre d'intérêt inégal, mais qui, chacune, pressent l'avenir.

Je ne sais si les langues se fixent : oiseuse question ! Tout écrivain, aujourd'hui, plus ou moins, fait sa langue. Toutefois je pense que, pour de

---

1. De l'édition Lévy. Le portrait de l'édition Lemerre est encore plus médiocre.
2. Des Parnassiens j'excepte MM. Verlaine, Villiers de l'Isle-Adam, Mallarmé.

plus épris de dire de nouvelles choses que des mots nouveaux, il est infiniment précieux qu'un homme de génie ait voué son principal effort à réaliser la forme littéraire française la plus sûre, la plus fortement belle, classique et romantique à la fois, traditionnelle et mouvementée, parfaite. Cet effort est celui de Flaubert et sa gloire. A qui le lit pour la première fois, il semble que ce Poëte ait créé la prose française, et qu'il l'ait créée comme en dehors, comme loin de lui, en négligeant de signer sa page. Il donne l'illusion, dans ce but se gardant des nuances, que chaque pensée, chaque idée, chaque sensation, chaque sentiment se désigne d'un mot, unique, certain. Son regard est vaste mais un peu général, il sent d'une sorte plus étendue que profonde. — Au contraire Sainte-Beuve s'avoue faible, inégal aux ambitions hautes, toujours en train de nous parler de lui-même, signant chacun de ses mots, nous donnant l'analyse subtile, et qui voudrait être complète, de ses fautes, de ses remords, de ses intentions, de ses scrupules, le tout se résolvant en un ennui dense et pourtant léger, l'ennui d'un esprit raisonnable et mûr, qui ne veut être ni la victime des autres ni sa propre dupe. Chez lui tout n'est plus que nuances. Les idées, les sentiments se divisent, se disséminent et le désir d'atteindre à l'élément premier et précis, qui toujours se dérobe, induit le Poëte en un vague d'âme et de style délicieux, déconcertant. On a très agréablement comparé la phrase de Sainte-Beuve à un chœur d'ombres, au bord du fleuve noir, suppliant le passager de dire pour elles le mot fatidique qui doit les délivrer, qu'elles ont oublié, qu'elles cherchent vainement et que le passager ne trouvera peut-être pas, mais qu'il a l'assurance de connaître, qu'il a sans cesse au bord des lèvres. Ce mot, c'est le « mot propre, » — le mot qui n'existe pas, celui qu'emploie Flaubert avec une illusoire et magnifique bravoure à condition de se maintenir dans le domaine universel des représentations générales [1]. Sainte-Beuve a le désir, très moderne, de *tout dire* et cet esprit nourri des classiques touche l'insuffisance de l'éducation qu'ils lui ont faite, à tout instant inventerait des vocables, mais timide, sans doute sage, se contente de créer des alliances de mots par lesquelles il nous *suggère* ce qu'il veut et ne peut dire. Sa phrase — je parle de l'écrivain de *Volupté* et non de celui des *Lundis*, qui n'est plus qu'un journaliste exceptionnel, littéraire — se complaît en des allures louches qui sont justement la seule franchise de l'artiste s'il a des pensées et des sensations délicates et subtiles, sa seule « honnêteté ». Elle a l'écho d'une

1. Je parle au point de vue de la forme : quant au fond, au contraire, dans des écrits comme *Un cœur simple*, Flaubert a spécialisé plus qu'un autre : mais dans cette spécialisation même d'une âme rudimentaire il n'a que des idées générales à déduire.

douce plainte qui jamais, — discrète, — ne criera, — oui, la plainte d'une ombre, une plainte qui ne se profère pas et veut pourtant être devinée. — C'est de Sainte-Beuve que date le premier essai de *suggestion littéraire*. Il n'explique ni ne décrit et sait faire voir et sentir. — Plus spécialement encore y parvient-il par ses vers que par sa prose. A vrai dire, ses vers sont souvent de curieuse prose rimée, ce *Monsieur Jean*, par exemple, sa plus singulière tentative. Le goût lui-même du détail produit cet imprévu et logique résultat que le détail du sentiment détruit le détail de l'expression. Rien ne ressort. Tout est souligné. Le poëme, comme un très fin, très ordonné, très fluide tissu, n'a ni trous ni paillettes. Les sujets que choisit Sainte-Beuve, intérêts aux petites choses, atonies et douceurs, comportaient cette forme. Elle lasse, comme lassent aussi les sujets qui l'appellent. — Avec plus de force et d'intensité, ou Sainte-Beuve s'échapperait, se dissiperait, ou il irait à cette langue délibérément personnelle, nerveuse et libre, telle qu'ont fait la leur MM. de Goncourt. Sainte-Beuve hésite trop entre la Tradition et ce besoin de dire dans une forme nouvelle des sentiments nouveaux[1].

---

[1]. Quant à l'œuvre personnelle de Sainte-Beuve, toute de psychologie égoïste, elle est suffisamment désignée par la forme même qu'il inventa; comme la forme, la pensée hésite entre la crainte et le désir de tout dire.

Flaubert et Sainte-Beuve, si diversement, avaient donc refaçonné la prose française : ce qu'ils avaient fait pour la prose fut fait pour les vers, par M. Leconte de Lisle, M. Théodore de Banville et les Parnassiens [1].

Les ridicules imitateurs de Lamartine, de Musset et d'Hugo, et Hugo lui-même — le philosophe vague de *Religions et Religion* et de *L'Ane* — avaient relâché le Vers : indigence des rimes, odieux remplissage, chevilles et laisser-aller, le Vers entre leurs mains était devenu flasque, mou, sans corps et sans tête, vide et gonflé, — il venait à rien. On croyait le remplir par d'ineptes cris qu'on prenait pour de la passion et par des lieux-communs qu'on prenait pour de la pensée. A ce débordement des lâchetés et des nullités M. Leconte de Lisle, avec un sens très sûr des nécessités du moment, opposa la forme châtiée, austèrement belle, et l'impassibilité morale. M. Leconte de Lisle est un grand artiste conscient et son œuvre triste et haute a d'imposants aspects de perfection. — Les meilleurs parmi les jeunes esprits le suivirent. Pour eux, la forme irréprochable et la pensée froide furent des mots d'ordre. Le Parnasse, qui est la symétrique contradiction du groupe romantique, a rendu à

---

1. A cette œuvre, comme nous l'avons vu, Baudelaire ne fut pas étranger : mais il a paru logique, l'influence de Baudelaire étant plus quant au fond qu'à l'expression, d'en traiter avant de parler de la toute formelle doctrine parnassienne.

l'Art des services très grands. On dit qu'il y eut de l'excès dans leur doctrine de *l'Art pour l'Art* : je crois qu'il y eut un clairvoyant pressentiment et que le seul tort de l'Ecole fut de ne pas oser déduire du principe ses suprêmes conséquences. Aussi dépassait-elle la pensée des Parnassiens, cette grande formule : L'ART POUR L'ART. Ils restreignaient l'Art à n'être guère que l'Expression et pour plus d'un il ne s'est agi que de *la forme pour la forme*. Mais encore, et telle quelle, leur doctrine était bonne et nécessaire. Ils ont reforgé et retrempé le noble Vers, ils l'ont rendu digne de servir à de vraies œuvres, apte à subir de dernières et nécessaires modifications. — N'est-ce pas un spectacle significatif, celui que nous donne l'Art du XIXe siècle au lendemain du Romantisme ? Pendant qu'évolue la dernière Formule, la formule naturaliste qui ne nécessite ni beaucoup d'ouvriers ni beaucoup de temps, les véritables Artistes, — dont l'un même donne le mouvement au Naturalisme, — Flaubert, Sainte-Beuve, MM. Leconte de Lisle, Théodore de Banville, Catulle Mendès, Léon Cladel, Léon Dierx, François Coppée, (Paul Verlaine, Villiers de l'Isle-Adam, Stéphane Mallarmé,) Jose-Maria de Hérédia, Armand Silvestre — font cette rude et utile tâche de redresser et d'affiner les instruments de l'Art, la Prose et le Vers. — Mais outre cette tâche commune et concurremment avec elle, chacun de ces artistes accomplit une œuvre personnelle, où prédomine, il est vrai, l'élément-artiste sur l'élément-poëte.

Flaubert et M. Leconte de Lisle sont les derniers Poëtes *historiques*. En eux — et là n'est point leur mérite — le scrupule d'être vrai, ce soin de la « vérité des détails » dont parlait Balzac, devient une tyrannie : pourtant ils restent fidèles au commandement de la Fiction, mais ils ne lui donnent aucun accent nouveau. *La Tentation de St-Antoine* et *Salammbô*, *Les Poëmes Antiques* et *Les Poëmes Barbares* sont des fictions de même ordre que *les Martyrs* et *Notre-Dame de Paris*. La seule différence quant au fond est dans le moins et le plus d'exactitude du détail. Dans la forme, toutefois, et dans le sentiment qu'elle exprime, dans le choix aussi des sujets il y a une nouveauté capitale. Flaubert et M. Leconte de Lisle crient moins violemment, plus sourdement que leurs prédécesseurs : mais leur plainte est plus intense et révèle une souffrance plus sincère. Ce n'est plus d'un chagrin d'amour qu'ils se lamentent. Leur mal est dans leur essence même, dans l'effroi de ne rien savoir, dans

La honte de penser et l'horreur d'être un homme.

Et, point notable, elle est, leur plainte, quoique plus profonde que la déjà surannée plainte romantique, beaucoup plus *mesurée*, esthétiquement plus belle, d'une beauté qui comble, sans peut-être qu'ils y pensent, la moitié du désir d'au delà de leurs âmes : l'Art, par eux, fait un grand pas vers sa mission divine. La Beauté qui console par sa seule présence, ou qui du moins donne encore la force de vivre, n'est-ce pas déjà une Religion ? Quant aux religions révélées, Flaubert ni M. Leconte de Lisle n'y pensent plus guère, du moins quant aux religions dites vivantes, à leurs yeux mortes depuis longtemps. Ils n'essaient même pas de reconstruire l'appareil d'une vie sociale dominée, inspirée par une grande foi ou de nous montrer le beau duel de la foi chrétienne et de l'amour. Pour eux cet Évangile est plus mort que ceux qu'il a tués et c'est à ceux-ci, plutôt, qu'ils demanderaient une réponse, ou à d'autres encore qu'il n'a même pas soupçonnés. Saint-Antoine nous montre un cœur torturé par la vision des Paradis de la Vie ; Salammbô est la prêtresse de Tanit. M. Leconte de Lisle interroge l'Art védhique et les religions de l'Antiquité grecque et latine. L'Art empruntant aux perfections de la Forme le frisson consolant d'une Religion de la Beauté, — la Pensée remontant à ses Origines pour leur demander l'aliment métaphysique de cette Beauté, — voilà le plus précieux apport de ces deux Poëtes au trésor moderne. — Après cela, si on parle de Flaubert, c'est pour vanter son « objectivité », et de M. Leconte de Lisle, son génie de peintre de paysages et d'animaux, et son impassibilité. J'ai déjà dit que l'Art est essentiellement et uniquement subjectif. L'impassibilité fut une vérité qui est une erreur, — la nécessité d'un instant. Quant aux animaux de M. Leconte de Lisle, ils n'ont souvent guère plus de vie que des figures peintes. Il sont *décrits*. Les procédés mêmes de cette description manquent parfois de subtilité. Ces éléphants qui ébranlent le sol, et sont caractérisés surtout par le bruit qu'ils font, sont un peu convenus et c'est ici la vérité des détails qui fait défaut. Rien de ce frôlement du gigantesque vieux moine traînant ses savates qui désigne surtout la marche de l'éléphant, et rien de ce balancement rhythmique et sacré de la tête énorme et de la trompe... — Et puis, à un autre point de vue, cette philosophie du néant est plus faite de mots que de pensées.

« M. Théodore de Banville est, par son génie, le contemporain de la génération qui monte. S'il se console de vivre dans notre époque positive et triste en se souvenant des origines helléniques de la race, il a pourtant senti et connu tous nos maux. C'est celui de nos Maîtres qui a sur l'avenir la plus vive et la plus heureuse influence[1] ». Ce n'est pas assez de dire que M. Théodore de Banville est le plus grand des poëtes vivants qui ont réalisé leur œuvre, je crois qu'il a pour âme la Poésie elle-même. Par quel prodige, au milieu de ce siècle de critique et tout en subissant comme un autre les misères de ce siècle, dans ce pays de censure et

---

1. Je cite une phrase d'un livre récent: *Nos Poëtes*, par M. Jules Tellier; — je cite... en rectifiant.

d'académie, un homme de ce temps et de ce lieu a-t-il pu se ressouvenir de la vraie, pure, originelle et joyeuse nature humaine, se dresser contre le flot de la routine implacable et non pas écrire ou parler, mais « chanter » comme un de ces bardes qui accompagnèrent au siège de Troie l'armée grecque pour l'exciter avant le combat et ensuite la reposer, — toutefois en chantant ne point sembler (pour ne blesser personne) faire autre chose qu'écrire ou parler comme tout le monde, et, avec une langue composée de vocables caducs, usés comme de vieilles médailles sous des doigts immobiles depuis deux siècles, donner l'illusion bienfaisante d'un intarissable fleuve de pierreries nouvelles? Je le répète, c'est certainement que cet homme a pour âme la Poésie elle-même, et dès lors je ne m'étonne plus de cette jeunesse éternelle, de cet esprit lyrique, qui jongle avec les mots, les forçant à décrire d'harmonieuses, imprévues et significatives courbes, si profond qu'il se laisse croire ingénu. — Le Poëte des *Exilés* et des *Odes Funambulesques* a sauvé le Parnasse du possible ridicule où son allure guindée l'eût entraîné et, sachant que la Mélancolie n'est pas le dernier but de l'Art, lui a ouvert le chemin vers cette aurore où tout se rajeunira : la Joie. Ce mot suffirait par indiquer le rang magnifique de ce Poëte : il a la Joie ! — la joie des idées, la joie des couleurs et des sons, la joie suprême des Rimes et de l'Ode. M. de Banville a montré dans ses vers et expliqué dans son *Petit Traité de la Poésie française* que la Poésie est, d'essence lyrique et que la Rime est la synthèse du Vers. Il a dit aussi et prouvé que le Drame doit être une ode dialoguée. Quoique tel et tel novateurs actuels semblent l'avoir oublié et quoique, sans doute, il faille féconder la réforme accomplie et la poursuivre selon la nécessité de toujours davantage libérer l'Expression en deçà, bien entendu, des bornes infranchissables, je crois que l'Art Intégral devra beaucoup au Maître qui, le premier, formula ces deux lois. Il a, mieux que personne aussi, précisé les rapports de la Vérité et de la Fiction, indiqué dans quelle mesure les données de la vie doivent s'enrichir des conquêtes de l'Imagination et, ce double but de l'Art, réaliser le Rêve par la Vie, embellir la Vie par le Rêve : « Ce double but : faire oublier la Vie et la représenter cependant ; car nous ne pouvons nous intéresser à rien qui ne soit pas elle, et, d'autre part, nous ne saurions être réjouis si nos soucis ne sont magiquement dissipés et mis en fuite par la toute puissante Illusion. » Et ailleurs, exprimant la nécessité d'une spiritualisation des objets dans l'œuvre d'art : « Nul objet matériel ne s'adresse directement à notre âme, et notre âme n'est subjuguée que par ce qui s'adresse directement à elle. » Il sait que tout est dans la Beauté, que l'*utilité* d'un poëme est d'être beau. S'il n'a formellement dit que la Beauté suppose la Vérité, qu'un jour l'homme se laissera guider par celle-là vers celle-ci, je ne le crois pas très hostile à cette pensée. Enfin, autant que Gérard de Nerval lui-même, quoique avec une conscience plus maîtresse de soi, M. de Banville a le sens du merveilleux, l'inquiétude du miracle perpétuel de la vie, l'admiration de la femme autant pour l'inconnu qu'elle recèle que pour les délices de sa beauté[1]. Il a frémi lui-même du grand frisson de la génération jeune qui veut savoir là où les ancêtres ont douté. Il sait que l'Art se fonde désormais sur une métaphysique profonde et il assiste, en témoin qui admire et comprend, qui connaît ces belles souf-

---

1. « Ainsi, dans le calme silence des nuits, aux heures où le bruit que fait en oscillant le balancier de la pendule est mille fois plus redoutable que le tonnerre, aux heures où les rayons célestes touchent et caressent à nu l'âme toute vive, où la conscience a une voix, où le poëte entend distinctement la danse des rhythmes dégagés de leur ridicule enveloppe de mots, à ces heures de recueillement douloureuses et douces, souvent, oh! souvent! je me suis interrogé avec épouvante et j'ai frémi presque dans la moelle de mes os. Et quand on y songe qui ne frémirait, en effet, à cette idée de vivre, peut-être au milieu d'une race de dieux, parmi des êtres qui lisent peut-être couramment dans notre pensée quand la leur se cache pour nous sous une triple armure de diamant! Quand on y songe... Le mystère de l'enfantement leur a été confié et peut-être le comprennent-elles... Peut-être y a-t-il un moment solennel où, si le mari ne dormait pas d'un sommeil stupide, il verrait la femme tenir entre ses mains son âme palpable et en déchirer un morceau qui sera l'âme de son enfant. »

frances, à cette bataille définitive de l'Homme et de la Nature : « Ce n'est plus un duel courtois, c'est un combat sérieux qu'il doit soutenir contre l'Isis éternelle ; il ne veut plus seulement soulever ses voiles, il veut les déchirer, les anéantir à jamais et, privé de ses Dieux évanouis, posséder du moins l'immuable Nature, car il sent que ces Dieux renaîtront d'elle et de nouveau peupleront les solitudes du vaste azur et les jardins mystérieux où fleurissent les étoiles. » Voilà le Poëte dont on a dit et qui a laissé dire qu'il ne pense pas, — cela parce que, artiste parfait, il ne touche de ses vers sa pensée que par les sons et les couleurs du Symbole qui la concrète. Comme lui, laissons dire et, nous qui savons bien pourquoi, admirons et aimons.

Je crois que M. Catulle Mendès a les dons d'un très haut Poëte : s'il n'est que le plus inouï des artistes faut-il en accuser lui-même ou son temps ? On sait que, plus que d'un autre, le Parnasse est son œuvre, l'œuvre de son énergie, de son activité, aussi de son talent. Peut-être est-il resté trop fidèle à l'école qu'il avait si bien servie. Peut-être la nature même de son talent, si souple, si divers, ingénieux à saisir tous les procédés, ne lui permettait pas cette unité de vues où il faut se réduire pour l'unité de l'œuvre. C'est à coup sûr le plus intelligent des hommes, le plus compréhensif et le plus savant des artistes. Je ne crois pas qu'il ignore les destinées de l'Art : il sait toute la Forme et la Forme, qui sait tout, a dû les lui dire. Pourtant il ne les sert pas, il se contente d'écrire des choses, parfaitement admirables d'ailleurs, orientées vers un idéal oscillant entre le passé et l'avenir. Il reste occupé de perfections secondaires : si c'est par indifférence ou par septicisme, il ne faut pas lui pardonner.

L'œuvre de M. Léon Dierx est très noble et très pure. Ce Poëte, que le succès, aussi peu quêté, a peu favorisé, durera, cher surtout aux jeunes poëtes. Une mélancolique intelligence de la Nature et de ses correspondances humaines, un art très harmonieux et d'un homme qui sent et pense. Comme dit très justement M. Mendès[1] : « Je ne crois pas qu'il ait jamais existé un homme plus intimement, plus essentiellement poëte que M. Léon Dierx. »

M. François Coppée est une très curieuse et très sympathique figure de poëte. On ne peut penser que les générations jeunes lui demandent le secret de l'inspiration nouvelle. Son œuvre est un terme. Pourtant elle est bonne et il a raison de croire en elle. Son idée est à lui, justifiée, non pas fournie, par des pressentiments d'Hugo, de Baudelaire et de M. de Banville, surtout de Théophile Gautier et de Sainte-Beuve.

M. de Hérédia, d'un talent infiniment moins

---

1. *La légende de Parnasse contemporain.*

subtil mais plus retentissant que celui de M. Mendès, est aussi surtout un artiste. D'un rêve d'or et de sang, bellement théâtral, il fait des poëmes sans pensées et pleins de mouvement et de couleur, des vers sonores et rudes.

M. Armand Silvestre, en qui le prosateur rendrait injuste pour le poëte, — le poète éperdu de seul Lyrisme, — a écrit, dans les *Paysages Métaphysiques* notamment, quelques-uns des plus beaux vers que je sache. Le titre-même de cette partie du premier recueil de M. Silvestre indique comme ce chanteur, qui laissa, depuis, la sensualité déborder dans son œuvre, avait le sentiment juste des voies nouvelles.

M. Léon Cladel, élève de Charles Baudelaire, reste l'inspiré de ses ciels et de ses champs du Rouergue. La Ville lui apprit que les Champs, pour elle, constituent une *ultima Thule* et il chante les Champs avec l'accent d'un campagnard qui sait, plein de ruse, comment présenter aux citadins, pour les étonner, les simples fruits. Il n'a pas le vers, mais il a fait de sa prose, ce styliste effarant, un véritable instrument de poëte, plus apte toutefois à rendre les émois et les efforts physiques que des sentiments, des idées et des pensées. Mais, comme il magnifie dans l'intensité d'un rêve épique ses actions et ses personnages, on peut dire qu'il leur donne dans l'esprit du lecteur un nimbe d'héroïsme.

LES FORMULES ACCOMPLIES

A ces six derniers Poëtes plutôt rendons-nous un hommage désintéressé. Ils ont été plus curieux de mettre en œuvre, pour leur propre compte, les trésors acquis déjà, que d'ouvrir des mines nouvelles. Nous saluons ces œuvres accomplies, comme de beaux monuments au bord du chemin.

Enfin, parmi les incontestables Initiateurs, j'ai réservé ces deux Maîtres : M. Edmond de Goncourt, M. Barbey d'Aurevilly, qui, avec des principes différents, ont apporté dans l'Art les mêmes fécondes résultantes.

Les vrais mérites de M. de Goncourt ne me semblent pas être ceux qu'il désire le plus qu'on lui reconnaisse. L'histoire réduite à l'interprétation du bibelot centenaire, le document humain, l'initiation du public moderne à l'Art Japonais, — c'est la part la plus apparente, ce n'est pas la plus réelle de son œuvre. — M. de Goncourt a eu, plus que personne avant lui, le sentiment de ce qu'il faut nommer (faute d'un vocable plus approprié là où les traditions de la langue sont nécessairement insuffisantes puisqu'il s'agit du plus spécial caractère qui distingue aujourd'hui d'hier) la *Modernité*. Il a vu, dans le masque uniforme que la science jette sur la nature partout où elle est en relation directe avec l'homme, l'humanité s'en aller des choses, les choses reprendre, dans un silence menaçant leur vie personnelle, étrangère à l'humanité ainsi vaincue par sa propre victoire et impuissante à reconquérir ses ruines qui retournent à la nature. Il a vu, dans la société, dont les individus sacrifiés à l'ensemble subissent aussi ce joug de l'uniformité, des exceptions abominables ou délicieuses rélucter contre l'ordre de n'avoir qu'un masque et sous ce masque cacher leur vrai visage : leur *Physionomie* [1]. Par ce principal souci de la physionomie humaine beaucoup plus que par ses recherches de documents humains — plus propres à fausser l'ensemble par l'exagération du

---

1. « *L'âme et le charme de la beauté moderne : la physionomie.* La profondeur, la réflexion, le sourire viennent au regard et l'œil parle. L'ironie chatouille les coins de la bouche et perle, comme une touche de lumière, sur la lèvre qu'elle entr'ouvre. L'esprit passe sur le visage, l'efface et le transfigure : il y palpite, il y tressaille, il y respire ; et mettant en jeu toutes ces fibres invisibles qui le transforment par l'expression, l'assouplissant jusqu'à la manière, lui donnant les mille nuances du caprice, le faisant passer par les modulations les plus fines, lui attribuant toutes sortes de délicatesses, l'esprit du XVIIIe siècle modèle la figure de la femme sur le masque de la comédie de Marivaux, si mobile, si nuancé, si délicat, et si joliment animé par toutes les coquetteries du cœur, de la grâce et du goût. » — Cela est dit à propos, comme on voit, du XVIIIe siècle. Mais dès les premiers mots, que j'ai pour cela soulignés, qui n'entend qu'ici M. de Goncourt parle d'une idée pour lui devenue générale, d'un caractère de ce siècle au moins autant que de l'autre ? — Une note encore. Presque tout ce que je dis de M. Edmond de Goncourt serait à départir entre son frère et lui. Tout en ne nommant que l'aîné et comme le représentant de l'union admirable des deux frères, je ne veux pas laisser croire que j'oublie, dans la gratitude que lui doit quiconque a le culte de l'Art d'écrire, celui qui n'est plus.

détail qu'à fixer les certitudes de ce que les Naturalistes dénomment non sans pédantisme « la grande enquête », point de vue qui fait souvent de leurs livres une littérature de commissaires-priseurs — M. de Goncourt a réalisé la synthèse de l'âme humaine. Il en a suivi sur cette physionomie jamais immobile la multiple et fuyante expression, il en a saisi l'insaisissable. On connaît, en ce genre, dans *Madame Gervaisais*, dans *Renée Mauperin*, dans *La Faustin* et dans *Chérie* des pages tout à fait merveilleuses qui ont sollicité et découragé bien des imitations. — Ce désir, et aussi cette conquête de l'insaisissable ont naturellement conduit M. de Goncourt dans la voie explorée par Sainte-Beuve déjà : mais M. de Goncourt y est allé très loin et, je crois bien, jusqu'au terme lui-même. Chez lui pour la première fois nous voyons l'écrivain s'inventer de toutes pièces « une langue personnelle ». Je sais tout ce qu'on peut dire contre cette tentative d'écrire dans un idiôme qu'on possède seul et qu'il faut que le lecteur apprenne pour bien l'entendre, et je sais que tout ce qu'on peut dire ne fait, selon le mot de Molière, que blanchir devant ce jugement qu'il faut que toute sincérité éclairée porte sur cette tentative : cela est beau. On prétend que c'est là priver l'œuvre d'une longue clarté, et rien n'est puéril comme cette prétention quand le temps se charge de créer à chaque siècle une langue personnelle que le siècle suivant n'entend pas sans étude. L'écrivain a tous les droits pourvu que sa langue particulière soit soumise au génie général de la langue et au génie aussi des langues mortes qui l'ont faite [1]. La langue de M. de Goncourt a ces deux qualités. — Par la modernité, la vie des choses (effacée toutefois devant la vie humaine, la physionomie), par la langue personnelle M. de Goncourt appartient à la génération nouvelle. Il se recule d'elle par son incuriosité des mystères divins. On peut supposer qu'un amour trop soigneux des détails, pourtant tous graves et desquels chacun reflète l'ensemble, efface en lui ce besoin supérieur de coaliser pour un seul but tous les efforts de la pensée. M. de Goncourt n'a pas l'esprit religieux. La Beauté le séduit et le domine en le saisissant surtout par sa curiosité ; or, la curiosité ne s'agenouille que pour voir de plus près, point pour adorer. M. de Goncourt est l'Esprit Moderne en qui le souffle scientifique a éteint

---

1. « Enfermez-la dans la matrice des langues mortes ; serrez-la dans leur moule de fer : elle sera frappée, elle sortira médaille, sans bavure et nette comme la langue de diamant de La Bruyère. Je ne vous dis pas, bien entendu, de coucher avec des livres latins, de les traduire ; il s'agit de ce génie de la langue qu'il faut surprendre, sentir et emporter ; car, pour les savoir par cœur et ne pas les quitter... Tenez, voilà encore un problème et un pourquoi : avez-vous remarqué, — c'est bien bizarre, — que presque tous les amants de la belle latinité ont le style le plus contraire au style dans la familiarité duquel ils vivent ? » (*Charles Demailly.*)

déjà les lumières mystiques des Révélations et n'a pas encore attisé le feu, mystique lui aussi, des croyances conquises par la science. Il cherche, il doute ; peut-être n'a-t-il pas le désir de croire...

M. Barbey d'Aurevilly, au contraire, est le bon chevalier des croyances anciennes. C'est l'esprit moderne resté fidèle aux Évangiles et n'admettant qu'à leur contrôle l'avis de la Science. Volontiers il la raille et lui jette le défi d'expliquer les mystères qu'elle constate. Pourtant, lui aussi est agité du grand émoi et lui aussi dans les visages, presque indifférent aux directions des traits, est pris tout entier par cette tragi-comédie des larmes et des sourires. Mais où M. de Goncourt observe, avec une curiosité qui ne pense pas à conclure, un état et de réciproques influences du milieu social et de l'organisme physique, M. Barbey d'Aurevilly, dont le regard, sinon plus sûr, car il n'a pas le juste respect de la Science, du moins plus éclairé, puisqu'il sait qu'au fond de ces ombres épaisses il y a des clartés surhumaines, voit Dieu. Le grand tort de ce Dieu personnel, c'est que c'est un mot toujours trop tôt dit, un mot qui a surtout l'autorité oppressive d'une défense d'outrepasser, une porte fermée sur l'Au delà. Et cette porte, toute belle et grandiose qu'elle soit, encore parée des mystérieuses sculptures gothiques, l'Esprit Moderne a déclaré qu'il voulait la briser pour aller plus loin, pour voir plus loin dans l'immense

Au delà interdit. Cette impiété est pieuse. Peut-être donnerait-elle un grand caractère mystique au vandalisme affreux des gens de la Révolution : ces gens-là ne savaient point ce qu'ils symbolisaient et c'était l'invincible, l'irrésistible élan de l'âme humaine vers le Dieu dont elle est éprise, qu'elle ait ou non conscience de son amour. M. d'Aurevilly est bien dur pour cet amour qui s'ignore. Mais cette dureté implacable lui a fourni l'angle solide qui fait son œuvre si imposante. Du haut de ce mysticisme démodé, comme retrouvé et qui s'est tout noirci au long des siècles, le Poëte regarde autour de lui sans trouble et, ramenant tout à sa pensée unique, fait, lui encore, une synthèse de l'heure nouvelle selon les lois, qu'il entend toujours sonner, des vieilles heures. Lui encore il sait le merveilleux des choses, il a le plus intense sentiment de la modernité, le secret de la Physionomie et la langue personnelle. Cette langue, une des plus belles qu'on puisse lire en aucune littérature. Eloquente et subtile, et poétique, austère et passionnée ; comme des ciselures dans un mur très ancien et qui s'effrite, mais dont les pans ruineux restent debout par un sortilège et ne tomberont jamais ; sombre, avec tout à coup des mots de lumière qui tyrannisent (cette définition de l'Enfer : « *Le ciel en creux* » !) ; excessive à l'ordinaire, mordante, cassante et déchirante, parole de dandy sadique, et qui sait s'alanguir et caresser, murmurer, sourire; qui semble toujours décrire et qui presque toujours suggère; qui laisse le souvenir comme d'une saveur, comme d'une blessure, comme d'une injure, comme d'un colloque entendu dans l'ombre; rouge, safran, gris-perle : peut-être le plus extraordinaire monument, dans la littérature, où la voix du Passé gronde encore, et s'irrite des « Mais » et des « Pourtant » du Présent, et s'épeure un peu du « Parce que » définitif que va prononcer l'Avenir.

En ce grand écrivain nous en avons fini avec les inspirateurs et les initiateurs de l'Art nouveau. Nous trouverons leurs influences concentrées et résultées, et, sinon parvenues au terme, du moins annonçant des tentatives que le passé ne pouvait prévoir quoique nous puissions aujourd'hui les lire en lui, — dans les Poëtes dont il me reste à parler, — brièvement : car ai-je fait, jusqu'ici, autre chose, en somme, que de parler d'eux ?

Personne, sans doute, ne contestera qu'il faille recenser toutes les tendances des plus grands génies de ce siècle, pour comprendre l'œuvre de M. Villiers de l'Isle-Adam. En lui le Mysticisme et la Science se rencontrent pour concourir au triomphe de l'un par l'une ; le mérite fabuleux de la Fiction, — quoiqu'elle reste, hélas ! voisinante au lieu et au temps, — l'en dégage toutefois jusqu'au Rêve de pure philosophie humaine à qui la science et l'heure choisies servent seulement de prétextes, sans plus jamais le secondaire soin d'une restitution précise du fait ancien, ni d'une description minutieusement exacte de l'instant contemporain ; la parfaite maîtrise de la forme, loin d'être ce pacte damné, dont parle Baudelaire, de l'artiste avec son instrument, enchaîne au service immédiat de la pensée symbolisée toutes les ressources extérieures de l'Art, musique et plastique ; l'horreur de la honte vitale, quoique ce Poëte soit de ceux que la vie a le plus rudoyés, n'a pour accent de rancune que l'ironie d'une âme claire, d'avance à toujours retranchée dans ses indéfectibles certitudes, qu'une ironie plutôt écartant la vision du mal que s'attardant à le maudire ; et le sens du merveilleux de cette vie, qu'on a faite mauvaise mais dont l'essence est pleine de surprise et de joie, apparaît, intuitif et raisonné, servi par un esprit tout-puissant en abstraction, tout-puissant en imagination, — l'esprit d'un Penseur religieux, d'un mystique Métaphysicien, — servant à la magnification de l'œuvre d'Art totale ; l'aristocratie royale de cet esprit et de ce goût, étrangèrement à celle de cette naissance, donne au génie un accent superbe d'éternellement jeune fierté, en fait l'âme exceptionnelle elle-même éprise d'*Exception* et qui, dans tous les livres que nous a donnés jusqu'à ce jour le comte de Villiers de l'Isle-Adam, n'a peint jamais que des types de rare essence humaine, humaine d'autant plus et mieux que plus rare. — Esprit et œuvre vraiment synthétiques. — Quelques observations pour préciser, sans rien leur reprendre, les admirations. Cette ironie, qui voudrait écarter la vision du mal, et que M. Villiers de l'Isle-Adam, manie, vraiment ! comme une arme qui serait mortelle s'il n'était généreux et *chrétien*, résulte moins de la cause ordinaire (la disproportion de la Vie et du Rêve, des gens et du génie, de l'erreur et de la Vérité) que des conditions de l'heure où le Poëte parvient à la maturité. Il a été plusieurs fois obligé d'opposer cette ironie aux prétentions d'une Science affolée, s'exaltant jusqu'à nier le Mystère : la Science plus sage eût laissé le Poëte grave et joyeux. — C'est, sans doute aussi, parce que cette heure de la sagesse, qui sera l'heure de la joie, n'a pas encore sonné que ce Poëte aime tant sa Mélancolie. Sans cesse il évoque « le spectre d'une femme mystérieuse, reine d'orgueil, sombre et fière comme la nuit encore et déjà crépusculaire avec des reflets de sang et d'or sur son âme et sur sa beauté[1]. » — Enfin, le Monument, l'unité de l'œuvre, idée qui visita peut-être le jeune homme, quand il méditait l'avenir, au bord de sa patrie bretonne, au bruit sacré de l'orgue et de la mer, l'homme n'a pas réalisé cette idée : encore, peut-être, pour la même cause.

1. M. Paul Verlaine : *Les Poëtes Maudits.*

M. Villiers de l'Isle-Adam, qui n'a guère subi l'influence naturaliste que par Balzac et Flaubert et chez qui l'ironie, comme occulte encore, de ce dernier a éclaté, finale et dernière expression de l'étonnement du Poëte devant l'indignité du Monde, vient surtout des Romantiques, des Classiques — (et de la Nature) — de Châtaubriand et de Gœthe, de Pascal — (et de Shakespeare). — **M.** Joris-Karl Hüysmans serait étranger au Classicisme comme au Romantisme, s'il n'en persistait un écho chez Flaubert et **M.** de Goncourt. Attiré d'abord par le Naturalisme, il y a contracté ce dangereux mal : la haine des idées. Il a été sauvé par un don qu'il ne partage qu'avec **M.** de Goncourt et **M.** Barbey d'Aurevilly, un don que ces deux Poëtes eux-mêmes n'ont pas à ce degré : la Modernité. **M.** Hüysmans a l'intelligence, le goût, l'amour — compliqué, mêlé, corrigé, rectifié de haine — le sens, enfin, des vertus et des vices, de l'atmosphère et de la physionomie modernes. Et comme la Modernité comprend tout l'homme, **M.** Hüysmans pour le traduire a dû s'élever jusqu'à l'intelligence de tout l'Art. C'est pourquoi, ayant débuté par des *En Ménage* et des *Sœurs Vatard*, il est parvenu à cet étrange *A Rebours*, où encore son esprit hésite entre les réalités de l'apparence et les réalités du Rêve, étudiant celles-ci du fond de celles-là, en témoin curieux, intéressé, qui n'oserait avouer ses préférences et traite plutôt de singularités les Beautés nouvelles. Dans *En Rade* l'hésitation n'est pas tranchée encore, le Rêve et la vie se côtoient et le Rêve consiste surtout en des rêves qu'attristent des souvenirs de la vie. Mais pour elle, pour cette vie atroce, jamais Poëte n'avait si cruellement, si fastueusement aussi, proféré son horreur. C'est une fureur mortelle, d'autant plus effrayante qu'elle est plus juste, d'autant plus amère qu'elle se borne davantage à la contemplation unique des objets de terreur, de fureur et de dégoût. On ne peut longtemps endurer ce supplice intérieur, surtout si déjà connut-on les consolations de la Beauté. Or, M. Hüysmans est le familier des littératures tendant à franchir leurs limites et le fanatique de certains suprêmes artistes, tels que M. Gustave Moreau. A propos de ce peintre il y a, dans *A Rebours*, quelques unes des plus belles pages que M. Hüysmans ait écrites, de celles qui justifient pleinement M. Francis Poictevin dédiant ses *Derniers Songes* à J.-K. Hüysmans « l'écrivain si aigu et si fastueux ».

Madame Judith Gautier est peut-être, de cette génération, l'âme la plus uniquement poétique, la plus fière, et, au delà de toutes passions, dans sa patrie de rêve, la plus calme. Chez elle aussi la Fiction, quoique elle s'attarde en des pays nommés, à telles dates, n'a plus rien d'historique et de géographique. La Fiction, c'est l'atmosphère de la Beauté, et la Beauté, c'est la religion de l'esprit. Je ne crois pas me tromper si je dis que, dans l'âme de ce Poëte, il n'y a de place que pour le Rêve de la Beauté. Et cette âme, dans ce Rêve, comme elle y prend son bonheur, y trouve sa croyance. Dieu ne doit-il pas être ce qu'il y a de plus beau ? La Vérité peut-elle n'être pas très belle ? — Sans doute ici retournons-nous aux idées générales. Mais c'est à peine s'il s'agit d'idées. *Le livre de Jade* est tout de belle grâce, *Iskender* est tout de belles formes. — Qu'est-ce qui fait donc que Madame Judith Gautier nous semble un poëte plus complet, plus un que, par exemple, son père, Théophile Gautier ? C'est qu'elle a, dans son rêve, plus de liberté, plus d'intensité, plus de simplicité ; c'est, consciemment ou non, qu'elle nous montre dans les belles formes où elle se plait des symboles de tout ce que nous souhaitons de plus charmant et de plus loyal. — Je ne sais si elle manque de pensées : elle n'a pas risqué de nous le laisser surprendre.

De ce que je disais, à propos de M. Villiers de l'Isle-Adam, je retiens beaucoup pour parler de M. Paul Verlaine, avec cette fondamentale différence que le langage du premier est la Prose, et le langage du second, le Vers. Mais « en nul poëte plus sûrement qu'en celui-ci ne confluent les deux grands courants qui de Gœthe et de Châteaubriand à nous emportent dans leur flot l'art moderne tout entier. Parfois ces deux courants semblent se séparer — jamais pour longtemps : il y a du mysticisme dans les *Fêtes Galantes*, il y a du sensualisme dans *Sagesse*. Et c'est en l'union même de ces deux inspirations que consiste la modernité de Verlaine. Les efforts contradictoires de sa vie — vers la pureté et vers le plaisir — se coalisent en l'effort de sa pensée, quand sonne l'heure de lui donner la forme artistique, avec une intensité qui le met à part de tous les Modernes (à ce point de vue) et qu'il doit sans doute à sa naïve énergie de vivre [1]. » Pour lui, point de Fiction jamais, sans cesse les éléments d'éternité de la Vie elle-même. — « Parce que l'homme, en Verlaine, est une exaltation, une exaspération de l'homme moderne, il a pu, sans consulter d'autres documents que ceux de sa propre destinée, accomplir le monument d'une œuvre personnelle à nous tous et qui, le héros disparu, ira s'objectivant de plus en plus et laissera l'écho du plus profond gémissement de la moderne âme humaine. Mais il lui a fallu toute cette intensité précisément et toute cette simplicité pour parvenir sûrement à cette belle fin. N'ayant que ses passions pour matière de son art, plus factice et plus lâche il n'eût, comme la plupart de nos poëtes français, accumulé que des ruines, sans unité d'ensemble : son instinct vital l'a sauvé, l'Instinct triomphant qui n'a

---

1. Charles Morice : *Paul Verlaine*.

pas seulement soumis l'intelligence, mais qui, par un miracle, se l'est assimilée, se spiritualisant vers elle, la matérialisant vers lui, *réalisant* (au sens étymologique du mot) l'Idéal, et puis, pour le conquérir, *s'ingéniant*, sans laisser jamais l'imagination se prendre à d'autres mirages que ceux de la vie elle-même, tels qu'ils sont peints par le hasard sur le rideau de nos désirs. Contre cette loi le poëte n'est pas sans s'être rebellé, mais, en somme, il la subit et le drame de sa vie lui a fait la douloureuse atmosphère nécessaire au drame de son œuvre, — le simple duel du rêve et de la vie, de l'esprit et de la chair. Comment le vivant champ-clos de ce duel souffre ou jouit des successives victoires des deux adversaires, — c'est-à-dire quelle est la vérité profonde des sensations modernes, de quelle sorte le mysticisme et le sensualisme se partagent, en ce temps, *les âmes que les horizons de la pure pensée n'ont pas définitivement conquises :* questions auxquelles aura répondu seul Paul Verlaine[1]. » — Comme chez M. Villiers de l'Isle-Adam en des contes tels qu'*Akédysséril*, il faudrait noter l'influence wagnérienne chez M. Verlaine en des poèmes comme *Crimen Amoris*. Par ses étonnantes *Romances sans Paroles* il a brisé les liens par trop étroits où le Parnasse avait enchainé le Vers. Le principe de cette grande révolution était dans Sainte-Beuve,

---

1. Le même.

mais avec quelle timidité, avec quels stérilisants scrupules procédait Sainte-Beuve et comme il oubliait d'effacer les traces de son procédé ! Chez M. Verlaine, aucune de ces macules du travail : la Poésie bat des ailes et s'enchante. « Elle pourrait désigner Verlaine, cette observation de M. Taine : « La forme semble s'anéantir et disparaître ; j'ose dire que c'est le grand trait de la poésie moderne. » Et c'est, qu'on y prenne garde, par la bonhomie de son génie, par la suprême sincérité de sa simplicité que Verlaine fait de son vers cette *chose envolée... éparse au vent... sans rien qui pèse ou qui pose...* cette chose d'art où la forme, en effet, s'efface pour laisser triompher, dans les harmonies et les nuances de leur profonde réalité, comme au delà, presque en dépit du langage, les sentiments ou les sensations suggérés avec toute cette force enveloppée de douceur. Par ainsi fonde-t-il la distinction réelle des vers et de la prose ; ceux-ci étant d'essentielle synthèse, la synthèse musicale et picturale de l'objet à suggérer, tandis que celle-là, analytique, sauf des cas, qu'elle soit symbolique ou directe, décompose l'objet en ses éléments constitutifs. — Pour Verlaine le Vers demeure le Vers, l'être intangible et frémissant dont il avait appris de maîtres forgerons, Leconte de Lisle et Banville, et Baudelaire lui-même, à forger l'armure, et quelques-uns des plus célèbres alexandrins qu'on citera dans vingt ans seront de *Sagesse*. Mais bien plus hardiment que Sainte-Beuve, dans le même but et avec un plus profond sens de modernité, il l'assouplit, le détaille, ce vers, quand il faut, selon les nuances de sentiment à rendre et selon de logiques lois nouvelles, — chez lui seul logiques. L'enjambement devient nécessaire et très harmonieux, secondaire toutefois avec les multiples déplacements de la césure, les allitérations notant et scandant le nombre, les assonances troublant délicieusement le vers de mineurs échos où l'éclat majeur, l'éclat de cor de la rime perd de sa brutale importance, avec aussi l'emploi de ces rhythmes boiteux dont la symétrique absence de symétrie est une harmonie de plus dans tout ce très artistique désordre. — De tels moyens mis en œuvre, avec le tact infaillible d'un Maître, permirent à Verlaine d'accomplir l'œuvre qui tentait Sainte-Beuve, mais à laquelle, faute de ces moyens ou faute de ce tact, il renonça de bonne heure, poëte mort jeune. — Plus tard on admirera les vers de Verlaine comme ces toiles des vieux maîtres, où l'on s'étonne de trouver conduites à leurs expressions dernières les découvertes d'hier, les inventions de demain. Comme eux il a pénétré tout droit, avec cette naïve intuition où la science totale salue son égale, jusqu'aux essences réelles des choses[1]. »

1. Le même.

MM. Villiers de l'Isle-Adam, Hüysmans, Mme Judith Gautier n'ont que la prose. M. Verlaine est un prosateur très exquis, mais enfin le vers est sa langue naturelle, celle à laquelle il a commis ses seules importantes entreprises artistiques. — Un Poëte eut la prose et les vers : M. Arthur Rimbaud. Il a, comme dit admirablement M. Verlaine [1], à qui nous devons de le connaître : « L'empire de la force splendide. » *Le Bateau Ivre* et *Les premières Communions* [2], sont, dans des genres très différents, des miracles sans pairs. Science absolue des secrets du Vers, musique et peinture, métaphysique profonde et vie intense, il a tout. — Brusquement, il parut renoncer aux vers pour écrire, en prose, de magniques fragments : *Les Illuminations, Une Saison en Enfer*. Mais sa prose a trop les qualités de ses vers : ce sont des vers encore, cette prose, vers de toutes mesures, et qui ne riment pas, et qui vont plus loin que les vers rimés qu'ils semblent appeler, prose et vers qui ne songent pas encore à se prêter à l'alliance nécessaire, à la combinaison d'un commun effort pour un total effet.

1. M. Paul Verlaine : *Les Poëtes maudits*.
2. Ces quatre vers qui feront peut-être comprendre que j'admire :

> Adonaï ! dans les terminaisons latines
> Des cieux moirés de vert baignent les Fronts vermeils,
> Et, tachés du sang pur des célestes poitrines,
> De grands linges neigeux tombent sur les soleils.

— Cet effort, M. Stéphane Mallarmé le tente. De l'œuvre d'un poëte, comme il l'a dit lui-même, « exclu de toute participation aux déploiements de beauté officiels », je n'ai pas à divulguer les secrets. Le fait-même que cette œuvre soit encore inconnue — car il ne faut pas considérer comme « œuvre » de ce poëte les pourtant admirables poëmes en vers et en prose qu'il a çà et là publiés, simples cartons d'attente, dans les recueils et les revues — semblerait interdire d'adjoindre le nom de M. Mallarmé aux noms de ceux qui nous ont donné des livres. Je laisse bruire, sans y répondre, la critique vulgaire et j'observe : que, sans nous avoir donné « des livres », M. Mallarmé est — autant qu'un tel mot puisse être compris en de tels jours ! — célèbre. Célébrité, naturellement, qui ne s'est pas faite sans exciter dans les petits et grands journaux des rires, ceux de la sottise, sans offrir à la sottise publique et privée, officielle et majestueuse ou officieuse et besogneuse, l'occasion tôt saisie d'étaler ses turpitudes qu'irrite l'approche d'une merveille nouvelle ; — bruit qui va, toutefois, s'apaisant dans un demi murmure hésitant d'étonnement ou de respect : et ce fait est significatif que les journalistes jeunes, qui ne valent plus ni moins que leurs aînés, prennent le parti de laisser croire à — de leur part injuste, injurieuse, mais, dis-je, significative — une admiration ! Qu'y a-t-il là ? Quelque chose de très naturel et de très grand. Les gens, malgré l'horreur — maintenant — qu'ils ont pour la Beauté et surtout pour la Nouveauté dans la Beauté, ont compris malgré eux, peu à peu, le prestige d'une autorité légitime. Ils ont eu, eux-mêmes et même eux! honte de leurs ineptes rires, et devant cet homme que ces rires n'arrachaient pas à la sérénité de son silence méditatif, les rires se sont tus, à leur tour subissant la divine contagion du silence. Même pour les gens, cet homme qui n'imprimait pas de livres[1] d'art personnel et que tous pourtant désignaient : « un poëte », devint la comme symbolique figure du Poëte, en effet, qui cherche à le plus possible s'approcher de l'Absolu. Et tel est bien, pour nous aussi les Poëtes, M. Mallarmé. Il est, dans l'Art, notre conscience vivante, le Maître difficile qu'on rêve de contenter. — Je disais qu'il ne faut point estimer son œuvre les poëmes publiés. Par eux il a, pour ainsi parler, prouvé qu'il pouvait comme un autre accumuler les livres qui mènent à toutes les académies et méritent le pleur ou le sourire d'un public — même d'élite [2].

---

1. Il ne faut pas oublier que M. Mallarmé a publié *Les Dieux de la Grèce* et des volumes de linguistique anglaise et de traduction.

2. ... Ils pouvaient faire aussi sonner comme un tambour
   La servile pitié des races à l'œil terne...

   (*Le Guignon*, Stéphane Mallarmé.)

Puis, par son silence, il a signifié que, dans cette voie d'un art illustré déjà par des prodiges, il ne s'estimait pas obligé à faire plus qu'indiquer d'importantes nouveautés de détails, puisque, dans l'état actuel des esprits, ou n'ayant lui-même peut-être pas encore conquis sa propre et définitive maîtrise, il ne pouvait réaliser l'œuvre d'art encore inouïe qu'il veut accomplir. Cette abstention ainsi motivée, et dût la vie méchante refuser de seconder l'effort, notre respect, et mieux que le respect, notre vénération seule peut lui répondre dignement. — C'est donc par ce que recèlent de futur les poëmes imprimés, par de rares écrits théoriques (en particulier, les mensuelles *Notes sur le Théâtre* que la *Revue indépendante* publia de décembre 1886 à juillet 1887), et pour des conversations où la joie est d'écouter, que M. Mallarmé est le Poëte, entre tous, que l'Avenir vivant consulte le plus. Bien des pensées [1] qui rêvaient en nous encore confuses, ont reconnu la vie dans des pensées analogues de ce Poëte, sur le sens général et la fonction religieuse de l'Art, sur les lois réelles de la Poésie et des Vers, sur le Théâtre, fête suprême et synthèse de l'Art et de tous les Arts, et sur cette mêlée essentielle des Vers et de

1. Plusieurs de celles qu'on lira dans la V⁰ Partie de ce livre. Prochainement, d'ailleurs, une Étude, aussi complète que possible, expliquera ce que de l'œuvre et des idées de M. Stéphane Mallarmé on ne peut indiquer ici.

la Prose concourant au seul et même effet.

Les essais accomplis, ou du moins dont le dessein déjà s'indique, de synthèse littéraire seraient, sauf omissions improbables, justement bornés à l'énumération qui précède. On a cru non inutile de la présenter en un seul regard, dans le tableau ci-joint, qui montre mieux que tous commentaires les filiations et cousinages des esprits. — Précaution soit prise, ironique aux ironies, de dire que l'arbitraire d'un tel procédé aussi ne prétend à rien de plus qu'à l'indication de lignes générales que modifieraient les détails et qui restent vraies dans leur généralité.

III. TRANSITIONS

Sommaire. — I. Reste à constater, entre cette génération si précieuse des Parnassiens et la nôtre, le passage presque indifférent mais par là curieux de celle qui tient ce vide, sans le combler, — transitions de lassitude fébrile, sollicitée par un perpétuel désir de bruit autour d'elle, sans trop rien ensuite pour le justifier. — II. Reste encore à noter la complaisance solitaire de quelques artistes qui, je n'ose dire à tort, se retranchèrent du mouvement du siècle : peut-être en quête, eux aussi, d'Absolu, manquèrent-ils d'espérance. — III. Reste enfin à conclure par les dépositions de quelques graves témoins.

I

L'un de ces poëtes qui nous précèdent me disait sincère et tristement : « Quand le temps est à l'orage avant que la couvée éclose, elle avorte à demi et les poussins — est-ce une superstition des paysans ? — sont stériles. » — Le temps était à l'orage quand la génération de MM. Richepin et Loti grandissait.

Elle ne laissera rien que le souvenir de prétentions immenses et vagues, une coalition dans le Rien. Les étiquettes-mêmes qu'elle a choisies n'ont pas fait fortune : qui se souvient des « Vivants » et des « Brutalistes » ? Pourtant, et par la négative fatalité des choses, plusieurs *remplissent*, comme on dit et comme ils parleraient, de *grandes situations*. De temps en temps un avortement considérable de M. Jean Richepin occupe Paris trois heures au moins durant, ou bien c'est M. Jean Aicard qui vient de recevoir à l'Académie son prix annuel, ou encore c'est M. Hugues avec toute une troupe de comédiens qui s'en vont promener dans les Provinces le spectre effarant de Danton. M. Pierre Loti, dont les romans ont une clientèle charmante ou pittoresque de femmes nerveuses qui se reconnaissent dans *Rarahu*, de lieutenants de navire en retraite qui disent des paysages de là-bas : « Comme c'est ça ! » et de naïfs boulevardiers qui par état patronnent un romancier comme ils accréditent un confiseur, M. Pierre Loti n'inquiète que son aîné, M. Alphonse Daudet. De meilleure humeur ils pourraient s'entendre : l'un travaille dans le pervers et le compliqué, le très parision et l'infiniment moderne ; l'autre a renouvelé la litière des bergeries de Florian (il l'a faite en varech, voilà bien de l'adresse !) ; tous deux écrivent aussi mal à peu près l'un que l'autre, ils ont l'esprit également en vacance de toute pensée profonde et de toute idée belle, avec cela beaucoup d'expérience, une connaissance vérifiée des goûts du public : en vérité, je les verrais, non sans plaisir, ces habiles gens, s'entendre pour se jeter de l'un à l'autre — balle élastique dont chaque bond sonne de l'or — ce public contemporain qui ne mérite rien de mieux. L'un l'énerverait, lui ferait respirer sa capiteuse essence de parisine, l'autre le reposerait en un bain d'eau marine, parmi les senteurs du varech amer ; l'un serait la ville et l'autre la villégiature ; ou bien, si l'un l'assassinait, le tartarinait de rire à Tarascon ou sur les Alpes, l'autre, avec ses grands horizons et ses « légendes naïves », lui rendrait l'âme sereine, fraîche, — et de cet arrangement qui se fâcherait[1] ?

Pauvre génération ! Car c'est pitié, en effet, de

[1]. Je ne prétends point que M. Loti n'ait jamais entendu conter, dans ses voyages, une jolie légende ; il nous l'a répétée : merci. Mais il n'y a, Dieu ! pas là de quoi dire avec M. Bourget : « *Le divin Loti.* » — Je ne prétends point que M. Daudet n'ait jamais trouvé un mot exquis : j'en sais plusieurs de tels, même dans *L'Immortel*, à propos de la Seine. Mais il n'y a pas là de quoi mériter à cet agréable conteur, tout fait de petits artifices et qui ne pense pas, l'énorme et quotidien honneur de lire dans les journaux son nom entre ceux de M. de Goncourt et de M. Zola.

la voir courir d'un bout à l'autre de sa carrière en gueusant à des imitations diverses des bouts d'originalité. M. Richepin en est une expression assez complète. Qui d'abord imite-t-il ? Villon, Baudelaire, Victor Hugo, M. de Banville, — avec une extrême adresse et dans l'allure quelque chose de « fendant » dont est flatté bourgeois qui, suivant sans le vouloir le divin conseil, aime qu'on le méprise. Il continue : qui encore imite-t-il ? Toujours V. Hugo, et de plus Lucrèce et MM. Leconte de Lisle, Coppée et Verlaine. Les premières imitations, du temps qu'il était gueux ; les secondes, depuis qu'il est athée. Mais aujourd'hui, cette fièvre d'être un autre pour être quelqu'un devient pitoyable. M. Richepin, oui, cet athée ! se fait mystique, sentant d'où le vent souffle ! il sent que les générations nouvelles ont la passion des causes et des fins, le goût du mystère : il s'est fouillé, — il a cette passion et ce goût aussi, comme nous autres ! Il y a quelques mois, dans une revue, je lisais de hasard des vers de lui ; c'était banal, mais mystique ! gros de forme et grêle de fond, mais mystique ! Il vient, dit-on, d'écrire un livret d'opéra : titre, *Le Mage*. C'est de la prévoyance, c'en est trop, car c'est de l'ambition creuse, et c'est dommage, car plus modeste M. Richepin eût écrit de bons livres. Il y a de belles pages dans *Madame André*, de gais et singuliers refrains, desquels presque toujours pourtant la brutalité choque, dans *La Chanson des Gueux*. Eh! quoi! Ce faiseur de gros livres n'est qu'un intimiste et un chansonnier que l'Ecole Normale a pourri de rhétorique et de prétentions!

C'est leur caractère, à presque tous : ils ont des ambitions, qui sont peut-être généreuses, mais qui sont aussi ridicules; ils prennent un grand élan pour enfoncer des portes ouvertes. Ainsi fait M. Bergerat, qui annonce du nouveau, du hardi, et pieusement imite les bons auteurs. Ainsi fait M. Montégut qui en appelle au public, à propos de chefs-d'œuvre refusés par ne sais plus quel Directeur, que vous et moi nous aurions imité. — M. Maurice Rollinat est la plus intéressante victime de cet instant mauvais. C'est un musicien d'originalité étrange, aussi un très sincère et intuitif peintre de la nature, des plaines profondes où l'œil s'hallucine d'infini, des maisons tristes aux tristes hôtes, des banalités inquiétantes d'une ferme ou d'une métairie, du petit monde bourbeux et féroce d'une mare, des grenouilles, des crapauds. Parmi ces bêtes, ces choses et ces gens simples, M. Rollinat est un poète. Paris l'a tué. Ce poëte simple a voulu s'y compliquer et, comme son essence était d'être simple, compliqué il a cessé d'être : d'où *les Névroses*. Très noblement, tout à coup, M. Rollinat s'est dérobé à une gloire qu'il sentait fausse et qui est bien une des plus surprenantes sautes du goût public, une des plus certaines preuves aussi de la médiocrité de l'œuvre acclamée. Il est rentré dans sa province campagnarde, mais il y est rentré psychologue et moraliste; le gaz parisien aurait brûlé ces yeux au regard aigu et naïf...

J'en passe quelques uns; faisons une place honorable à M. Chantavoine, de qui la sensibilité amère est pourtant humaine et sincère ; mais personne n'est le meilleur: MM. Valabrègue, Blémont, Arène [1] ne manquent pas de conscience ; il font très bien ce que tout le monde a fait avant eux. A quoi bon ? Et telle semble être leur consigne, résolument : « N'innovons pas ! » Les Frémine, Grandmougin, Goudeau, Lafenestre, Lemaître [2], Pigeon, Tiercelin, etc., etc. ! se gardent bien d'innover. Leur plus grande nouveauté, s'ils s'y risquent, c'est d'aller, comme en détachement, « appliquer » les règles parnassiennes à des sites et des visages étrangers aux horizons parisiens. Le projet seul de ces petites entreprises géographiques répugne à la vraie nature de l'Art, qui au propre n'a que deux patries : l'âme et l'air — étant l'aile de l'esprit — et qui n'a qu'un instant :

1. Je fais un peu large le compte des représentants de cette génération. J'ai envie d'y saluer M. Arsène Houssaye. Aussi bien y a-t-il d'évidentes analogies entre les pâles figures de toutes les transitions, des Romantiques aux Parnassiens et des Parnassiens aux Décadents.

2. Je parle ici du versificateur. Nous verrons tout à l'heure le critique.

l'éternité. C'est pourtant le petit mérite de M. Gabriel Marc, d'avoir fidèlement copié l'Auvergne et les Auvergnats ; c'est pourtant le petit mérite de M. Gabriel Vicaire, de nous avoir servi quelques paysages et quelques cabarets bressans[1]. Nous avons aussi la littérature provençale et les Félibres, faux naïfs, simples d'artifice qui écrivent dans une langue académique et morte. Ils sévissent encore[2]. — l'auteur des *Emaux Bressans* — a un autre titre de gloire. L'oublier ! En compagnie d'un très bon garçon, M. Beauclair, M. Vicaire, « Adoré Floupette » pour la circonstance — a parodié dans les *Déliquescences* les « excentricités » des Décadents. Il y a bien de la gaîté dans cet opuscule. C'est à peine si on ose lui reprocher d'avoir aux journalistes donné à rire, en somme,

1. Il y a encore M. Fabié, « poëte du Rouergue, » M. Delthil, « poëte du Quercy »... qui sais-je encore !
2. Quand M. Paul Verlaine (*Romances sans Paroles*) nous montre les paysages belges ou londonniens qu'il traverse, tout l'intérêt, pour nous, est dans l'âme du Poëte, dans la correspondance de cette âme avec le paysage, c'est ce que nous apprend d'humain ce paysage qui nous importe. — Quand Flaubert nous montre le désert où vit le Saint, ou les vastes plaines que parcourt l'armée des Mercenaires, c'est le sentiment — tristesse, impitoyable immensité — qui de la nature s'impose à l'homme, c'est le sentiment et c'est le sens que le Poëte dégage du spectacle. — Tout au contraire avec les versificateurs que je viens de nommer : ils sont épris — modérément d'ailleurs — de détails visuels dont ils ne cherchent pas le sens et qu'ils copient en humbles photographes.

des Poëtes, et pourtant c'est là son vrai sens, que peut-être tout le monde n'a pas vu, que tout le monde ne voudra pas voir peut-être. J'en retiens : qu'un représentant d'une génération qui n'a rien réalisé de neuf, qui n'a même pas entendu ses aînés immédiats — ceux que nous écoutons, nous — ou qui les a servilement imités, qui a laissé se rompre la chaîne des traditions fécondes, — devant l'effort des Jeunes pour renouer cette chaîne et pour accomplir leur mission de Poëtes, qui est de créer du nouveau « n'en fût-il plus au monde », n'a su voir que ce qui pouvait paraître puéril dans ce bel effort et n'a trouvé qu'à rire. A vrai dire ces Jeunes, s'ils avaient eu le temps de rendre, comme on dit, la pareille au plaisantin, eussent été bien empêchés : on ne parodie que ce qui existe et je défie M. Vicaire et M. Ponchon, qui ont tant d'esprit ! de parodier un seul de leurs immédiats contemporains.

Et tout cela pourra sembler trop sévère, excessif. Pourtant ! Les cadets demandent compte aux aînés de l'héritage paternel. Les aînés l'ont laissé dépérir entre leurs mains paresseuses. Les cadets s'en plaignent, c'est eux qu'on a laisés : car l'œuvre dernière serait moins difficile si le champ n'avait pas été laissé en friches...

J'exagère. Quelques-uns ont travaillé. M. Bourget par ses premiers romans (et avec ou après lui tous ceux qui ont collaboré au roman psychologique) et par ses vers, et M. Bouchor laisseront une trace.

M. Bouchor a mal débuté, par des choses dans le goût gros et bouffe de ses amis MM. Richepin et Ponchon. Aussi a-t-il eu tout de suite beaucoup de « succès ». Le succès l'abandonne progressivement, à mesure que le poëte s'élève. Les *Poëmes de l'Amour et de la Mer* ont un cent de lecteurs, L'*Aurore* en a une vingtaine, les *Symboles* n'en ont point : bon signe. Mais, destinée mélancolique ! comme M. Vicaire devait railler les jeunes poëtes qui *cherchent*, M. Bouchor railla les aînés qui avaient *trouvé*, — et cela l'un et l'autre, non pas, rationnellement, en prose de théories et de doctrines, mais en vers. Le châtiment de M. Bouchor est, qu'en s'améliorant tous les jours, tous les jours il se rapproche davantage de ceux qu'il avait moqués. Je pense même qu'il va trop loin : occupé surtout de penser après n'avoir fait longtemps que rire, la pensée le captive trop ; l'artiste n'y gagne pas et, déjà dans les *Symboles*, on se demande souvent : pourquoi des vers ? et on pense quelquefois à la prose rimée de M. Sully-Prudhomme [1]. Le grand mérite de M. Bouchor, ce pour

---

1. Je rencontre ce nom et je m'en délivre. M. Sully-Prudhomme n'est pas un poëte. Des trois actes qui décomposent l'action esthétique (Pensée, Idée, Expression) il n'accomplit que le premier. Même il l'accomplit très insuffisamment, ses abstractions se maintenant toujours dans les vieilles généralisations. Quant au « poëte » sentimental qui est l'autre face de ce « poëte » philosophe, je pense qu'il a déjà rejoint dans

quoi nous l'aimons, c'est qu'il a entendu la voix profonde qui conseille au Poëte, en ce temps, de se ressouvenir des plus anciennes leçons, d'écouter l'enseignement immémorial des Mages primitifs, de se pencher au bord des Métaphysiques et des Religions antiques. Malheureusement, la foi manquant, tout risque de rester stérile, Art et Philosophie : les vers, savants et froids, ne chantent pas ; les pensées, niant, ne créent pas. Le manque de foi, voilà ce qui fait, à ce trop gai d'antan, une âme aujourd'hui trop triste. Il n'a pas foi en ces religions qu'il célèbre et qui toutes ne font, depuis les premiers jours, qu'une seule et même Religion qui se développe avec l'humanité : il s'attarde aux erreurs successives qui, chacune à son heure, étaient des vérités. Il n'a pas foi en l'instrument de son art, en ce Vers qu'il précise trop, en cette Rime qui ne le guide, qui ne l'aide pas... Mais l'évolution spirituelle de M. Bouchor n'est pas achevée. D'ailleurs, très jeune, il appartient à la génération dont je parle moins par son âge que par ses relations de début.

M. Bourget a décrit, dans la littérature, une ligne courbe. Parti des vraies sources — Balzac, Bau-

l'ingrate mémoire des hommes les faiseurs de romances du Premier Empire, et Reboul, et Dupaty ; ses tendresses sucrées, sirupeuses, sont vaines, en effet, et cet amant eut sans doute toujours la tête chenue. On dit qu'il y a encore en M. Sully-Prudhomme un poëte lyrique chargé de dire des vers officiels devant les statues nouvelles : Baour-Lormian l'attend au seuil du Paradis.

delaire, Stendhal — vers le vrai but, il a bifurqué tout à coup, non pour revenir sur ses pas, mais pour s'égarer, par les tristes chemins que hantent les lassitudes et les concessions, vers les régions malsaines où règnent MM. Daudet et Loti. — De cette conversion déplorable ne parlons pas davantage et souvenons-nous des anciens mérites. — La voix de M. Bourget a toujours été faible, mais elle a été juste, aristocratique et pénétrante. Dans ses vers[1], qui sont d'un délicieux lakiste presque tous, il atténuait la grande beauté sombre de Baudelaire — et ce cri de râle! — jusqu'à la plainte d'une âme où l'intelligence étouffe le cœur, et trouvait le secret d'être poëte avec une psychologie un peu neutre, plus craintive qu'angoissée. Dans ses nouvelles et dans ses premiers romans il signifia une réaction contre l'excessif Naturalisme, dont, toutefois, il retenait des qualités, car et par exemple « la légère idéalisation dont il nimbe ses figures de femmes ne les rend pas irréelles[2] ». — Sans doute, M. Bourget n'avait pas les qualités de puissance nécessaires pour rejeter l'art, d'un chemin qu'il devait avoir parcouru mais où il ne devait pas s'attarder, dans la vraie et large voie de la Synthèse. Il y eût fallu un cerveau plus métaphysique,

---

[1]. *La Vie Inquiète* et les *Aveux*. Autrement parlerais-je d'*Edel* et des vers, lus çà et là dans les revues, qui composeront les nouveaux recueils de M. Bourget.

[2]. Emile Hennequin.

une imagination plus joyeuse, une sensibilité moins empêchée de piqûres d'épingle. Mais ce qu'il pouvait et, donc, devait faire, M. Bourget le fit. Il relut Balzac et surtout Stendhal, M. Feuillet aussi, et aux romanciers qui ne connaissaient que des créatures toutes de sensations, opposa des créatures dont les mobiles d'actions sont des sentiments. — En ce genre, *Deuxième Amour* est un chef-d'œuvre. Mais le grand tort de M. Bourget, où l'induisit, je suppose, sa nature délicatement sensuelle, trop dolente et, dirais-je, douillette, fut de laisser dans ses romans d'âme s'insinuer la tristesse animale des romans de chair. Il a contribué comme un autre et pour sa cote-part à la « grande enquête »; comme un autre il écrit l'histoire des mœurs contemporaines et chez lui, comme chez tous, « l'auguste mensonge » de la fiction du récit n'est qu'un prétexte aux « vérités des détails », un fait-divers qu'il préfère élégant alors que d'autres le préfèrent vulgaire, et la différence n'est pas sensible. — Poëte et romancier exquis, M. Bourget est encore un très important critique, bien inspiré, de Sainte-Beuve et de M. Taine, et fondé en œuvres.

Un autre critique a écrit aussi des vers. J'ai dit ce que valent les vers de M. Lemaître: j'ajoute qu'ils valent un peu plus que le Sully-Prudhomme tendre qu'il imite, par ce qu'il imite aussi Théophile Gautier. Quant à sa critique, elle est très déliée, très intelligente, très normalienne et très incompétente. — N'est-ce pas lui qui chicanait M. Paul Verlaine à propos de grammaire? Je consens hélas! que M. Lemaître écrit correctement, qu'il est pourvu d'une bonne intelligence générale et qu'il a tout ce qui s'apprend. Mais je cherche le principe de sa critique et je ne le trouve, ni dans les chefs-d'œuvre qu'il n'a pas écrits, ni dans la doctrine qu'il ne croit pas, j'espère, avoir formulée. Je ne puis saluer en lui que l'élève, ou l'émule, ou le successeur de M. Sarcey, et, pour sévèrement dire, le Critique-Dilettante.

Un troisième critique m'intéresse davantage: M. Gabriel Sarrazin. Sûrement devrais-je le compter parmi la génération nouvelle, s'il n'appartenait, lui aussi par ses relations du début, à celle qui la précède. Sans prétentions universitaires ni autres, M. Sarrazin a force parcequ'il a la foi. Dans ses études sur *Les Poëtes modernes de l'Angleterre*, dans son nouveau volume (*La Renaissance de la Poésie anglaise*) on sent, à chaque page, un homme qui a le culte et le sens de la Beauté. Il a rendu à la Littérature de très grands services par ces livres d'érudition, de goût et de sincérité.

Autour de M. Bourget — sans qu'il soit en rien leur chef — plutôt réunis par des directions communes — groupons des romanciers idéalistes et naturalistes à demi, comme lui. M. Mirbeau, qui a des qualités de passion et le sincère et noble amour des Lettres, MM. de Bonnières, Pouvillon, Dodillon, Hervieux, Lavedan, Caze, font des livres sincères, très étudiés, auxquels on ne reproche guère que de s'attarder dans un idéal de transition. — De M. Harry Alis, dans un naturalisme relevé d'ironie, *Petite Ville* est un roman irréprochable. — A part de tous, mettrai-je M. Elémir Bourges (*Le Crépuscule des Dieux* est un beau livre de Poëte), M. Pinard, de qui *Madame X* révèle un esprit de psychologue très singulier, M. Blondel, dont j'aime *Le Bonheur d'aimer* et cette tristesse douce, sentimentale bien, et M. Léon Bloy, pamphlétaire [1] et romancier qui met le roman en pamphlet et le pamphlet en roman. C'est encore de ces écrivains dévoués à l'Église et dont l'Église a horreur. Ils troublent son agonie qui voudrait s'endormir dans un chuchotement de vieilles femmes... Je cons██ avec étonnement la fécondité d'invectives de M. Bloy. C'est le Maître des Injures. Il a surtout l'adverbe prodigieux. Mais j'admire sans restriction de très uniques pages sur le Symbolisme en histoire, dans *le Désespéré*.

1. Le pamphlet était hier un genre démodé; la chronique l'avait submergé: les petites brochures de la Restauration cédaient à l'énorme flot actuel du journalisme quotidien. Les *Lanternes* de M. de Rochefort avaient des allures anachroniques. Aujourd'hui, le pamphlet reparaît sous la forme de la brochure et du livre, se glisse dans le roman, envahit l'étude philosophique et sociale; nos pamphlétaires sont MM. Bloy, Mirbeau, surtout M. Drumont, un philosophe de la plus haute lignée catholique, d'autres encore.

II

La contrée où j'aborde est la plus étrange du monde. Elle apparaît, de loin, dans ses brumes, tiède et pâle ; mais il ne faut pas s'en approcher beaucoup pour savoir qu'elle est située sous la plus ardente latitude : seulement, son soleil n'éclaire pas. De loin toujours, on croirait que c'est l'empire du repos et de l'indifférence ; et sitôt qu'on y regarde on voit bien que c'est un centre de terrible activité : seulement, de cette activité on ne saurait saisir le but. Des gens qui vont, viennent, pressés, empressés, avec un sourire qu'ils portent comme un masque. Ils vont dans les champs et n'en rapportent ni fruits ni fleurs. Ils effleurent tout et ne touchent rien. Ils font leurs dévotions tour à tour au temple de Jupiter-Ammon et à l'Église de Jésus-Christ. Sans foi, ils se plongent dans des études que la Foi seule autorise et féconde : aussi, dans l'instant, les prendriez-vous pour des ascètes et des Pères de l'Église et ils savent de Théologie autant qu'Origène ou St-Thomas : mais écoutez-les, l'instant d'après, « expliquer » l'extase par l'hypnotisme et le miracle par l'hallucination ! Ils sont gens qu'on aime, et des pays les plus lointains du leur — de la Pensée pure, de la Science, de la Poésie, de l'Action, — les rois et les capitaines viennent pour le plaisir de voir et d'entendre ces inconnus qui n'ont titres ni œuvres et qui ne sont rien, mais qui savent mieux que personne faire jaillir de chacun ce qu'il a de meilleur. Et pourtant, malgré l'éternelle placidité souriante de leurs visages, ils ne sont pas heureux. Peut-être ont-ils le secret désir de produire, eux aussi : mais dans leur cœur se sont rencontrées et se maintiennent immobiles tant d'affirmations et de négations hétéroclites, qu'ils demeurent à jamais dans la situation que symbolise l'âne de Buridan ! Peut-être ont-ils le secret désir d'entrer dans la vie et d'être des hommes : mais ils sont retenus dans le *Dilettantisme*. Ils sont les *Dilettanti*.

J'exagérais : ils produisent. Mais *ils produisent contradictoire*. Ils ne pourraient parler deux fois de la même chose sans dire, la seconde fois, non, s'ils ont dit oui, la première fois. Et s'ils écrivent un long livre, c'est une si incohérente suite de contradictions flagrantes que le lecteur hésite : mystification ou folie ? Cependant la bonne foi du dilettante a toutes les meilleures apparences et, pour la solidité du jugement, chaque détail pris en soi en témoigne avec certitude. Non, le Dilettante est très sincère et très sage, il a précisément trop de sagesse pour ne pas voir du même regard le pour et le contre de chaque question et précisément trop de sincérité pour ne pas dire tout ce qu'il voit : s'il revient à l'affirmation après avoir nié, c'est qu'il aura, chemin faisant, trouvé quelque nouvel argument en faveur de l'affirmation : mais, la négation, il se gardera bien de l'effacer car il soupçonne, à part lui, qu'il va rencontrer, à l'improviste, n'importe où, une preuve irréfragable que le plus sage parti est de nier.

Le Dilettantisme est l'anesthésie — pour parler ce langage ! — des facultés créatrices par l'hypertrophie des facultés compréhensives. En religion, en philosophie, c'est la mort et le néant ; en art c'est tout ensemble un grand danger et une grande sauvegarde. N'ayant point de foi, le dilettante est infécond et le sourire supérieur de cet homme dont le regard, le geste, la parole révèlent l'intelligence extraordinaire, intimide chez les autres la création. Mais n'ayant point de parti pris, il est juste. Où l'homme d'action esthétique, emporté par sa passion, par les préférences naturelles de son génie, condamne ou loue trop vite, le dilettante fait les parts de la volonté et du hasard, les réserves du goût, et s'abstient de conclure. — Le dilettantisme est pour le génie une sorte de mort attrayante. C'est l'abîme où risquent de sombrer, volontairement à demi, ceux qui sentent leur vision par trop inégale à leurs moyens de réalisation. Quoique le dilettante semble goûter de tous les plaisirs également, il souffre plus qu'un autre, ne pouvant choisir. Son mal est, par excellence, la forme élégante de l'Ennui.

Le Dilettantisme est un des principaux dissolvants des sociétés trop mûres, bien plus actif que l'esprit critique avec lequel il arrive qu'on le confonde, sans doute parcequ'ils n'ont rien de commun, et aussi parcequ'en effet nous avons aujourd'hui cette variété admirable et qui n'a pas de sens : le Critique Dilettante, — c'est à dire le critique appréciant les œuvres aux lueurs changeantes d'instables préférences. — Quant à la Critique vraie, qui suppose un esprit debout sur des principes immuables[1], on entend assez qu'elle est justement le contraire du Dilettantisme.

C'est, dis-je, le mal des fins de société, et je ne sache presque personne, aujourd'hui, qui n'en soit atteint. En quelques-uns il s'affirme davantage, il éclate. Presque toute cette génération à qui je reprochais de n'avoir pas travaillé pourrait me répondre en me montrant sa trace dans l'étrange et triste contrée. Un peu plus haut, M. Mendès l'a certainement traversée. Mais elle a un souverain. C'est M. Ernest Renan.

Je n'ai point à juger l'œuvre philosophique et religieuse de M. Renan. Toutefois, comme il m'est impossible de séparer le fond de la forme, je ne puis assez admirer que cette langue faite on ne sait de quoi, claire et légère, la plus *franche* qui

---

1. On semble, ici, prendre l'Esprit critique pour la Critique. Mais il est bien évident que celle-ci n'est qu'un produit de celui-là. Comme elle en garde les caractères réduits, on a pu le personnifier en elle.

soit, revête ces pensées troubles et doubles, lourdes et louches, cette conviction qui se dérobe, cette foi dans le doute, ce doute en pleine foi, plutôt cette foi doutante et ce doute croyant. Entre le fond et la forme je sens un écart anormal, inquiétant qui permet à la pensée des retours si imprévus, ce jeu si large. Chez M. Renan, le style, riche sans faste, flotte autour de la pensée, nette ensemble et retorte. Il a de l'aisance grasse d'un prélat qui porte sans excès de gravité son costume austère et, d'esprit fin, ô diaboliquement fin ! jette avec élégance, comme de la poudre aux yeux, les grâces de son style dans l'esprit du lecteur pour y introduire du même coup des choses qu'on ne voit pas d'abord dans le prestige du sortilège ; — ou bien, profite d'avoir avancé, dans une affirmation simple, une vérité incontestable et qui s'embellit de nous montrer un nouvel aspect, pour s'enfuir, par la tangente d'une incidente, et nous entraîner bien loin dans des voies moins sûres où nous ne l'aurions pas suivi sans la confiance qu'il a su nous imposer. Mais au bout du chemin, au bord du fossé où la logique et notre impatience allaient le pousser, il se retourne paisiblement, avec un sourire tout phosphorescent d'ironie, et revient sur ses pas, nous ramenant au point de départ où se croisaient deux routes, — là nous laisse respirer, puis capte à nouveau, en l'émerveillant encore, notre confiance qui se lassait, la rassure en même temps, s'insinue plus avant en elle, en déployant sa science inépuisable et sa non moins inépuisable sincérité, et brusquement, par un tour, si j'ose dire, de gobelet et de génie, nous r'entraîne à sa suite, dans la seconde voie plus obscure, plus difficile que l'autre, mais qu'il aplanit, mais qu'il illumine et nous fait aimer, — pour nous y arrêter, comme naguère, dans un doute suprême où il semble triompher. Pourtant il se dit et nous voulons bien l'estimer un croyant.

Un croyant aussi, M. Anatole France, au dire de ses vers ; mais sa prose est sceptique. Voilà les contradictions du Dilettantisme. Et le cas ici est des plus curieux. Les sujets qui tentent M. France poëte, — *Les Noces Corinthiennes*, par exemple, et cette *Leuconoë*, si belle, par endroits, qu'on ne peut la comparer qu'à elle-même, — sont mystiques et il les traite avec une mysticité merveilleusement sincère, — croiriez-vous. Mais qu'il vienne à parler en prose de Saint-Antoine, par exemple, il ne nous laissera voir, en ce presque divin rêveur, en ce génie du Christianisme naissant et qui fonda tant d'ordres monastiques et les dota d'une Règle dont nous admirons encore la sagesse et la vigilance, — qu'un cas pathologique, et pour lui le Mysticisme n'est plus qu'une maladie nerveuse. — Alors quoi ? C'était donc un jeu d'enfant, le beau poëme ? Évidemment M. France ne se donne pas à son œuvre et l'Art n'est guère pour lui qu'une distraction magnifique. En d'autres termes, c'est un dilettante.

Le Dilettantisme a, de certaines vertus, comme un reflet diminué : il n'a pas d'orgueil. Il aime le passé, ne gêne pas le présent, n'opprime pas l'avenir. On sent quelquefois le besoin de recourir à lui pour être pleinement juste, pour goûter également des esprits opposés entre eux ou simplement réfractaire aux convictions qu'on a; — par exemple pour estimer comme il faut M. Vacquerie, de qui je citais la *Formosa* parmi les œuvres dramatiques qui font d'heureuses taches de clarté dans la grande nuit du Théâtre contemporain, — Madame Ackermann, athée qui, sans talent, a eu son instant de génie, — et en même temps qu'elle M. Hello, philosophe chrétien qu'on admire souvent et qui parfois irrite par des « excès de sincérité » qui troublent la clairvoyance de l'auteur, fatiguent la patience du lecteur et conseillent de fermer le livre. — C'est encore avec un dilettantisme emprunté qu'il faut apprécier M. Octave Feuillet à cause d'un beau livre (*M. de Camors*), M. Droz pour un pareil motif (*Babolain*), M. Hector Malot pour ses premiers romans, M. Fabre pour de curieuses études du monde ecclésiastique et M. Theuriet pour de jolis sentiments de nature, — aussi peut-être pour la calmante conception générale de ses œuvres qui sont les dialogues épiques de la Ville et des Champs : l'amoureux est rustique, l'amoureuse, citadine : de là les poignants drames d'amours empêchées ou troublées par le conflit des préférences.

III

La pensée de M. Taine m'a souvent accompagné jusqu'ici. C'est qu'en effet cet esprit admirable, si peu directement qu'il soit mêlé à l'évolution artistique toute moderne, — absorbé qu'il est aujourd'hui, à notre grand regret, par les études historiques — a, de tous les témoins, suivi du regard le plus lucide les mouvements antérieurs qui, logiquement, devaient conduire l'Art à ces conclusions suprêmes que nous pressentons. Il a vu l'esprit humain s'engager dans les voies d'un mysticisme métaphysique, « dans l'abstraction, le rêve et le symbole, » devenir surtout « plus capable de s'abstraire » et digne en même temps d'un plus fluide idéal de Beauté, à la fois grandir dans sa conception et dans son expression.

« Est-ce qu'il n'y a pas une communauté de nature entre tous les vivants de ce monde ? Certes, il y a une âme dans chaque chose ; il y en a une dans l'univers ; quel que soit l'être, brute ou pensant, défini ou vague, toujours par delà sa forme sensible luit une essence secrète et je ne sais quoi de divin que nous entrevoyons par des éclairs sublimes sans jamais y atteindre et le pénétrer. Voilà le pressentiment et l'aspiration qui soulèvent toute la poésie moderne, tantôt en méditations chrétiennes, comme chez Campbell et Wordsworth, tantôt en visions païennes, comme chez Keats et Shelley. Ils entendent palpiter le grand cœur de la nature, ils veulent arriver jusqu'à lui, ils tentent toutes les voies spirituelles ou sensibles, celle de la Judée et celle de la Grêce, celle des dogmes consacrés et celles des doctrines proscrites. Dans cet effort magnifique et insensé les plus grands s'épuisent et meurent. Leur poésie, qu'ils traînent avec eux sur ces routes sublimes, s'y déchire. »

Ainsi parle M. Taine et, malgré la menace des dernières lignes ci-dessus citées, son admiration et sa préférence ne sont pas douteuses. Pendant ce temps, un critique très sage, quoique, sans doute, un peu réduit par l'exclusif de son point de vue, du haut de l'enseignement et de la tradition d'un siècle dont la grandeur le désenchante de tout avenir, juge avec sévérité les tentatives nouvelles et se roidit contre le courant heureux et fatal qui emporte notre âge à l'apothéose suprême de l'Art Intégral. Je respecte l'indubitable sincérité de M. Brunetière, j'aime autant, je crois, qu'il peut les aimer, les maîtres inimitables du XVIIe siècle, mais je crois qu'eux-mêmes, en ce temps, eussent été des novateurs : ne l'ont-ils pas été, à leur date ? — D'ailleurs, je pense que l'effort de M. Brunetière n'est pas perdu ; qu'il est providentiel qu'une voix comme la sienne, autorisée, rappelle souvent, fût-ce si rudement, les jeunes espérances au respect des croyances anciennes, au culte de ce qu'elles gardent encore de vital et de fécond.

En un troisième critique, le comte Melchior de Vogüé, écrivain de race, traditionnel de principes et moderne de goûts, se rencontrent et s'accordent le respect du passé et l'impatience de l'avenir. M. de Vogüé, que les hasards de la vie ont de bonne heure initié à la langue, au génie et à la littérature d'un peuple jeune et plus voisin que nous de l'Orient, mais qui avait, dès le milieu du siècle dernier, accueilli l'influence du vieil occident, nous a rapporté de Russie l'effet combiné de cette influence ajoutée et de cette jeunesse native, — une littérature magnifique, — âpre, âcre et tendre, naïve et compliquée, spirituelle, sentimentale et sensuelle, tout ardente d'un amour extasié jusqu'à la charité, mais violente avec tant de douceur! types nets dont tout autour les reflets vont s'atténuant à la fois et se spécialisant, — Dostoïevsky, Tolstoï, — la Littérature Russe! La jeune Littérature Française la salua comme une alliée naturelle, reconnaissant en elle quelques-uns de ses plus lointains désirs réalisés, et d'elle, en même temps, reçut une leçon bienfaisante de simplicité et d'intensité.

Enfin, un esprit très curieux, très à part, d'une finesse délicieuse et d'une très aiguë clairvoyance, un artiste épris de la vie avant tout, mais à qui l'Art — l'Art Plastique — se révèle comme la plus puissante expression de vie qui soit, nous apporte au nom de cet Art un précieux témoignage. Si M. Jean Dolent n'est pas peintre lui-même, avec les dons qu'il a, tout spécialement appropriés à l'intelligence de la Beauté picturale, c'est parce que « le peintre ne voit qu'en soi » et qu'il convient « que, parmi ceux qui regardent, plusieurs regardent et voient. » Mais cet *Amoureux d'art*, qui contemple la vie au miroir idéalisant des belles peintures, a déduit de cette étude perpétuelle des certitudes. Il en a changé bien souvent, nous dit-il [1]. Tant mieux : ces variations prouvent la bonne foi. Or, ses conclusions sont singulièrement d'accord avec les nôtres : « *Ce qui me prend le plus fortement, c'est l'œuvre où l'artiste me mène plus loin que là où il s'arrête — où il paraît s'arrêter...* Mon idéal : Vérités ayant la magie du Rêve [2]. »

---

1. Jean Dolent, *Amoureux d'Art*.

2. On peut critiquer cette formule ; l'expression n'est peut-être pas très philosophique. Y a-t-il donc d'autres Vérités que le Rêve lui-même, en Art, le rêve propre de chaque artiste ? Mais j'entends très bien et tout le monde entend très bien ce que l'écrivain a voulu dire. — Ajoutons que M. Jean Dolent est l'auteur de plusieurs romans, *Le Roman de la Chair*, *L'Insoumis*, très intenses et très modernes études passionnelles, et de Parades, *Les Parades de Jean Dolent*, essences du plus personnel esprit.

NOTE

Ce livre pourrait se fermer ici. J'ai dit le Passé et le Présent : j'en pourrais laisser la pénétration du lecteur déduire l'Avenir. J'ai montré, donnant comme il le fallait[1] la majeure importance aux représentants du Passé, l'esprit moderne d'abord par l'Analyse décomposant le composé humain et successivement étudiant : — l'Ame dans ses passions idéalement distinctes du tempérament, — puis le Sentiment dans le Mouvement de l'Ame passionnée, — enfin la Sensation. Ensuite j'ai indiqué comment, après ce vaste labeur, l'esprit moderne tente de reconstruire par la Synthèse ce qui avait été divisé par l'Analyse. Cette tentative n'est pas achevée : c'est l'œuvre même de la « Littérature de Tout à l'heure ».

On a vu, au principe du siècle, deux génies, Gœthe et Châteaubriand, se dresser comme les pôles négatif et positif de la Pensée, la Science et la Mysticité. Puis des esprits, qu'on n'ose nommer secondaires, mais qui, du moins, ne sont pas les étoiles de première grandeur de ce ciel et de ce siècle, appliquent à des êtres vivants les lois de la psychologie passionnelle et inventent la vérité humaine, — dignifient l'Art qui va devenir religieux, rendent sa majesté à l'instrument de la Poésie, au Vers, con-

[1]. Parce que le Présent risque de les oublier trop.

çoivent l'idée du Monument-littéraire et pressentent la conscience se mêlant à l'inspiration pour la régler et la fortifier, — retrouvent une poésie de l'homme originel, tout près du cœur de la nature dont le langage muet leur redevient intelligible, et précisent l'asile humain de l'homme dans l'homme-même, dans sa vie intérieure, — révèlent l'aspect merveilleux, l'expression métaphysique de cette vie intérieure et qui se dédouble, retournent à la simplicité des légendes, en même temps maintiennent le vers dans l'atmosphère lyrique et le rendent plus apte à porter des pensées transformées en idées. — V. Hugo, lieu commun de toutes les innovations, sans y rien ajouter de son propre, leur donne force de loi. — Les deux grands foyers du siècle, Balzac et Wagner — ramènent l'Art foncier à ses sources naturelles par la Science, dégagent l'Art formel en lui indiquant comme élément essentiel la Fiction, posent le principe de l'unité de composition, établissent les assises de réalité de l'œuvre d'art de l'avenir, — concluent l'union de toutes les formes artistiques régies par l'Action, font la synthèse des observations et des expériences dans la Fiction, et la fusion du mysticisme et du sensualisme par l'expression artistique. — Poe et Baudelaire — érigent en dogmes qui n'auront plus d'hérétiques parmi les vrais poëtes ces deux grandes vérités du génie conscient et concentré et du sens lyrique de la Science; ils défendent qu'on laisse rien au hasard dans l'œuvre artistique, conseillent à la Beauté une singularité mélancolique, logique et fastueuse, expriment l'inexprimable, montrent comment la poésie peut s'ouvrir à la psychologie, et que c'est à l'expresse condition d'outrer « le mystérieux, le satanique, l'horrible, l'angoissant des traits de l'âme, en s'abstenant presque de les décrire, en les grandissant ainsi et en laissant porter de tout son poids leur sombre et magnifique effroi [1], » prouvent donc par l'exemple-même que la vraie poésie est l'Idéale; instaurent en art la notion fondamentale de l'Exceptionnel; trouvent le vers moderne; sont avec Flaubert et M. Leconte de Lisle les derniers veilleurs de la vigile triste que suivra la fête joyeuse de l'Art maître de tous ses moyens. — Flaubert fixe la prose des idées générales, — Sainte-Beuve invente, pour exprimer les nuances des sentiments, le principe de la langue personnelle. — M. Leconte de Lisle, comme Flaubert en prose, fixe la langue des idées générales en vers; comme Flaubert encore, donne le signal du retour aux Origines, et tous deux, par leur plainte plus intense mais plus belle esthétiquement que celle de leurs prédécesseurs, inaugurent la consolation par la Beauté, germe d'une religion esthétique. — M. Théodore de Banville rend à l'Art son véritable caractère, qui est la Joie, assigne à la Poésie sa régle dans l'Ode et sa régulatrice

1. Émile Hennequin.

dans la Rime, formule le premier que le Théâtre n'est qu'une Ode dialoguée. — MM. de Goncourt et Barbey d'Aurevilly, diversement, outre la langue personnelle, qu'ils réalisent tous deux, étudient la Modernité dans la Physionomie, celui-ci par un art au service de la religion catholique, celui-là par un art étranger à toute religion.

La *Littérature de Tout à l'heure* est synthétique : elle rêve de *suggérer tout l'homme par tout l'Art.* Or la Synthèse est plus qu'à demi réalisée par les efforts qu'on vient de résumer. Elle est réalisée tout à fait, si à ces efforts nous joignons ceux de ces Poëtes : Villiers de l'Isle-Adam, Paul Verlaine, Stéphane Mallarmé [1].

Mais, peut-être, plaît-il de connaître comment les nouveaux, les derniers venus entendent, à leur tour, coopérer au Grand Œuvre.

Et je vais l'indiquer aussi succinctement que possible.

[1]. On a préféré au procédé didactique, à de successives études consacrées aux points divers où l'Art nouveau se distingue de l'Art accompli, le processus d'une critique largement et librement historique, estimant surtout précieux, capital, de démontrer comment les NOUVEAUTÉS résultent de la TRADITION. Ce système prohibait tels développements desquels l'absence laisse ce livre incomplet : théories du Roman, du Théâtre, du Poëme, — (livres, peut-être, futurs). Outre, d'ailleurs, que les vieux « genres » tendent de plus en plus à se fondre en l'unique et l'essentielle Œuvre-d'art-écrit, il faut répéter qu'on ne voulait ni ne pouvait faire ici le manifeste d'une *École* qui n'est pas.

III

INFLUENCES NOUVELLES

Ce qui reste à faire est peu de chose, comparé à l'immense tâche accomplie, mais ce dernier pas, toujours le plus difficile à franchir, exigerait le calme et la certitude. Si les artistes nouveaux semblent moins diligents que leurs aînés, aussi faut-il savoir si les conditions actuelles sont aussi favorables que les anciennes à l'action artistique. Essayons donc, pour obtenir du rare lecteur qu'il soit juste, avant de lui montrer ce que nous faisons, de lui apprendre comment nous le faisons, quelles influences troublent ou facilitent notre tâche...

Tout un livre ! — à réduire en quelques lignes.

Je dépêche, pour m'en débarrasser, — quoiqu'elles comptent ! — les influences sociales. — La menace perpétuelle d'une guerre; les cruelles taquineries du militarisme universel et l'obligation de s'interrompre entre deux hémistiches pour aller « accomplir une période de vingt-huit jours d'instruction militaire »; les agitations de la rue: le grincement de la machine gouvernementale — journaux, élections, changements de ministères — n'a jamais fait tant de bruit; l'autocratie turbulente et bruyante du commerce a supprimé, dans les préoccupations publiques, la préoccupation de la Beauté, et l'industrie[1] a tué ce que la politique laisserait subsister de silence. Comparez à ces points de vue divers l'époque présente avec la Restauration, avec la Monarchie de Juillet, avec le Second Empire.

Influences morales : je les réduis toutes à la tentation du « Succès. » Je ne parle pas de la Gloire : la notion s'en est perdue dans le monde. J'oserais à peine dire : « célébrité. » Le succès

---

[1]. Je n'ai point à rechercher quelles conditions fera aux Poëtes l'Industrie perfectionnée, — alors que s'ouvrira l'ère des machines définitivement et partout substituées à la main de l'homme. Que ce dernier période du progrès comblerait le malheur universel et n'aura sans doute jamais de réalité que dans les horribles rêves des philanthropes, je le pense, mais ce n'est pas ici le lieu de le déduire au long. Je n'ai qu'à constater les conditions de l'instant présent, « instant de transition », affirmant nos sociologues, et si j'entends bien le sens de ces mots, c'est-à-dire que la majorité des vivants anticipent sur ce futur âge d'or mécanique qui sera leur règne, emplissent déjà la terre du bruit épouvantable de leur avènement, commencent à repousser loin d'eux les âmes exceptionnelles, les têtes qui naissent couronnées : car, outre que leur royauté native et inviolable serait un perpétuel outrage à la Médiocrité Souveraine, elles seraient sans abri ni fonction dans un monde où plus rien ne pourra se produire d'exceptionnel.

— qui employé dans le sens de « monnaie de gloire » n'est pas français — ne conduit qu'à la Notoriété, chose et vocable baroques. Mais enfin c'est là tout ce qui nous reste et la notoriété conduit à la fortune, aux honneurs, à toutes sortes de plaisirs si elle vous accueille jeune encore, etc. — Or, qui était glorieux sous la Restauration ? Châteaubriand, Lamartine... — Sous la Monarchie de Juillet ? Victor Hugo... — Sous le Second Empire, qui était célèbre ? Gautier, Sainte-Beuve... — Dans les premières années de la Troisième République ? MM. de Goncourt, Leconte de Lisle, Zola... — Et aujourd'hui, qui a de la notoriété ? MM. Daudet, Ohnet...

Plus graves que ce bruit extérieur, contre quoi le Poëte peut se faire un refuge dans son âme de par sa volonté, plus grosses que cette pente aimable vers la médiocrité, contre quoi le Poëte peut trouver dans son intransigeant amour de la Beauté la force de réagir, sont les influences sentimentales et intellectuelles. Celles-ci se divisent naturellement en religieuses et philosophiques, scientifiques et artistiques.

Depuis qu'il n'y a plus de religion dans les temples, elle court les rues. Il y avait, ces temps derniers, à Montmartre, une brasserie catholique où l'on récitait de la poésie sacrée. Il y a des heures de nuit où le Boulevart est mystique. Il est aussi pessimiste. Cela ne l'empêche pas d'être, à d'autres heures, frénétiquement gai, plus tard dans la nuit. Et ce sont les mêmes jeunes gens, élégants et bien portants, — presque tous, — qui sont successivement mystiques, pessimistes et gais, simultanément quelquefois. En doctrine religieuse et philosophique bien peu de ces jeunes gens ont des informations précises. Mais des termes du culte ils retiennent de beaux vocables comme ostensoir, ciboire, etc. ; plusieurs gardent de Spencer, de Mill, de Shopenhauer, de Comte, de Darwin, quelque terminologie. — Rares ceux qui savent profondément de quoi ils traitent, ceux qui ne cherchent pas à faire étalage et parade d'un parler sans autre mérite qu'une vanité de syllabes, qu'une nouveauté d'antiquités, — ceux qui vont au fond, qui se sont pénétrés de ces théologies et de ces métaphysiques, qui en ont fait le lit de leurs pensées, la nourriture de leurs idées, la substance ferme et logique de leur expression esthétique. — Tous, pourtant, les frivoles et les graves, subissent cette double influence, vieille comme l'humanité mais qui jamais encore, semble-t-il, n'était parvenue à cette exaltation, du Mysticisme et de la Philosophie.

Et la Science ! Autrefois les domaines de l'Art et de la Science étaient nettement tranchés et si, par grande rareté, un artiste comme Le Vinci était aussi un savant, son Art et sa Science ne se mêlaient point. Au cours de ce XVIIIe siècle qui brouilla tout, les deux pôles se rapprochent, mais l'Art reste roi et considère la Science comme sa servante : Buffon prête ses manchettes à la Nature. Aujourd'hui tout est changé. Dans cet étrange désarroi produit par la collision des formules et par les difficultés énormes qu'il faut vaincre pour accomplir l'œuvre d'art définitif, l'Art a perdu sa morgue ancienne devant la Science et l'Artiste demande volontiers des conseils au Savant. La Science en a profité pour envahir l'Art et particulièrement la Littérature. La critique littéraire est un peu dédaignée par la critique scientifique. Quelques-uns veulent croire que les conclusions des savants et leurs très curieuses expériences[1] dans la science des tons et des sons parviendront à supprimer les dangereux hasards de l'instinct. Je n'y crois guère et j'estime bien plus dan-

---

1. Voir en particulier dans le n° 19 du tome VII de la *Revue Indépendante* (mai 1888), l'étude de M. Charles Henry : *Cercle chromatique et sensation de couleur*, et du même, dans le n° 4 du tome II de la *Revue Contemporaine* (août 1885), *Une Esthétique scientifique*. « .....On s'acheminera sans doute par cette voie (*scientifique*) vers la connaissance des lois de cette harmonie supérieure et délicate des bruits et des sons. Il va sans dire que la poétique doit dès maintenant tenir compte des nombres rhythmiques : elle gagnera aux classifications de rhythmes la science des métaphores possibles. Une métaphore dans le langage parlé ou écrit n'est autre chose que le sentiment de la relation qui lie deux changements de direction plus ou moins semblables : plus les changements sont subtils et profonds, plus la formule est complexe, plus la métaphore est belle. » — Je ne conteste pas l'intérêt extrême de ces re-

gereuse que tous les hasards cette soumission de l'artiste à d'autres lois, justement, que celles de son instinct réglé par sa conscience. Il y a quelque chose de pénible pour l'Art et d'humiliant dans cette pensée que, l'œuvre de génie, le savant pourrait la mesurer avec son compas aveugle et décréter, l'épreuve faite et sans recours : « C'est beau, » ou

cherches, mais j'avoue que leur utilité dans la *pratique* de l'Art m'échappe absolument. Je ne vois guère un Poëte consultant là « classification des rhythmes » avant de risquer une métaphore. Notre expression est le symbole de notre rêve, notre rêve est le symbole de notre pensée ; tout vient, tout rayonne d'elle : *l'émotion totale de sa vie secrète*, voilà ce qu'il faut avoir et ce que, semble-t-il, risque d'altérer tout procédé scientifique. Non plus ne verrais-je un peintre, avant d'oser une teinte, consulter le Cercle chromatique. — Mais M. Charles Henry ne prétend point subordonner la création artistique aux principes de l'esthétique scientifique : « La science, dit-il, ne pourra jamais créer la beauté, je parle de la science relative et je n'étudie pas la question de savoir si les termes de science absolue n'impliquent pas contradiction. Le sentiment de la beauté se résout dans la perception d'un nombre infini de rhythmes, avec le moindre effort possible, c'est-à-dire dans l'infiniment petit du temps. Or, ce sont des éléments que nous n'avons pas en notre pouvoir. De même que la beauté d'une figure géométrique se résout dans le sentiment de sa formule, le sentiment de la beauté d'un être ou d'une forme se résout dans le sentiment de sa formule qui n'est qu'un cas particulier de la formule universelle. Pour réaliser la beauté, il faudrait posséder la formule universelle : serait-ce la connaître ? Et le jour où elle sera près de poser le problème, l'humanité ne retournera-t-elle pas par là-même à l'inconscience de la Nature ? » — Pourtant, selon toujours M. Charles Henry, la science « doit épargner à l'artiste des hésitations et des essais inutiles, en assignant la voie dans laquelle il peut trouver des éléments esthé-

« C'est laid. » Ce que M. Raffaelli dit des formes
géométriques, « établies préventivement » et par
là-même incapables de s'harmoniser avec l'infinie variété des tempéraments divers, je le dirais
des systèmes scientifiques qui prétendent mesurer la beauté d'une œuvre d'art, parce que « l'art
commence où commence la passion » et que c'est
là, justement, que finit la géométrie.

Ces préoccupations scientifiques, ces pro-
messes du savant au poëte de le préserver de toute

tiques toujours plus riches ; elle doit fournir à la critique
des moyens rapides de discerner la laideur souvent informula-
ble, quoique sentie. » — Je ne sais s'ils sont tout à fait inutiles, ces hésitations et ces essais que la science offre d'épargner
à l'artiste, s'il n'y a pas de grands avantages même à se tromper, si la science apprise vaut l'expérience acquise, si d'ailleurs le sens naturel de l'artiste n'est pas plus sûr encore que
toutes les démonstrations géométriques. Que M. Henry nous
montre dans un tableau de Rembrandt une faute qu'il n'eût
pas commise s'il eût connu les lois de l'Esthétique. — Resterait donc l'intérêt des ressources que cette Esthétique fourni-
rait à la critique. Mais là encore, ainsi que l'a observé Émile
Hennequin (*Critique Scientifique*), M. Henry ne peut faire que
l'analyse de l'*agrément* des œuvres d'art plastiques et musicales
« non de leur *beauté*, celle-ci étant faite autant, sinon plus,
d'excitations disharmoniques que d'excitations harmoniques.
Le terme *esthétique* et le terme *normal* n'ont rien de commun. »
En d'autres mots, les moyens scientifiques sont excellents
pour nous conduire à la connaissance des *habitudes* de la nature : mais le génie et son œuvre sont des *exceptions* et quoiqu'ils procèdent, eux aussi, suivant des lois naturelles, ils les
réduisent aux lois de leur norme propre, lesquelles ne sont pas
plus celles de la norme universelle que la perspective, comme
synthétisée, du théâtre n'est celle de la nature.

erreur, sont d'autant plus troublantes qu'elles ont lieu au moment où la Littérature s'émeut d'un très manifeste mouvement dans les arts plastiques vers une synthèse de tous les arts en chacun des arts. Pour ce rêve où elle reconnaît le plus intime de ses propres désirs, la Littérature songe s'il ne serait pas prudent d'accepter le renfort que lui apporterait la science... — Je ne reviendrai pas à Wagner, de qui j'ai montré dans le drame musical l'union évidente de toutes les formes artistiques. Toute la musique moderne française, pour rester toujours à ce seul point de vue (MM. César Franck, Ernest Réyer, Saint-Saëns et, dans ses premières œuvres, M. Massenet), datant de Wagner, suit plus ou moins heureusement les traditions qu'il a instituées, obéit plus ou moins fidèlement à son impulsion. Mais bien avant lui déjà la musique pressentait l'alliance qu'elle devait faire, un jour, avec la Poésie. D'essence, d'ailleurs, la musique, se confondant presque avec la sensation, est génératrice de rêves. Berlioz, en s'efforçant de lui conquérir quelques-unes des vertus de la peinture, Wagner en la soumettant à l'Action dramatique, ont seulement doué cette puissance suggestive de plus d'intensité et de conscience.

Dans un article sur la nouvelle littérature, M. Brunetière constate que, successivement, l'architecture, la peinture et la musique ont dominé la littérature, lui ont donné le ton et servi d'idéal.

Les Classiques, épris de dire l'âme même, auraient préféré l'architecture, cet art noble et spirituel qui s'adresse aux sens aussi peu que possible. Les Romantiques séduits par le pittoresque, et les Naturalistes, par l'aspect extérieur des choses, auraient naturellement choisi la peinture : et il est remarquable, en effet, que le mouvement naturaliste fut inauguré par deux peintres, Courbet et Manet. Enfin les Décadents ou Symbolistes, venus pour dire le sens intime des êtres et des choses, salueraient dans la musique l'art le plus voisin de leur idéal, et M. Brunetière observe que la plupart des titres des livres de vers décadents : *Romances sans paroles* (M. Verlaine), *Complaintes* (Laforgue), *Cantilènes* (M. Moréas), sont pris dans le vocabulaire musical. — Il y a beaucoup de vérité dans ce système : je crois qu'il y a aussi de l'arbitraire. D'abord, l'architecture, elle-même une miraculeuse synthèse de l'Art, est, selon les divers ordres, aussi volontiers sensuelle et sentimentale que spirituelle. Il ne me semble pas, en outre, que les Classiques aient été bien spécialement requis par l'architecture non plus que par aucun autre art. Tout ce que dit M. Brunetière des prédilections romantiques et naturalistes pour la peinture est d'une vérité historique. Mais qu'il veuille bien le remarquer : les nouveaux poètes, quoiqu'ils aiment, en effet, ardemment l'art des beaux sons, n'ont pas pour cela oublié l'art des belles couleurs.

Si M. Verlaine, en son art poétique, prescrit « de la musique avant toute chose», il recommande expressément aussi « la nuance », et si le titre des *Romances sans paroles* confirme la théorie de M. Brunetière, elle serait infirmée par bien des pièces, dans ce recueil même, suggestives de tableaux et par les *Eaux-fortes* et les *Paysages tristes* des *Poëmes Saturniens*. Si M. Moréas a écrit des *Cantilènes*, M. Poictevin a écrit des *Paysages*, et M. Moréas lui-même a écrit les *Syrtes*, prépare les *Iconostases*. M. de Régnier a écrit les *Sites*. Mais ces arguments de détails ne valent, pour et contre, pas grand'chose. Observations plus importantes : je ne fais point difficulté de convenir que la musique est bien l'art qui, après la poésie, donne à quelques poëtes de cette heure les plus vives jouissances, — mais cela, qu'on le remarque bien, à une heure où la musique elle-même s'est rapprochée de la poésie en général et de la peinture en particulier. La poésie semble avoir compris la musique dans l'instant même où la musique semble avoir compris la poésie. Ne serait-ce pas qu'elles ont un idéal commun, et que, pour l'atteindre, à chacune ses moyens spéciaux sont insuffisants ? — Et qu'on le remarque encore : c'est la musique la plus haute, la plus pure, la plus *lyrique*, celle que nous aimons. Pour Meyerbeer et Rossini nous avons l'indifférence des Romantiques et je ne connais guère, parmi nous, d'enthousiastes à M. Gounod. Ce que nous adorons en Bach, Beethoven, Mendelsohn, Schubert, Schuman, Berlioz et Wagner, c'est cela même que nous adorons en nos poëtes préférés et cela aussi que nous adorons encore en MM. Puvis de Chavannes, Gustave Moreau, Besnard, Odilon Redon, Eugène Carrière, Cazin, Rapin, Monticelli, les Primitifs, cela même que quelques autres poëtes de cette même heure goûtent en ces peintres plus encore qu'en ces musiciens: c'est bien sous ses trois aspects divers le même idéal.

D'ailleurs, si la Musique nous passionne en effet plus profondément et plus généralement que la Peinture, c'est que celle-là est à la fois plus lointaine et plus intime, plus près de l'origine et de la fin des sentiments et des sensations que celle-ci. La ligne et la couleur se fixent et défient le temps : le son, à peine exhalé, lui cède ; il vit de mourir, c'est un grand symbole ! Mais il se dépasse lui-même, il force le silence dans ses dernières retraites et y réveille l'écho ; c'est toujours un appel vers quelque chose d'inconnu, de mystérieux, une exhalaison, une expansion de l'âme. Et tout lui revient, cet éphémère est la voix de l'éternité, sert de mesure aux choses de plus ambitieuse durée : une peinture est harmonieuse, une poésie est mélodieuse. La Peinture est un témoignage, la Musique est une aspiration. L'âme s'essore de soi par la musique et reprend sa propre conscience dans le silence solide de la peinture. Or, en ces jours que voici, héritiers de tant de jours, semble-t-il pas que le génie humain souffre d'un immense désir de s'échapper de lui-même ? *Anywhere out of the world!* Cette plainte est de ce temps et c'est bien plus qu'une plainte : c'est la loi suprême de l'Art Suprême. Cet « en dehors du monde », c'est-à-dire « hors de l'espace et du temps », évoque le théâtre parfait où s'ébattra la Fiction enfin digne de son nom, celle qui sera vraiment feinte par l'homme et qui ne lui rappellera rien d'ici. Mais il n'y a que la musique pour franchir ainsi les bornes du monde, elle qui est une lumière spirituelle, elle qui, sans rien montrer, fait tout voir. Tout ensemble traduit-elle les aspirations dernières d'une humanité vieille, lasse de vivre et de l'horizon monotone, désirante vers l'infini, et à cette même humanité offre-t-elle les moyens de se rajeunir dans les réalités de l'impossible, dans la vie au delà de la vie, dans tout ce qu'on ne voit pas et qui vibre, promesse de surnaturelles clartés. — Quoi d'étonnant, donc, à une époque où il est impérieusement appelé par tous ces lointains, si l'Art se mire avec plus de complaisance en cette part de lui qui lui donne le plus sûr gage d'y parvenir ? Et puis ! la musique sait tout, et même peindre : elle sait évoquer par des sons un paysage dans un rêve. La poésie, art sonore elle aussi, elle aussi ne peut peindre qu'avec des sons et il est tout naturel que ce soit à la musique qu'elle demande ce secret... Mais n'ont-elles pas toujours, en quelque sorte, flotté l'une autour de l'autre, ces deux formes de l'Art : le Vers, la Note? Les Romantiques eux-mêmes, je parle des plus grands, ont-ils pu peindre autrement que par un symbolisme musical? Les Naturalistes, pour se rapprocher davantage de la peinture seule, ont dû renoncer au Vers! Orphée chantait...

Cependant, et tandis que la musique et la poésie cherchent à se suppléer l'une l'autre ou à se mêler, une analogue impulsion fait que la Peinture s'ingénie à se créer, dans ses limites, des moyens nouveaux — musicaux et poétiques — d'harmonie et de rêve. Plus qu'ailleurs est manifeste cette tendance en ces maîtres que je nommais et auxquels il faut joindre et M. Monet de qui je puis dire, sans la banalité prétentieuse de la « critique d'art », qu'il fait vraiment « chanter » la couleur, et M. Raffaelli, ce moderniste et, comme il veut, ce *caractériste*, qui cherche dans un visage le sens de la physionomie, dans une attitude le sens du geste, — et MM. Fantin-Latour, Ribot..!. Aucun de ces peintres n'outrepasse les limites providentielles, n'assigne à son art un but situé hors de ses naturelles prises, tous gardent le très légitime souci d'un métier dont, plus qu'on fit jamais, ils ont approfondi les secrets. Mais autant qu'ils peuvent, ils éloignent ce but pour s'approcher davantage de l'essence unique et singulière pourtant de toutes beautés, ils étendent ces limites, ils demandent à ces secrets de les conduire plus loin, plus loin encore. Et c'est souvent avec une admirable simplicité — la simplicité, ce signe de la certitude — qu'ils rénovent un art comme étreint entre les murailles sacrées que lui font de très antiques merveilles, qu'ils meuvent l'immuable et prêtent au précis par excellence le charme du vague, à l'instantané comme des replis et des retours successifs, à l'immédiat un recul de rêve. — Par exemple : Monticelli, de qui le nom signifie la plus atroce injustice de ce temps et peut-être le plus grand de tous les peintres (Monticelli des œuvres de qui on fait de faux Diaz !) nous peint un lion. D'abord dans cette magie de couleurs ardentes et comme jetées, on ne percevrait que violences dont le regard est brutalisé. Puis on regarde davantage et, si je puis dire, on écoute, on voit ces ardeurs fauves s'entendre, s'accorder, former un ensemble, une symphonie de cuivre, tandis que les relie, comme une ligne directrice de thèmes, le modelé seulement exprimé, lui aussi, par les couleurs. Qu'on se souvienne tout à coup que c'est *un lion*, et on comprend. Monticelli a vu et nous montre l'*analogie* profonde et certaine qui existe entre le pelage du fauve et sa férocité, et, sans prêter à la bête le geste menaçant de la naïve illustration, il a seulement fait rugir les tons terribles de cette robe féroce. — M. Eugène Carrière nous offre un tout différent témoignage et aussi probant. M. Carrière, le plus contesté des artistes par la critique officielle, parce que, sans doute, il apporte les plus précieuses nouveautés, a été blessé par l'erreur où nous induisent les effets de l'immédiat, les pleins jours, les midis de la distance. Il s'est convaincu qu'il faut très peu de chose pour peindre, et, couleur et caractère, il ramène tout à l'unité. Pour voir plus vrai, il se recule de l'objet, il laisse intervenir entre ses yeux et la nature cette justesse de l'éloignement qui symboliserait dans le domaine des formes la justice des années dans le domaine des mœurs et des événements. Il saisit le visage humain dans cet instant où les formes atténuées vont s'affirmer, gardent la joie de comme encore un futur, effacent de tout esprit la prétention de fixer la nature et de lui donner une apparence de tangibilité, au contraire ordonnent de croire que ces formes sont restées mobiles — comme elles étaient dans la vie — sur la toile, mais y prennent l'accent fantômal d'une apparition. Carrière dévoile, lui qui semble voiler. Il interprète l'apparence vers le rêve de la réalité qu'elle comporte. Il exprime de cette apparence ce qui naturellement se suggère d'elle, mais ce que le génie seul pénètre, la réalité de l'âge et du visage, et l'exprime par de mystérieuses touches qui, se gardant de tout dire, — par quoi l'âme, sans désormais l'espoir d'un désir encore, serait moins comblée que déçue, — indiquent, n'expliquent pas. En parfait artiste, il a mis dans les moyens de son expression le symbole d'elle-même, dans ce choix des tons blancs et gris, vaporeuses consistances, solidités non privées de légèreté. Et le décor, quelconque, s'abolit quant à ses prétextes de meubles ou de murs, pour ne plus retenir que cette essence harmonieuse : les rapports et les écarts des tons. En sorte que, dans un théâtre que vous croiriez reconnaître, l'admirable prestige du jeune maître instaure, loin autant que possible des visibilités premières et hors du temps et du lieu, une scène d'éternité : la lumière ! En cette lumière et, comme tout, régie par les lois du logique développement lumineux, naît, flotte, hésite, s'accentue, vibre enfin la figure humaine, si vivante bientôt que vous seriez tenté de lui laisser passage, tant elle sortirait du cadre où ne la retient que l'atmosphère qu'elle respire et qui n'est pas la vôtre : elle en sortirait, vous imposant sa vision d'âme révélée par le secret saisi des lois d'expression formelle de la Nature. — Comment Monticelli est musical et métaphysiquement poétique, comment M. Carrière est un poëte par l'intensité même de sa vision de peintre, y insisterai-je ? Et tout de même aurais-je pu indiquer comment M. Gustave Moreau exalte la peinture par le poëme, dans la vérité pensive des grands instants humains, sans personnalité de date; comment M. Puvis de Chavannes, par dessus et par delà tout le cycle moderne de peinture, rejoint les primitifs, non point imités, mais rencontrés dans le sentiment commun d'un idéal admettant toutefois cette fondamentale distinction : que leur mysticisme les conduisit à l'Art de la Religion et que le sien le mène à la Religion de l'Art... [1].

Loi commune qui dirige, à cette heure, tous les efforts artistiques : l'Art remonte à ses origines et, comme au commencement il était un, voici qu'il rentre dans l'originelle voie de l'Unité, où la Musique, la Peinture et la Poésie, triple reflet de la même centrale clarté, vont accentuant leurs ressemblances à mesure qu'elles s'approchent davantage de ce point de départ de l'expansion, de ce but, maintenant, de la concentration.

Ni la Sculpture n'est restée étrangère à cette impulsion : M. Rodin, cet extraordinaire symphoniste passionnel, M. Antokolsky, ce portraitiste d'humanité prise en de synthétiques moments psychologiques, — ramènent cet art vers la musique et vers la poésie, tandis que d'ingénieux essayistes voudraient lui ajouter les bénéfices de la polychrômie. — Ni l'Architecture même, cette immémoriale mère de tous les Arts, cet art du

---

[1]. Si je ne m'étais pas absolument limité à l'Art français, certes devrais-je parler des Préraphaélites anglais. Je ne puis, ici du moins, que témoigner de ma sympathie profonde pour la conception esthétique entre toutes, la plus harmonieuse à mon propre Idéal.

commencement, n'oublie de se préparer à dresser le Temple digne d'abriter la fête de la totale réunion. — Ici, le premier, parlerai-je d'un inconnu. On a beaucoup remarqué que ce siècle n'a pas laissé sa trace dans l'Architecture [1]. Siècle de tentatives égarées dans tous les sens vers une fraternité spirituelle alors que la lutte analytique se livrait, pouvait-il concevoir la nouveauté architecturale, le sens essentiel et premier de tout monument étant : abri pour la paix et pour l'union? Aujourd'hui, les conditions changées, les clairvoyances éveillées permettraient ce qu'hier eût prouvé impossible, et c'est pourquoi un jeune homme, sans l'influence d'aucune révélation que l'éclair de son propre génie et de son art compris et aimé par delà et malgré les routines d'écoles, a *créé* dans l'architecture un ordre synthétique et

---

[1]. Notons en passant que cette impuissance de l'imagination moderne en architecture et aussi en ameublement, concurremment avec notre goût pour le vieux meuble et le bibelot exotique — goût analogue à la passion des vieillards pour les êtres très jeunes — est le plus sévère signe que le cycle actuel de la civilisation va se fermer. L'homme n'est pas une créature finie et s'il ne trouve plus rien dans la voie où il marche ce n'est pas qu'il va cesser de marcher : c'est qu'il va changer de voie. — Les créations-mêmes, telles que celles dont on parle ci-dessus, se ressentent de la date qui sonne et l'attestent par leur caractère synthétique : ce sont des produits extrêmes, des fleurs si loin de la souche maternelle qu'elles penchent jusqu'au sol, jusqu'au plus près de la racine unique et commune, les longs rameaux fatigués.

moderne. Lui aussi, Albert Trachsel a dû remonter aux origines, s'y laissant guider par une magnification de plus en plus simplifiée du type humain dans le monument ; mais il n'a point perdu dans ce grand voyage le sens moderne, et son œuvre, avec une majesté immobile et d'une antiquité qui ne date de rien, immémoriale, garde l'élégance et, dirais-je, la rapidité d'une chose de ce temps. Voir debout ces monuments ne sera peut-être que l'espérance de cette génération. Qui dira : les temps sont venus? Du moins en verrons-nous l'image réalisée [1].

Or, tous ces efforts qui correspondent si justement avec ses propres désirs, le Poëte les observe en tremblant. Vaguement pressent-il qu'une tâche énorme lui est incombée. Plus près, comme je l'ai déjà dit, que tout art de la source de tous les arts, qui est la Pensée, la Poésie ne pourrait concourir à une mêlée suprême de toutes les for-

---

[1]. Trois albums vont paraître : *Fêtes Réelles*, *Apparitions*, *Chant de l'Océan*. Le premier, uniquement architectural, montre les monuments nouveaux. Le second, sorte de commentaire large du premier, indique, en des figures, l'origine et le motif des lignes architecturales, en même temps, dans un jour de *pure fiction*, montre l'alliance des rhythmes colorés et de ces lignes ; le troisième, plus loin encore, élève sur la mer, bâtit avec les vagues elles-mêmes des constructions toujours soumises à la loi du reflet humain. C'est, ce troisième album, une réalisation dans l'impossible, et, comme dit le titre, c'est un « Chant ». Ailleurs espérons-nous expliquer à fond la pensée et l'œuvre d'Albert Trachsel.

mes humaines de la Beauté, qu'à la condition de régner. Le théâtre, où sans doute, si cette civilisation ne s'effondre pas trop tôt, s'accomplira le rite de la Religion esthétique, appartient au Poëte d'abord. — Mais comment oser parler du théâtre! Cet art, malgré le talent dont l'honorent les écrivains de qui je constatais[1] les beaux efforts, est perdu. C'est à lui pourtant qu'est promise la Fête suprême. Mais sans doute il faudra bien des révolutions pour que le miracle entrevu se réalise, pour que puisse être conclu le radieux syllogisme esthétique dont Wagner a seulement posé les claires prémisses. (Ces choses sont trop lointaines pour qu'on en puisse traiter en ce livre nécessairement initial et général).

Du moins, pour se préparer à porter le formidable honneur futur, le Poëte se sent le devoir d'accomplir en lui-même, en son art-même une Synthèse comme symbolique de la Synthèse finale ordonnée par l'évolution de l'idée esthétique, — et s'étonne, et s'attriste que les conditions de sa vie dans le monde soient pires qu'en aucun temps.

Je veux parler des conditions actuelles de la vie littéraire, matérielles et morales.

On prétend, non sans apparence, qu'elles n'ont jamais été si douces: la chose dite littéraire est devenue sur le marché un article qui se vend et s'achète tout comme un autre article; les éditeurs,

1. *De la Vérité et de la Beauté*, p. 27.

les directeurs (journaux et théâtres) sont extraordinairement accueillants ; la *ligne* est presque partout bien payée.... Enfin, à moins de folie ou de miracle, un homme de lettres, en ce temps, ne saurait mourir de faim. Voilà ce qu'on assure.

Discuter tenterait l'imprudence ! — N'être pas trop explicite :

L'idée seule de *vendre* la chose poétique répugne à l'honneur : point de vue archaïque et légendaire, ou qui passe pour tel dans l'opinion d'une société qui se croit libérale pour s'être réduite à sa médiocrité intime, qui se croit sensée pour avoir, au propre, perdu la tête. — Mais le fait même répugne à la logique depuis que c'est *la rue du Sentier*, en dernière analyse, qui est l'arbitre de l'art aussi bien que du commerce, depuis, en d'autres termes, que l'art est devenu un commerce. Qui paye veut être considéré, obéi, servi. Depuis que c'est la rue du Sentier qui paye, c'est la rue du Sentier qui prétend imposer son goût aux poëtes. Ils acceptent ?... N'y sont-ils pas contraints, sujets du roi Public ! Mais le goût du public, qu'est-ce que cela ? Où sont ses raisons profondes ? Stupre, lucre, sottise et versatilité le résument. — C'est pourquoi les Poëtes, qui ne sont pas tous millionnaires, s'ils ne consentent à jouer, pour attirer les passants, un rôle ignominieux de pantins ou de bêtes curieuses, doivent se résigner à des besognes secondaires, que rendent très difficiles les changements brusques du caprice des Gens, et qui sont moins avoisinantes à l'Art qu'à telle industrie d'élégante inutilité : autant de temps perdu pour le génie qui se déprave dans les vulgarités qu'il n'effleure pas impunément, pour l'œuvre qui n'aurait point trop de toute nos minutes, pour l'art, comme on dit, si long quand la vie.. , etc... — Et c'est-à-dire que cette extrême douceur nouvelle de la vie littéraire n'est favorable qu'à la Médiocrité.

Ne pas prendre pour un revirement vers l'Art vrai l'engoûment des chroniqueurs pour ce qu'ils appellent — et ce style est un avertissement assez éloquent déjà — « la littérature d'avant-garde ». De ces chroniqueurs je ne veux mettre en question ni la compétence, ni la sincérité. Je crois seulement qu'ils ne peuvent dire ce qu'il faudrait, que leurs admirations font à des talents vrais des gloires factices. Combien préférable « l'obscurantisme » des anciens chroniqueurs, qui, faisant à des talents faux des gloires véritables, au moins ne touchaient à rien de ce qu'ils eussent profané ! Certaines louanges constatent et consacrent la nullité ; certaines injures sont ces fumées sans lesquelles il n'y a pas de feu. — Les chroniqueurs [1]

---

[1]. Je ne pense pas avoir à spécifier en quoi la Littérature et le Journalisme, bien qu'ils emploient le même alphabet, constituent deux Arts absolument étrangers l'un à l'autre. Encore a vieille presse de la Monarchie comportait l'utilisation de

ont donné à la *rue du Sentier* le goût de l'extraordinaire, c'est bien dommage. Concurremment avec « l'avénement de la démocratie dans la littérature », ce goût de raffinement, d'élégance et de poétisme s'est corrompu piteusement. Il y a *de la recherche* dans presque tous les livres — j'entends les plus médiocres — qu'on publie depuis dix ans : et c'est triste ! Et c'est risible ! Chic de garnison, aristocratie de commis-voyageurs, habits de pages portés par des palefreniers, langage de salon parlé dans l'anti-chambre... L'atmosphère n'en est devenue que plus lourde aux poëtes qui parfois rêvent qu'ils vivent dans un peuple de singes...

certaines qualités inférieures de l'esprit : l'à-propos, la ruse, un sens secondaire des analogies, l'adresse des sous-entendus s'ingéniaient à faire entendre ce qu'il était défendu de dire. Bientôt, tout étant permis, le journalisme sera devenu un chenil où la voix homérique de Stentor ne serait qu'avec peine discernée. (Exception faite de quelques anciennes feuilles maintenues dans une certaine réserve par le poids de leurs traditions.)

IV

FORMULES NOUVELLES

J'ai insisté longuement sur les causes anciennes du mouvement littéraire actuel. Je viens d'avertir que des difficultés de toutes natures l'entravent. En outre, je pense que, ce mouvement, on s'est trop hâté de le définir et de le borner. On a dit *Décadence* et *Symbolisme* : je ne reconnais d'incontestable décadence littéraire que dans les romans à la mode ; je ne connais point de littérature qui ne soit symbolique. Rien n'est aussi parfaitement inutile que ces étiquettes. Les « Décadents », en écrivant dans une langue reprise à ses sources étymologiques et qui, par son amour — exagéré, dit-on — du mot rare, témoignaient surtout de ce sentiment très légitime de ne laisser dormir aucune des richesses de la langue, réagissaient contre la dépravation et l'appauvrissement, contre la « décadence » de la langue française.

Mais ce n'est là qu'une des caractéristiques secondaires de la Littérature Nouvelle.

A vrai dire, dans cette singulière dispersion des jeunes écrivains qui la représentent, il semble difficile, d'abord, de démêler leurs traits communs. Les Romantiques, les Parnassiens, les Naturalistes étaient groupés, — embrigadés? peut-être, — du moins se réunissaient, savaient, tous, les projets de chacun. Les nouveaux poëtes et les romanciers nouveaux ne se rencontrent qu'au hasard de la vie, travaillent très séparés, s'éviteraient plutôt... Pourquoi? serait-ce qu'on peut, en effet, sans inconvénient s'unir pour *regarder* la vie ou la *gesticuler*, comme ont fait Naturalistes et Romantiques, — ceux-ci de théâtre, et point fâchés de s'applaudir ou de se « siffler » les uns les autres, ceux-là de laboratoire, et ravis de se pencher sous la même lampe, sur le même microscope? Serait-ce qu'on peut s'unir encore, et qu'il le faut sans doute, pour s'opposer aux invasions, dans l'Art, des étrangers et des barbares, pour défendre contre eux la *Forme*? — Mais aussitôt cette besogne faite, voyez les Parnassiens se séparer pour écrire à l'écart une œuvre personnelle où chacun prenait avec la forme elle-même des libertés jadis systématiquement interdites. Oui, on peut s'unir pour l'Analyse: la Synthèse sépare. Le « *tout en un* » fait que personne n'a besoin de personne. Il faut la solitude pour laisser la vie converger toute en une seule intelligence et toute fleurir sous une seule main. — Cet aspect lui-même, cette dispersion des jeunes poëtes me révèle ce qu'il y a au fond de leur pensée, ce qu'ils cherchent. Ils ne sont pas d'ambition médiocre ! Au fond de leur pensée il y a le désir de : **TOUT**. La synthèse esthétique, voilà ce qu'ils cherchent.

Sinon en *un groupe*, me peut-on dire, pourtant ils s'unissent en des groupes : ils ont des revues.

C'est ici le plus curieux trait de leur attitude : ces revues — le compte en est bientôt fait ! — ont un caractère d'unité qui leur est tout personnel. Ou elles sont fondées pour la défense d'une idée, d'une doctrine bien précisée à l'avance, ou elles résultent d'une volonté unique. Quant aux revues littéraires qui prétendent faire abstraction des doctrines et des hommes, leur point de vue désintéressé n'est pas de ce temps. — *La Jeune France*, après dix ans d'une vie besogneuse, péri pour avoir voulu contenter tout le monde. — *La Revue Contemporaine* a vécu moins longtemps et laissé plus de traces. Sa rédaction manquait non pas de mérite, mais d'ensemble : Adrien Remacle, Edouard Rod, Emile Hennequin, Joseph Caraguel, Edmond Haraucourt, Charles Henry, Gabriel Sarrazin, Charles Vignier, Mathias Morhardt, Jean Moréas, Ernest Jaubert, Laurent Tailhade, Paul Adam, Paul Margueritte, Maurice Barrès et moi, toute la jeune génération a témoigné dans cette *Revue* où quelques maîtres aussi collaboraient, MM. de Banville, Leconte de

Lisle, Verlaine, Villiers de l'Isle-Adam... Mais ses directions, multiples, avaient trop de jeu. C'était l'expression de plusieurs volontés qui s'apparentaient sans s'unir. Le succès prouva une fois de plus que le régime parlementaire en littérature est impossible : la vieille « république des lettres » n'a jamais été qu'une collection de petites et de grandes principautés. — *La Vogue* fut un charmant vide-tiroir, où déjà toutefois se posait une candidature personnelle. Là encore restent bien des traces jeunes. Peut-être la plus nette et la plus précieuse est celle de Jules Laforgue. — Mais il faut écarter *le Scapin*, essai d'un essai de groupe, bien sincère et bien jeune, trop. — *La Revue Wagnérienne* est par excellence de ce temps. Elle aussi a vécu, mais elle s'était prescrit cette limite. Son nom indique le sens qu'elle a voulu, qu'elle a réalisé : non pas la vulgarisation mais la précision des doctrines esthétiques de Wagner. Par ce périodique très utile, dirigé très bien, avec un sentiment très net du vrai chemin, Édouard Dujardin et Téodor de Wyzewa ont pris un soin qui ne fut pas superflu [1]. —

---

[1]. Tant cette génération, toute comme morcelée qu'elle soit, a le sens juste de ses directions, ce que quelques-uns faisaient pour Wagner, M. Jules Christophe le fait à lui seul pour Balzac. Balzac et Wagner, les centres lumineux, dans le passé, de tout l'Art nouveau ! Aujourd'hui encore, dans un journal de lettres, *La Cravache*, rédigé par des Jeunes de grand talent, M. Christophe, chaque semaine, copie quelques lignes de Balzac, pieusement.

La première *Revue Indépendante* est l'œuvre de Félix Fénéon qui avait déjà fait la *Libre Revue*, moins importante. Le principe ancien d'un assemblage étranger à toute préentente de doctrines y présidait. La seconde série de la *Revue Indépendante*, magazine de littérature et d'art, est plus significative. Elle prétendait rester étrangère aux « vaines agitations décadentes », mais là n'est pas son vrai sens. D'abord elle fut dirigée par Dujardin et Fénéon, et à peu près écrite par Téodor de Wyzewa. Puis Gustave Kahn y entra, l'absorba. Téodor de Wyzewa disparut, Gustave Kahn prit la direction de cette revue où, chaque mois, pendant près d'un an, il donna l'exemple ou la théorie, les deux parfois, d'une littérature très personnelle[1]. — D'autres recueils ont lieu ; à peine et c'est tout. — Un seul, *le Décadent*, mérite d'être nommé à cause de son excès d'être grotesque et qui fait regretter d'y rencontrer parfois des noms chers, tel celui de Laurent Tailhade. Mais cet excès a lui-même sa valeur démonstrative. Ce qui fait cette petite feuille

---

[1]. Aujourd'hui, chez l'éditeur M. Savine, sous la direction de M. de Nyon, *la Revue Indépendante* combine, dirait-on, le système monarchique avec le système démocratique. Elle accueille sans esprit de secte tout ce qui porte la marque du talent, mais confie à un critique annuel le soin d'indiquer le sens véritable du périodique. Cette combinaison, qui a tous les torts et tous les mérites de chacun des deux systèmes, débute à merveille par les sagaces et arbitraires analyses de M. J.-H. Rosny, critique pour la première année. — *La Revue Indépendante* est assurément aujourd'hui la principale expression de la jeune littérature.

si ridicule, c'est qu'elle se croit l'organe d'une École, en un temps où ce mot n'a plus de signification. Nulle doctrine, d'ailleurs ; d'abord le nom de M. Paul Verlaine fut écrit à toutes les lignes par des bienintentionnés : depuis, M. Paul Verlaine s'est complètement séparé, littérairement, du « groupe décadent », un groupe factice autour d'idées absentes. Je ne doute pas que ces jeunes gens ne soient « animés du plus pur amour des belles lettres, » ce qui est quelque chose de touchant et d'insuffisant. S'ils n'avaient l'involontaire mérite de prouver combien toute prétention d'école littéraire est désormais surannée et chimérique, je les aurais laissés à leur naturel néant. — La même démonstration avait été faite antérieurement par Jean Moréas et Paul Adam qui fondèrent *le Symboliste*, organe éphémère (4 numéros). Paul Adam y disait, entre autres inutilités, qu'il ne nous reste rien à lire de toute la littérature du XVIIe siècle. Moréas y faisait de grands efforts pour écrire en magnifique charabia. Ceux qui aiment ces deux jeunes écrivains et réel talent regrettaient tant de peine perdue.

Parallèlement à ces diverses tentatives de périodiques jeunes, il serait piquant d'examiner l'attitude des revues anciennes. Je ne le ferai pas.

Disons seulement que les audaces jeunes semblent avoir encore exagéré les prudences vieilles. Et pourtant celles-ci ne sont peut-être pas irresponsables de celles-là. Les revues graves, hermétiquement fermées à quiconque, s'il n'est académicien de naissance, ont failli à leur rôle naturel, qui est de diriger le mouvement des esprits au lieu de les immobiliser. *Comment faut-il qu'un article soit écrit pour être admis dans la Revue des Deux-Mondes?* — (Sujet d'article... pour une autre Revue). Autrefois on y *devenait* célèbre.

La dispersion des Jeunes signifie donc qu'ils se recueillent loin du bruit, dans l'indépendance. Et qu'on y songe : tous ces poëtes qu'on a voulu, dans les « grands journaux », faire passer pour des réformateurs, des agitateurs, sont des travailleurs simples et corrects. Tout leur bruit se borne à publier des livres. Ils n'ont même pas, comme les Romantiques, le désir puéril — excusable pour ce qu'il avait de gai — d'indigner « le bourgeois ». Ils l'ignorent.

Au commencement toutefois, aux temps préhistoriques où paraissait une petite feuille littéraire qui s'appela d'abord *La Nouvelle Rive Gauche*, puis *Lutèce*, les Décadents — car ils étaient alors tout près d'accepter pour leur ce nom de guerre — firent un semblant de groupe et un semblant de manifestation publique. Ces velléités d'un autre temps eurent ce châtiment bénin : *Les Déliquescences.*

Rien de pareil aujourd'hui. Non que la fumée se soit tout à fait dissipée, non que des œuvres géniales aient éclaté. Mais on travaille silencieusement.

Quelques poëtes très jeunes et pleins de bonne volonté, mais qui, sans doute, ignoraient trop, sont, j'espère, en train d'acquérir ce qui leur manque. Et puis des caractères, dès le principe bons ou mauvais, s'accusent : les éléments étrangers au génie français aboutissent à leur résultat naturel, passent les frontières du Sens et du Goût, tandis que l'élément traditionnel reprend son importance nécessaire. — Outre ces qualités formelles il en faudrait noter de foncières : mais est-il possible et permis d'apprécier équitablement et justement des contemporains, des camarades et des rivaux qui, parvenus à peine à la première heure de l'âge mûr, n'ont pas encore accompli la formule personnelle de leur propre humanité ? « Il ne faut disséquer que les morts », dit A. de Vigny : des vivants une très initiale politesse nous avertit que nous ne devons estimer que les œuvres.

Je ne parlerai pas plus particulièrement des Décadents ou des Symbolistes que d'autres artistes qui jamais ne jurèrent *in verba magistri*. Je ne parlerai que de ceux qui, sincèrement et pour leur propre compte, cherchent la Vérité Nouvelle.

Je ne les nommerai pas tous, et je dis expressément ici que mon silence n'entraîne aucun mépris. Les énumérations complètes sont dans les répertoires. Et puis, plusieurs de ceux qui, par les dates, sont jeunes, ont, avec parfois beaucoup de talent, l'esprit plus ancien que la vie. — De plus, j'entends bien n'assigner point de rangs. — Enfin je n'indiquerai pas de préférences. Tous ceux que je nomme je leur fais honneur, comme j'estime qu'ils honorent, tous, ces pages. Dans leurs théories on verra s'épaissir ou s'évanouir les brouillards où dort l'aurore future, on constatera les effets, dans les *Formules Nouvelles*, des causes recelées dans les *Formules Accomplies*. — Résumant les théories, ne les discutant pas, n'exprimant que le moins possible une opinion sur la valeur des tentatives, je serai court. Quant à ma pensée personnelle, elle est dans les pages qui seront lues les dernières.

LES POÊTES

Comme dit M. Mallarmé, *les livres de vers, c'est toujours très bien :* et comment serait-ce mal ? Le charme du nombre ordonné et de la Rime qui va s'enrichissant sauve tout. Mais, sans doute, ne faut-il jamais faire de « livres de vers ». Dans un salon, une harpe, si vous n'êtes un musicien, y toucherez-vous ? Vous le savez pourtant, que sous vos doigts, quoique malhabiles, jailliraient des sons qui, pris en soi, seraient tous harmonieux. Mais non : *si vous ne savez « jouer un air », ne touchez pas à la harpe*. Et pourtant, c'est toujours très bien, les livres de vers : A MOINS QUE CE SOIT AUTRE CHOSE...

Laurent Tailhade est un païen mystique, un sensuel spiritualisant. Il vient de M. de Banville, de M. Armand Silvestre, du soleil et des hymnes religieuses. Moins appartiendrait-il à la génération nouvelle qu'à celle des Parnassiens, croirait-on d'abord à le lire. Mais, chez lui, les joailleries du Parnasse prennent un autre accent, éblouissant, puis qui inquiète. Des mysticités douteuses et trop parées, une madone telle que l'eût priée Baudelaire, mais combien plus sombre d'avoir oublié de l'être, combien plus triste de sourire ainsi ! Une sorte de piété sacrilège. Le rêve du poëte ne sait guère que se jouer avec des instruments sacrés, s'accouder à des missels, vêtir des chapes sur des surplis. Et dans ce mysticisme la sensualité raffine. Ce décor splendide emprunte à l'Évangile seulement son prétexte, le charme non pas d'une contrainte mais d'un accompagnement somptueux à toutes les jouissances. Le soleil qui se reflète en tous ces ors prodigués a décomposé les croyances, les a rendues à leurs éléments premiers, à l'amour, à la vie, à la nature, — C'est le bel être qui va mourir qu'on adore dans le nimbe céleste où l'amour voudrait monter, voudrait

> Usurper en riant les hommages divins[1]

pour les lui dédier. N'est-ce pas cela ? Lisez :

> Dans le nimbe ajouré des vierges byzantines,
> Sous l'auréole et la chasuble de drap d'or

[1]. Charles Baudelaire : *Bénédiction*.

> Où s'irisent les clairs saphirs du Labrador,
> Je veux emprisonner vos grâces enfantines.
>
> Vases myrrhins! trépieds de Cumes ou d'Endor!
> Maître-autel qu'ont fleuri les roses de matines!
> Coupe lustrale des ivresses libertines!
> Vos yeux sont un ciel calme où le désir s'endort.
>
> Des lis! Des lis! Des lis! O pâleurs inhumaines!
> Lin des étoles! cœur des froids catéchumènes!
> Inviolable hostie offerte à nos espoirs!
> Mon amour devant toi se prosterne et t'admire,
> Et s'exhale avec la vapeur des encensoirs,
> Dans un parfum de nard, de cinname et de myrrhe!

Qui s'étonnera que ce soit le prêtre de ce maître-autel-là qui célèbre, *fraternels, les éphèbes antiques*

> Et Narcisse au grand cœur qui mourut de s'aimer?

C'est surtout par les couleurs de son inspiration, par ce lyrisme mystique et sensuel qui, à ce degré, n'est que de ce siècle, que Laurent Tailhade nous appartient. Sa forme, lyrique essentiellement, je l'aime pour le respect gardé du Vers vivant dans son rhythme authentique, instant d'exaltation, *flèche d'or*, comme disait Glatigny. Pourtant, jamais interrompu, cet éternel vers lyrique fait un livre entier d'une lecture longue et qui fatalement sera morcelée autrement que n'ordonnerait l'unité de l'œuvre, parcequ'il y supprime, mille états, de repos ou d'attente, de transition, par quoi, s'ils étaient dits, l'exaltation s'imposerait sans cette fatigue, et la *flèche d'or* atteindrait

---

1. Laurent Tailhade: *Sur champ d'or.*

plus sûrement à son but. Ces cérémonies religieuses elles-mêmes, que Tailhade a bien raison de tant aimer, procèdent, comme toutes choses humaines orientées vers le sacré, non par de tels perpétuels tensions de tout l'être, mais par des bonds successifs, par des mélanges rhythmiques de silences, de gestes et de paroles, et de celles-ci encore les unes dites et les autres chantées : de telle sorte que le Ballet Mystique s'ordonne aux péripéties du Drame Mystique et, avec lui et ces silences, compose une œuvre de total effet, sans jamais de monotonie.

Edmond Haraucourt, dans une forme corroborée déjà par des pages de Baudelaire et de M. Leconte de Lisle, dans un esprit dont les pensées ne sont point neuves, sans religion, mais par une manière triste et forte d'être mystique avec matérialité, d'avoir une claire conscience de son projet, une claire vision de son but et de ses chemins, confine au futur, sans en être, mais se ressent du passé surtout en ces points où, par l'usage et peut-être l'abus des facultés rationnelles, il pressentait l'instant actuel. Car et plus encore dans son roman [1] que dans son livre de vers [2], il avoue un retour, ce matérialiste, vers l'usage classique et spirituel de la pensée. Ce signe n'est pas indifférent ni ne marque un suranné, puisque

1. *Amis.*
2. *L'âme nue.*

c'est par de telles reprises aux traditions que les générations obtiennent le droit des audaces. Haraucourt serait surtout un moraliste un peu empêché d'indiquer les fondements de sa morale. Mais c'est un prosateur très sûr et très robuste, qui sait bien la langue. Et si curieuse, chez lui qui se défendrait d'être un « suggestif » et briserait, s'il y touchait, les pointes des fines aiguilles, — cette défaite du sensualisme, butant comme un taureau à l'abîme du mysticisme, et même ! du mysticisme sentimental, pour avoir souhaité l'absolu physique ! Cet effet de cette cause retient le poëte dans la vigile triste. Un autre, moins spirituel, sans doute, en franchirait les bornes souvent, vers la joie des sensations. C'était le premier désir : la pensée du fini et sa tristesse sont intervenues et le poëte ne les a pas vaincues, enchaîné dans la méditation sempiternelle d'un sensualiste qu'un instant inoublié convainquit d'avoir une âme. Sentiments de maintenant, sinon de tout à l'heure, et qui appelaient ici Edmond Haraucourt.

Jean Moréas est Grec. Cette origine explique beaucoup des particularités de son talent, et d'abord la première influence qu'il subit : Théophile Gautier, ce roi de l'Asie fastueuse. Moréas a presque toutes les qualités romantiques. Il n'a aucune des qualités classiques. C'est un peintre chantant. Il appartient à l'Art nouveau par ses dons admirables de formiste, son sentiment intense de musicien coloriste. S'il se risque dans la métaphysique, j'aime mieux que l'y suivre l'attendre chez lui, parmi les beaux gestes, rhythmés de belles chansons, de ses toutes vives imaginations moyen-âge, et s'il s'attriste je m'étonne, car je perçois dans ses sentiments moins d'importance que dans leurs somptueux vêtements de syllabes, — je m'étonne et je regrette que ces yeux enivrés par la joie des couleurs se croient obligés de pleurer. Au lieu de ces *Syrtes* inhospitaliers, comme dit l'épigraphe, de ces *Cantilènes* qui veulent languir et de toutes ces *Funérailles*, j'imagine que ce chanteur va me dire des vers de joie, de victoire et de fête et que j'y vais applaudir...

Avec lui les points d'art formel importent surtout. Pour la langue, Moréas de plus en plus fréquente chez nos poëtes du XIIIe et du XIVe siècles. Il a, entre les *Cantilènes* et les *Iconostases*, lié plus d'une gerbe de vieux mots nouveaux qui sont très précieux, qu'il prodigue : et pourquoi point ? Il est heureusement loin aujourd'hui des *hiémales nuits* que les gazetiers se jetaient les uns aux autres et de gazette à gazette, voilà des temps. — Les questions de rhythmes sont plus graves et c'est dans la richesse nouvelle des rhythmes que consiste l'originalité de l'œuvre de

Moréas. Cette œuvre encore brève indique des tranformations déjà bien nettes. L'influence de Gautier se rencontre avec celle de M. Verlaine et disparaît devant celle-ci, laquelle, ayant ouvert au jeune poëte une voie nouvelle, l'y laisse à mi-chemin s'en aller seul, plus loin. Le vers déniaisé — soit! — par Victor Hugo, resserré par Gautier et les Parnassiens, sans perdre les libertés acquises, M. Verlaine l'affranchit des contraintes anciennes et nouvelles, mais sans lui faire perdre ses caractères essentiels de vers français : Moréas et d'autres poëtes de cette génération sont, à ce qu'ils croient, les dernières et logiques conséquences du principe verlainien, lequel donne à la prosodie, pour la rendre apte à l'expression de nuances dont jadis on ne s'embarrassait pas, des souplesses qu'elle ignorait alors [1].

Pour Moréas, les vers ne sont plus que notations musicales dont il tire d'admirables effets. Voyez cette strophe du poëme d'*Agnès* :

« Sœur, douce amie, « lui disais-tu », douce amie,
Les étoiles peuvent s'obscurcir et les amaranthes avoir été,
Que ma raison ne cessera mie
De radoter de votre beauté.
Car Cupidon ravive sa torche endormie
A vos yeux, à leur clarté ;
Et votre regarder, « lui disais-tu », est seul Mire
De mon cœur atramenté. »

---

[1]. Voir dans le chapitre V la théorie des vers français.

Que ce soit de la littérature, d'exquise musique peinte, qui le nie ? et plus que partout ailleurs je reconnais ici un très sûr instinct d'art synthétique. Comme la littérature vers la musique et la peinture, la prose va au vers et cherche à faire corps avec lui. Moréas l'a compris mais à coup sûr c'est la prose, avec lui, qui gagne. C'est elle encore qui dépouille cette chanson de quelques-unes de ses rimes, rhythmique purement.

> Vous avec vos yeux, avec tes yeux,
> Dans la bastille que tu hantes !
> Celui qui dormait s'est éveillé
> Au tocsin des heures beuglantes.
> Il prendra sans doute
> Son bâton de route
> Dans ses mains aux paumes sanglantes.
>
> Il ira, du tournoi au combat,
> A la défaite réciproque ;
> Qu'il fende heaumes beaux et si clairs,
> Son pennon, qu'il ventèle, est loque.
> Le haubert qui lace
> Sa poitrine lasse,
> Si léger, il fait qu'il suffoque.
>
> Ah, que de tes jeux, que de tes pleurs
> Aux rémissions tu l'exhortes,
> Ah ! laisse : tout l'orage a passé
> Sur les lys, sur les roses fortes.
> Comme un feu de flamme,
> Ton âme et son âme,
> Toutes deux vos âmes sont mortes [1].

D'ailleurs, comme il reconnaît, on vient de le

---

1. Jean Moréas : *Les Iconostases*.

voir, que les vers se combinent en strophes dont les libertés soient du moins soumises à la symétrie, Moréas garde le respect des poëmes à formes fixes, desquels le Moyen-Age qu'il aime tant a fait un usage si charmant.

Jules Laforgue est comme unique, non point dans cette génération, mais dans la littérature. Il semble avoir connu tous les désirs que de plus audacieux, de plus mal avisés, peut-être, tentent de réaliser et les avoir, lui, résolus en sourires excessifs qui feignent de se contenir, grands gestes arrêtés court, vers et proses dans un sérieux, plutôt qu'une gravité, lyrique disant des choses folles, fines et profondes. Une âme blessée et très « polie » : ne pouvant se taire de chagrins cuisants, elle avait pris le parti de les offrir en gaîtés. Le poëte a pourtant des plaintes et des plus singulièrement stridentes :

> Ah ! que la vie est quotidienne !

ou bien :

> Je suis trop jeune, ou trop agonisant.

Mais il préfère, à l'ordinaire, et même s'il parle de lui-même, s'en tenir à cette ironie délicieuse qu'il a *seul* dans la poésie française, et qu'il a *seul* à ce degré de finesse, de pointe pénétrante, dans toutes les poésies. Cette ironie — qui se réduirait à cette double constatation : du sentiment précis que nous avons de l'insuffisance irrémédiable et parfaite des êtres à qui nous demandons le bonheur et de la sincérité pourtant invincible et non moins parfaite de notre insistance à le leur demander, — est le cri, lui-même conscient et se raillant, de cette maladie des modernes, la Conscience. Parfois, chez Laforgue, elle dépasse l'âme moderne et l'âme humaine, cette conscience toujours éveillée, elle devient la conscience immense et froide de la nature, l'universelle activité vitale qui se surveille accomplir son destin. C'est, dans les *Moralités légendaires*, ce chef-d'œuvre : *Pan et la Syrinx*. Mais bien entendu, ce n'est pas cette philosophie si simplement, — et la conscience aussi de la nature, symbolisant un cas très particulier d'âme en attente, se raillera d'être ce que cette âme pense de si philosophique :

>   L'Autre sexe ! l'Autre sexe !
>   Oh ! toute la petite Eve
>   Qui s'avance, ravie de son rôle,
>   Avec ses yeux illuminés
>   D'hyménée,
>   Et tous ses cheveux sur les épaules,
>   Dans le saint soleil qui se lève !...
>
>   Un corps, une âme
>   Amis d'enfance !
>   Toute ma femme
>   De naissance !...

— O Syrinx ! Voyez et comprenez la Terre et la merveille de cette matinée et la circulation de la vie.

Oh, vous là ! et moi, ici ! Oh, vous ! Oh, moi ! Tout est dans Tout !

Je ne vois pas de psychologie plus aiguë et plus poétique, à la fois spéciale et généralisée, que celle de ces *Moralités Légendaires*, plus précieuses encore que les vers des *Complaintes* et de l'*Imitation de Notre-Dame-la-Lune*. — C'est un peu, sans doute, avoir pris les choses par leur aspect contradictoire, par leurs petitesses, et il n'y a rien d'aussi navré, navrant que cette bouffonnerie psychlogique. Mais il ne faut en rien, pour apprécier Jules Laforgue, le considérer selon les règles ordinaires. Exceptionnel en tout, — aussi dans la forme de son art. — Lui encore en était arrivé à ne faire plus des vers qu'une notation musicale, lui encore avait ouvert les rimes à la prose dans ses *Complaintes*, où les libertés prises, singuliers rimant aux pluriels, *e* muets de plus ou de moins dans l'indifférence du nombre des syllabes, comme confirmaient l'accent de légèreté triste. — Moins qu'un autre convient-il de discuter ce Jeune mort, une des plus douloureuses pertes de cette génération frappée. Ce qu'il a fait, chanson qui vibre à l'écart ou fusinage caricatural d'essence si purement artistique, c'est l'œuvre d'un sceptique sentimental, non sans force, certes, mais sans la sage folie d'espérer : c'est comme le sourire de ce visage charmant que personne n'oubliera, ce sourire qui comprenait tout.

Gustave Kahn, qu'il convient d'éloigner le

moins possible de son ami perdu, est un des artistes les mieux informés de leur art, en ce temps. Celui-là, essentiellement, pratique un art symbolique et d'aspirations synthétiques. Le titre-même du livre qu'il a publié, *Les Palais Nomades,* est significatif à la fois du sens des pensées et des motifs de la forme du poëte. « Voix errantes » diraient à peu près ce qu'il entend par ces « Palais nomades ». Des accents de toutes parts s'élèvent, se rencontrant parfois dans un unisson, voix plus souvent séparées, en de dolents caprices, en de capricieuses fatalités. Pour dire ces choses, il a choisi des airs, des phrases dans la musique des syllabes et, je crois bien, n'écoute ce qu'elles disent que dans ce qu'elles sonnent, fait pure abstraction de voir afin seulement d'ouïr. Et pour régler les directions de son « thème » et de ses variations, il n'a voulu que ses sentiments : d'où cette liberté, pour lui une loi, des vers qui jamais ne s'ordonnent entre eux selon leurs nombres appareillés, mais vont, d'allures apparemment avantureuses, vers de dix-sept et de deux syllabes à l'encontre, selon que le sentiment atteint une expansion ou rentre en soi. Encore une notation musicale au gré d'une psychologie passionnelle ; le vers et la prose se mesurent et se mêlent : peut-être la prose y gagne ; le vers y perd sans doute. Car, en ce désir légitime d'affranchir de toute injuste contrainte la forme poétique, assurément conviendrait-il de ne pas oublier qu'il y a des raisons naturelles à quelques-unes de ces lois, — non ! à une seule qui résume toutes les autres : *le vers, émission unique d'un souffle humain, a pour bornes les bornes du souffle humain :* ce qui se tient dans ces bornes est Vers, ce qui les dépasse est Prose. Ni les Grecs, ni les Latins, ni les Allemands n'ont jamais transgressé cette loi.

Mais ce n'est point tant ici le résultat que le but de l'effort et ses causes qu'il faut apprécier. Gustave Kahn a compris que, pour les projets qui s'imposent, ni la prose seule, ni les vers seuls ne suffisent. Il les mêle ; c'est la loi du mélange qu'on peut critiquer, non pas le mélange même. Et il procède avec intelligence, combinant bien les faibles et les fortes ; seulement il se maintient trop dans l'atmosphère pure du lyrisme, où détonne cet accent de prose qu'il indique pourtant expressément par la suppression de la capitale initiale, mais qu'il semble, pourtant encore, démentir par cette autre suppression des détails de la ponctuation, comme voici :

On mourait au fond d'or des basiliques amples
des tourmentes d'odeurs douces s'exhalaient de tes rampes
aux faîtes des tours des attentes de langueur
les haltes florissaient en larges reposoirs
où des gaines de velours des couteaux dormaient en tes soirs
Et sur l'âme des pierres planait un regard lourd.

Et encore, de cette même *Nuit sur la Lande :*

>Rien ne m'est plus que ta présence
>et les courbes souveraines de ta face
>et les portiques de ta voix ;
>Rien ne m'est plus que ton attente.
>
>La halte inutile du temps
>avant le frisson qui m'attend
>et le charme de mes mains sur tes seins
>Rien ne m'est plus que ta présence
>
>De tes beaux yeux la paix descend comme un grand soir
>et des pans de tentes lentes descendent gemmées de pierreries
>tissés de rais lointains et de lunes inconnues
>des jardins enchantés fleurissent à ma poitrine
>cependant que mon rêve se clot entre tes doigts
>à ta voix de péri la lente incantation fleurit
>imprégné d'antérieurs parfums inconnus
>mon être grisé s'apaise à ta poitrine
>et mes passés s'en vont défaillir à tes doigts.

Jean Moréas, grec ; Jules Laforgue, longtemps influencé par les poétiques anglaise et allemande ; Gustave Kahn, sémite : à ces origines étrangères j'attribue cet oubli du génie français, latin, qui, plus que tout autre, répugne à cet oubli systématique des lois naturelles.

Louis Dumur, d'origine suisse et italienne, versifie suivant une poétique nouvelle, du moins renouvelée de poétiques étrangères — aussi — et classiques. Il indique son système dans l'avertissement des *Lassitudes* :

« L'accent tonique, qui existe en français aussi bien que dans les autres langues, tombe sur la dernière syllabe des mots à terminaison masculine et sur la pénultième des mots à terminaison féminine :

<small>E*x*QUIS, *lé*GER, su*b*TIL, *té*NU, *su*AVE, CLAIR,</small>

» Les mots qui ont plus de deux syllabes ont un second accent sur la première syllabe :

<small>S*ym*BOLE d'IDÉAL *ja*MAIS *at*TEINT, *ja*MAIS.</small>

» Les monosyllables, théoriquement, sont accentués ; mais dans les phrases, ils forment des groupes où les accents se distribuent par l'importance des mots et par position, suivant l'instinct qui demande qu'autant que possible un accent ne soit pas directement précédé ou suivi d'un autre accent. Les monosyllabes, dans le vers, se conforment toujours au dessin rhythmique indiqué par les polyssyllabes :

<small>*La* NUIT, *le* JOUR, *à l'*HEU*re où* LE *cr*OISSANT *s'ar*GEN*te.*</small>

» D'après cette conformité au dessin rhythmique et la règle des positions, il arrive qu'un mot de trois syllabes peut perdre l'accent de sa première syllabe :

<small>*Cepen*DANT, *nous pen*SA*mes tou*JOURS
Que le RÊVE *irr*ÉEL *des po*ÈTES...,</small>

qu'un mot de plus de trois syllabes peut transposer l'accent de sa première syllabe :

<small>L'h*or*REUR *si*LEN*cieuse et* RUDE DU *vieux* CHÊ*ne*,</small>

qu'un mot de plus de quatre syllabe peut prendre un troisième accent :

S'*émeuvent* len*tement et* géné*alogiques*.

» La cadence par l'accent tonique adoptée, je m'en sers pour former des pieds — à l'exemple de l'anglais, de l'allemand, du russe — et en particulier des pieds iambiques et anapestiques, les plus appropriés au français.

L'en*nui* dé*tient ma* tête las*se et* monoto*ne*,

est un hexapode iambique.

Dé*lace* de *mon* cou *tes* bras.
Tes poses mol*les*, fil*le impu*re...

sont deux tétrapodes iambiques.

J'ai pleu*ré de le* voir dispa*raître si* vi*te*

est un tétrapode anapestique. »

Jusqu'à présent, Louis Dumur garde la rime et souvent — comme on l'a vu par les exemples cités — donne à ses vers toniques l'apparence du vers nombré. Mais la rime disparaîtra sans doute et déjà l'alexandrin s'éclipse parfois :

Marchons, les chers mirages ne durèrent que trop peu !
Un jour viendra, je pense, où las de ce cuisant rivage,
Mes pieds trébucheront au roc — c'est là l'ultime vœu !
Qui bornera mon ironique course et l'esclavage.

Sans accorder ni refuser au système de Louis Dumur plus ni moins de confiance qu'aux autres poétiques nouvelles dont la nouveauté consiste à démembrer le vieux vers français, je constate son effort et je l'inscris comme un des signes les plus nets qui marquent le désir d'une Nouveauté, en effet, dont l'avénement plane autour de nous.

Louis Dumur a écrit un roman de psychologie, *Albert*, « très moderne, » d'un moraliste triste à qui tout manque de ce qu'on nomme Bonheur, pour trop de désirs en des jours, dans un monde trop réduits.

René Ghil, lui, quoique étranger encore [1], s'en tient à l'ancienne prosodie, parce que M. Mallarmé s'y tient aussi. Mais René Ghil se revanche de cette simplicité en écrivant obscur parce que M. Mallarmé a dit que la clarté est une grâce secondaire.

René Ghil, en effet, a passé, passe encore auprès des mal informés, pour l'officiel disciple de M. Mallarmé. Mais ce poëte n'a pas ouvert d'école. Tous un peu sommes-nous les sujets de sa pensée, personne ne l'a plus imprudemment interprétée que René Ghil. A celui-ci exceptionnellement soyons sévère, car il a fait tout ce qui était en lui pour compromettre l'art qu'il croyait servir. Il fut sincère, on n'en doit point douter, mais il fut trop hâtif, ambitieux d'un titre et de ce bruit des journaux où le talent court des risques. D'ail-

---

1. Belge. C'est une des singularités du mouvement dit décident que, si français par son origine baudelairienne et verlainienne, il fut, en ces derniers temps de sa plus retentissante période, comme capté par des écrivains jeunes de races étrangères à la nôtre.

leurs, je sais de lui, dans ses *Légendes d'âme et de sang*, de beaux vers, tel celui-ci :

> Nu du nu grandiose et pudique des roses.

Et, pour préciser, les imprudences de René Ghil avaient leur cause dans un sentiment confus mais très vif du véritable avenir. Encore une fois il pécha par trop de hâte et un peu de chanceuse jeunesse.

« Constatant les souverainetés les Harpes sont blanches ; et bleus sont les Violons mollis souvent d'une phosphorescence pour surmener les paroxysmes ; en la plénitude des Ovations les cuivres sont rouges ; les Flûtes, jaunes, qui modulent l'ingénu s'étonnant de la lueur des lèvres ; et, sourdeur de la Terre et des Chairs, synthèse simplement des seuls instruments simples, les Orgues toutes noires plangorent [1]... »

Etc. !

René Ghil a eu le tort, surtout, de prendre au sens littéral, un peu naïvement, le sonnet des *Voyelles* d'Arthur Rimbaud. Tous les journalistes ont fait de même, et que de « gorges chaudes » ! comme on dauba sur le grand poëte :

> A noir, E blanc, I rouge, U vert, O bleu...

et les journaliste ne soupçonnaient point de quel rire énorme eût ri l'absent s'il les eût entendus ! Car ces bonnes gens donnaient de tout leur cœur dans le panneau qu'avait pensé à leur préparer —

---

1. René Ghil : *Traité du Verbe*.

un jour de gaîté — le pince-sans-rire qui ne dormait pas toujours au fond du génial poëte. — Non pas qu'en effet les sons (puisque toute la nature lui est soumise) échappent aux prises d'une loi de coloration, sons et couleurs n'étant qu'une double et symétrique émanation de la lumière ; mais cette loi, sans rien d'absolu, est nécessairement individuelle : en sorte que le *seul* sens réel du sonnet célèbre est en une manifestation d'Arthur Rimbaud par la sorte spéciale dont cette loi s'empruntait de ce tempérament. Rien de plaisant dès lors comme de voir René Ghil discuter en ce document personnel l'affirmation d'une vérité en soi, y relever des erreurs, préférer l'I bleu, l'O rouge, l'U jaune, puis substituer aux couleurs les instruments musicaux tels qu'il vient de les colorer : « A, les orgues ; E, les harpes ; I, les violons ; O, les cuivres ; U, les flûtes. »

Charles Vignier, Mathias Morhardt : tous deux Suisses, tous deux ont donné, très jeunes, des essais d'une poésie personnelle, plus spirituelle et musicale le premier, plus sentimentale et picturale le second.

Vignier est un des artistes doués du sentiment le plus aristocratique de l'art que je sache.

Dans une coupe de Thulé
Où vient pâlir l'attrait de l'heure

> Dort le sénile et dolent leurre
> De l'ultime rêve adulé. [1]

Sans l'avoir prouvé par des œuvres — car ses vers, ainsi que l'avoue leur titre, ne sont guère qu'admirables pastiches — il sait. Peut-être a-t-il reculé devant les grands sacrifices qu'exige, de quiconque ose l'affronter, le Haut Rite. Mais de quel droit faire une supposition telle ? Ou si c'est de voir un artiste digne de son art être, hélas ! absorbé par le journalisme, qui permettrait de souhaiter — si peu nombreux sommes-nous qui sachions ! — que l'artiste pût recouvrer la liberté ? — Voici, d'un accent qu'il a seul, de naïveté fausse, de jovialité pointue, quelques vers encore de Vignier : peut-être serait-ce devenu ceci, à cette heure, les « adieux » lyriques et romantiques des poëtes « à la lyre » :

> Mon triste angelot
> Aux ailes lassées
> Viens je sais un lot,
> Lot de panacées.
>
> Là bas c'est trop loin,
> Pauvre libellule,
> Reste dans ton coin
> Et prends des pillules.
> ....
> Sois Edmond About
> Et d'humeur coulante,
> Sois un marabout
> Du Jardin des plantes

---

1. Charles Vignier : *Centon*.

Mathias Morhardt aussi est une âme de poëte emprisonnée dans les besognes du journalisme. Il a fait de très beaux vers, d'une étrange et métallique solidité, vers bardés de grands mots inflexibles, adverbes et verbes préférés, qui prêtent à la page de vers une attitude roide qui est un caractère. C'est un platonicien très entêté, — ainsi qu'il faut. De lui cette superbe phrase rhythmée :

> C'est la nature, en moi, qui passe et moi qui reste ! [1]

et c'est aussi un sentimental, non pas tant délicat que sincère, pénétrant, ému. — Quant à la forme des vers, il s'en tient, à peu près, aux premières libertés des pluriels rimant aux singuliers et garde le sens et l'amour du grand alexandrin, tels :

> C'est les vieux empereurs germains, au geste lent
> Montrant la tiare d'or sur des coussins sanglants :
> Cortège impérial qui revient d'Italie......

Son idéal : une puissante pensée centrale rayonnant en des expressions de sensualité sentimentalisée : idéal synthétique.

Ernest Jaubert est un très probant exemple de la marche qu'ont dû suivre bien des poëtes, en ce temps. Influencé d'abord par des écrivains de la génération qui nous précède, à peine eut-il aperçu l'idéal nouveau, il y vint, naturellement et néces-

---

1. Mathias Morhardt : *Hénor*.

sairement. Et maintenant, comme tous les artistes significatifs de cette heure, le désir de tout dire l'a dissuadé de rien préciser, de rien trop détailler, pour la gloire de l'effet total à suggérer, de laisser les choses s'envaguer doucement, d'indiquer l'idée par l'émotion picturale et musicale des sentiments et des sensations. Mais il est resté fidèle au bon rhythme ancien, seulement délivré des entraves inutiles, dangereuses au symbole. Si ce poëte n'a pas de sensualité, — peut-être, sans doute, — il ne manque ni d'intelligence, ni d'imagination :

> ... Sur la plus haute tour d'un palais renaissance,
> Fleur de pierre immobile au bord du flot qui bouge.
> Une vierge au longs yeux où sourit l'innocence,
> Une vierge apparaît, blanche sur le fond rouge.
>
> Et sur la balustrade étendant sa main lente,
> Elle contemple longuement, la vierge blanche,
> La gloire du soleil dans la mer rutilante,
> Et rêve, et son front haut sous son rêve se penche.
>
> Reine captive ou fée au pouvoir des génies,
> Regarde-t-elle au ciel changeant les silhouettes
> Des Rois libérateurs dont les armes bénies
> Pressent à l'horizon leurs batailles muettes ?
>
> Dans l'éblouissement des chimériques flammes
> Où l'avenir ouvert à ses yeux étincelle,
> Voit-elle, déroulé pour les épithalames,
> Le cortège du bel Élu qui vient vers elle ?
>
> Ou, Rosa Mysticissima, l'Immaculée
> Cherche-t-elle parmi l'embrasement des nues
> La face de son Dieu doucement dévoilée
> A l'extase de ses prières ingénues ?... [1].

1. Ernest Jaubert, *Poëmes Stellaires*.

Louis Le Cardonnel est, peut-on croire, perdu pour la Poésie. Ce poëte s'est fait prêtre. Fallait-il que la preuve fût ainsi donnée de la sincérité du mysticisme de la jeune Littérature ? Le futur dira comme l'Eglise saura glorifier sa propre vitalité ou témoignera de sa mort, en laissant le poëte très pur, qui ne peut être effacé déjà dans le très pieux lévite, authentiquer sa foi par l'art inoublié, — ou en éteignant l'art et l'artiste. — A titre donc au moins de souvenir du poëte qu'il aurait été, j'inscris ici ces vers de Louis Le Cardonnel :

LE RÊVE DE LA REINE

La Reine aux cheveux d'ambre, à la bouche sanglante,
Tient de sa dextre longue ouvert le vitrail d'or,
Pensant que l'heure coule ainsi qu'une eau trop lente.
En ses yeux le reflet d'une tristesse dort,
Et sur sa robe, où sont des fleurs bizarres d'or,
Elle laisse dormir son autre main si froide
Que dans un sombre jour de chapelle qui dort
De moins rigides mains portent la palme roide !
Soudain, quelle moiteur à sa peau fine et froide !
A son front lisse perle une sourde langueur,
Et son corsage en dur brocart semble moins roide :
Est-ce toi, si longtemps immobile, son cœur,
Qui pourras la savoir chasser, cette langueur,
Et faire étinceler enfin la somnolence
De ses yeux, si longtemps glacés comme son cœur,
Qui la feras tomber, l'armure du silence ?
O crépuscule, dans ta grande somnolence
Un bois à l'horizon s'étage noir et bleu ;
Haut, le croissant émerge et s'argente en silence :
L'Hippogriffe attendait dans le couchant de feu
Et la reine, égarant son regard noir et bleu,

> Maudit l'heure qui coule ainsi qu'une eau trop lente,
> Et sous le dur brocart sentant sa gorge en feu
> Mord son exsangue main de sa bouche sanglante !

Edouard Dubus, qui tenta d'être naturaliste, précis et anecdotique, bien qu'il fût poëte, est bien vite devenu idéaliste, parce qu'il est poëte. Son chant est triste, comme d'un bon vivant qui se surprend, en plein rêve, à regretter, naïf et vrai, que telle ne soit point la vie. Mais ! c'est le rêve qui est la vie, et ton rêve est joyeux si tu sais vouloir ! — De cette actuelle période, comme transitoire, cette fleur de deuil :

> Le ciel est envahi d'une tristesse grise
> Où frissonne un reflet mourant de soleil froid ;
> La brise au fond du parc gémit, la peur s'accroît,
> Le marbre triomphal, blanc de givre, se brise.
>
> Le rêve est désolé de brume toujours grise,
> Le souvenir y laisse à peine un rayon froid.
> Dans les âmes d'hiver dont la neige s'accroît
> L'orgueil d'un cher empire évanoui se brise.
>
> Pleuré longtemps par les rameaux crispés de froid,
> Dans les bosquets voilés d'une dentelle grise
> Un funèbre tapis de pourpre et d'or s'accroît.
>
> Au glas du vent, la fleur d'illusion se brise.
> Et, comme elle se meurt, dans l'atmosphère grise
> Des yeux mystérieux luisent d'un soleil froid.[1]

Jean Court.

> ... Par la nuit violette et d'étoiles lamée,
> Vers le sphinx immortel tu lèveras les bras,

---

1. Edouard Dubus : *Soir de Fête*.

Implorant le secret de sa bouche fermée.
L'impitoyable sphinx ne te répondra pas
Et tu continueras ta route aventureuse
Sans retrouver jamais le chemin de Damas...

... Tu t'assiéras alors sous le porche du Temple
Où viennent les Elus prier chaque matin.

Mais nulle voix d'en haut n'ordonnera : Contemple !
Car tu ne saurais plus, ployant les deux genoux,
Des fidèles courbés suivre le bon exemple.

Au fond de l'abside où l'ombre creuse les trous,
A travers un éclat fabuleux de miracle,
Fulgureront pourtant dans un courroux d'or roux

Les portes saintes de l'éternel tabernacle,
Mais leurs rayons fougueux flagelleront en vain
Ton zèle moribond qui malgré toi renâcle.

Et tandis qu'aux Croyants qui s'enivrent du vin,
Du Vin fameux qui ruisselle au fond du calice,
Se révèleront les splendeurs de l'ART DIVIN,

Tu mourras lentement et d'un très long supplice,
Dans le regret de n'avoir pu franchir le seuil
Pour t'être libéré trop tôt du dur calice.

Laisse pleurer ton âme et vêts ton cœur de deuil.[1]

A coup sûr, l'art de ces vers n'est pas en-

---

[1]. Jean Court : *Les Trèves*. Jean Court, en un roman, a essayé de faire la synthèse d'une vie ; une femme agonise, très lentement, et au cours de cette agonie, comme en un recul hors d'elle-même, assiste au drame de sa vie passée, qui lui devient étrangère, sauf en ce qu'elle recèle d'inconnu à tous : une faute chère et que la mourante, très fervente chrétienne, préfère encore au paradis. Le livre, scindé en quatre parties indiquées par quatre phases d'un coucher de soleil, n'est qu'une suite de sensations, de rêves et de souvenirs ou tout se mêle, le passé du bonheur et la terreur du tout proche avenir. Emphatique un peu, le titre : *Le Soir tragique*.

core maîtrisé : non moins évidemment le très jeune homme qui les a faits est un poëte et je salue avec joie cette allégorie ancienne de l'Art comparé à un temple, qui resterait une « allégorie ancienne » si elle n'avait été inspirée au poëte par le pressentiment de la grande réalité religieuse et moderne de la Beauté en soi. — Sens du mystère, mystique désir de l'absolu, il ne peut manquer guère que peu de choses au poëte qui a tout cela.

Fernand Mazade appelle les mêmes observations : pour preuve cet « *Hamlet* » :

> La branche de verveine et votre pureté,
> De la délicatesse avec de l'ancolie, —
> N'avez-vous pas offert à sa mélancolie
> Ce qu'avaient de plus doux la lande et votre cœur ?
>
> Oh ! l'homme taciturne et pourtant si flatté !
> Vous plaçâtes en vain sur sa tête pâlie
> La plume longue et blanche, ô dernière Ophélie !
> Et plus de grâce encor qu'il n'avait de langueur.
>
> Mais sa plaie étant telle et mortelle sans doute,
> Et mortelle parce qu'il l'aimait et que toute
> Sa veille et tout son rêve étaient à l'élargir,
>
> Ce devait être peu d'une bouche ravie,
> Trop peu, vraiment ! de vos caresses pour tarir
> La fontaine de sang qui coulait sur sa vie.

Henri de Régnier reflète en des grâces lyriques, en des gestes de jeunesse puissante et qui, parfois, se veut laisser croire lasse, tous les désirs d'art de ce temps, — les reflète sans tous expressément les réaliser. Avec une sorte de hautaine indifférence à tout ce qui n'est pas le Chant, sans avoir destiné de monument, il cueille comme d'harmonieuses fleurs ses pensées et ses sentiments les plus beaux, les plus dignes de la gloire des vers. Ses vers, très jeunes et très savants, ont, comme je le disais, des vers de Laurent Tailhade, une continuité lyrique dangereuse pour la suite du livre et chacun d'eux plutôt existe en soi que dans la société des strophes et des odes. Mais le mysticisme de ce poëte a dépassé les évangiles et ne s'inspire qu'aux sources mêmes des passions et des rêves de l'âme humaine éparse, quand il lui plaît, à travers la nature. — Le vers, qui, celui-là encore! reste le Vers, est pourtant un des plus personnels qu'on ait écrits. D'une souplesse noble, par sa propre mélodie évocateur de toutes choses lointaines et charmantes, avec de très obstinées préférences de mots — H. de Régnier ne saurait écrire trente vers sans employer une fois au moins ce mot, d'ailleurs éblouissant comme le métal lui-même : *or* —, avec des langueurs interrompues par des violences reposées par des fluidités, ce vers a la jeunesse et garde la tradition :

> La Terre douloureuse a bu le sang des rêve!
> Le vol évanoui des ailes a passé
> Et le flux de la Mer a ce soir effacé
> Le mystère des pas sur le sable des grèves;
> Au Delta débordant son onde de massacre

Pierre à pierre ont croulé le temple et la cité
Et sous le flot rayonne un éclair irrité
D'or barbare frisant au front d'un simulacre ;

Vers la Forêt néfaste vibre un cri de mort,
Dans l'ombre où son passage a hurlé gronde encor
La disparition d'une horde farouche,

Et le masque du Sphinx muet où nul n'explique
L'énigme qui crispait la ligne de sa bouche,
Rit dans la pourpre en sang de ce coucher tragique![1]

Et ces premiers vers d'un *Prélude* :

Parfums d'algues, calme des soirs, chansons des rames,
Prestige évanoui dont s'éveille l'encor !
Et l'arôme des mers roses où nous voguâmes
A la bonne Fortune et vers l'Etoile d'or ;
Echo d'une autre vie où vécurent nos âmes.

La mémoire d'alors et de tous les jadis
Où notre rêve aventura ses destinées
Aux hasards des matins, des soirs et des midis ;
Et le mal de savoir que des aubes sont nées
Plus belles sous des cieux à jamais interdits.

Le songe d'un passé de choses fabuleuses
Propage son regret en notre âme qui dort....
Souvenir exhalé des ardeurs langoureuses
Qu'une Floride en fleurs épand sous les soirs d'or
Où les clartés des Étoiles sont merveilleuses.

Alber Jhouney, par la nature de son esprit orienté aux seules réalités absolues, est à merveille le Poëte pour qui la Beauté ne ressort que de la Vérité. C'est un mystique, certes, et c'est même l'adepte des Très Hautes Sciences qu'une triste mode est de railler sans les connaî-

---

1. Henri de Régnier, *Episodes*.

tre. En elles, Jhouney trouva la certitude et la paix que tant d'autres cherchent vainement ailleurs. Aux origines de toute pensée moderne, dans les ténèbres striées des seules vraies clartés, dans les doctrines des Sages très anciens, Alber Jhouney a cherché[1] la Sagesse et la Lumière, dans le plus certain reflet d'Absolu qui ait vivifié la pâle conscience des hommes, dans l'immémoriale philosophie des Initiés. Au foyer de ces vérités, ce poëte très obscur, mais qui est de ceux dont parle M. Villiers de l'Isle-Adam, de ceux qui portent dans leur poitrine leur propre gloire, a puisé des beautés très nouvelles et très lumineuses. — Occultistes et Mages raille qui voudra ! Devant la Foi, la moquerie est l'attitude naturelle du Doute qui ne consent pas à mourir ; mais cette raillerie a

1. D'autres ont pris le même chemin. Indiquons seulement le poëte Stanislas de Guaita et le romancier Joséphin Pelladan. Ce sont deux artistes au plus beau sens du mot, et si j'avais eu le devoir et la pensée de parler de *tous* les écrivains jeunes, j'aurais dû (non sans les réserves que nécessiteraient tels très blâmables écarts du second, son style souvent de feuilletonniste et le théâtral de son procédé) faire leur place au poëte de *Rosa Mystica*, au romancier du *Vice Suprême*. Mais je le répète, ce n'est point ici un répertoire. Les poëtes que j'ai choisis suffisent à la démonstration que j'ai voulu faire. — Qu'ici pourtant s'inscrivent encore ces noms de bons écrivains : Vielé Griffin, Paul Adam, Stuart Merrill, Darzens, Mikhaël, La Tailhède, de la Villehervé, Jean Lorrain, George Lorin, Guigou, Bozaire, Clerget, Michelet, Victor Margueritte, Louis Marsolleau, Ajalbert, Bunand, Leclercq, Randon, Tellier, Vallette, Aurier, Roux, Quillard, Roinard, Barthélemi, Vidal, Brinn'gaubast.

toujours un arrière-accent de plainte, c'est le sanglot qui croit se cacher dans un rictus : l'humanité n'en sanglote pas moins vraiment, la portion innombrable et lâche d'humanité qui ne veut plus entendre parler de l'Absolu dont elle a démérité. C'est pourquoi elle sera sourde aux vrais poëtes, car c'est d'Absolu que tous lui parleront, car c'est vers l'Absolu qu'ils tendent tous. Absolu dans la Pensée, Absolu dans la Fiction, Absolu dans l'Expression. Cette Trinité radieuse, je le sais bien que nul ne la possédera dans l'adéquat. C'est pourtant l'héritage naturel de l'Homme tel qu'il devrait être. Au moins, que quelques uns attestent qu'ils ne se consolent pas d'avoir été dépossédés. — Cette belle lamentation des poëtes, ces veilleurs dans la nuit du monde ! entraîne la condamnation de ce monde endormi. Et il ne se méprend point : il répond par les protestations inoffensives d'un mépris qui voudrait nous atteindre, — mais les choses pesantes ne peuvent d'elles-mêmes monter. Au fond, les gens ne sont point si rassurés ; confusément, ils comprennent que l'œuvre de l'Esprit Solitaire qui seul mérite la dignité humaine, tandis que les gens rivalisent de sottise et de brutalité, ils comprennent que l'œuvre et l'âme du Poëte sont, pour la société telle qu'elle s'est voulue, un danger social : que si le génie parvenait à sa propre et parfaite réalisation, c'est-à-dire à son propre avénement dans l'Absolu, cette étreinte d'un Homme et de Dieu enivrerait tout le reste des hommes du dégoût de vivre hors Dieu et que ce serait la chute des apparences dans le Réel. — C'est ce qu'a merveilleusement dit Alber Jhouney, dans un poëme que je voudrais pouvoir citer tout entier. C'est comme une harmonieuse paraphrase de certaines lignes de *Seraphita*. L'âme humaine, la *Reine*, éprise d'Absolu, laisse chuchoter à ses oreilles les tentateurs vers tous les plaisirs relatifs ; les Archanges, les Chevaliers, les Rois, les Savants, les Poëtes, les Démons ont supplié, la Reine ne les a pas entendus. Le Mage même,

> Pâle et beau comme Apollonius de Tyane,

celui qui possède les secrets du ciel et de l'enfer, mais qui les confond dans l'égoïsme d'un orgueil où l'Enfer prévaut, le Mage lui a murmuré :

> Si tu veux être Lucifer et sa victime,
> La tentatrice et la séduite, laisse-moi
> Eveiller en ton sein que mon souffle envenime
>
> Un désir, non pas riche et dévorant, mais froid
> Comme la volonté d'une raison perverse
> Qui, pour toi, me rendra moins dangereux que toi.
>
> Voici le chant secret, l'eau morte que je verse
> En l'urne taciturne et dure, dans ton cœur,
> Eau corrosive qui le mord et qui le perce ;
>
> Eau qui change en bronze informe l'airain vainqueur
> Et l'urne orgueilleuse en vase des Danaïdes
> Toujours vide et rongé de soif et de rancœur.
>
> Les parfums ténébreux et les parfums splendides
> Emanés de nos corps nous environneront

> D'Archanges monstrueux et de Démons candides....
> ....
> La Reine répond : Seul le silence me touche
> D'Elohim dont le cœur reste mystérieux....

Mais l'Elohim ne se dévoile pas, la Reine va mourir.

> Grands découragements qui tombez des étoiles
> Comme d'énormes voix d'ombre et de désaveu,
> Voix froides qui chantez l'isolement de Dieu,
> Vous triomphez : je ferme humblement mes paupières....

et elle s'éteint,

> Seule dans son génie et dans sa mort.

Mais sa mort a détruit la vie même des indifférents, sa mort abîme le monde en Dieu :

> Et des voix ont chanté que cette âme profonde,
> La première depuis que les êtres sont nés,
> Retourne à Dieu sans rien avoir voulu du monde.
>
> Voici : par son exemple et sa mort entraînés,
> Pris de son âpre ivresse, accablés de leur vide,
> Sûrs du néant de leurs délires obstinés,
>
> Les êtres ont compris que le monde stupide
> Recommence toujours le même avortement
> Et que vivre hors Dieu n'est qu'un long suicide.
>
> Ils sentent que l'esprit de la nature ment
> Et les trompe par les désirs qui les épreignent
> Et tous ont faim et soif de l'engloutissement....
> ....
> Et la création sombre dans l'Absolu.

LES ROMANCIERS [1]

Edouard Rod, qui traversa le Naturalisme et jura d'abord en M. Zola, peu à peu, entre le Naturalisme et le Roman psychologique, s'ouvrit une voie dont la nouveauté excellente était de détourner la fameuse « enquête » moderne du soin secondaire des apparences et du monde extérieur pour l'introduire dans la conscience. De la formule obéie la première, il gardait le souci essentiel des causes physiques ; au roman psychologique, il prenait, en effet, sa psychologie, mais sans rien de ce qu'elle s'impose d'un peu pédantesque. Il lui prenait aussi toutefois sa tristesse. Edouard Rod passa longtemps pour un pessimiste ; on en croyait le sens littéral de son titre : *La Course à la Mort*, et aussi, d'ailleurs, le ton même du livre. Certes, j'espère bien que cette clairvoyante conscience ne sera jamais gaie, puisqu'elle ouvre ses yeux sur l'âme et la vie de ce temps. Voici pourtant le titre de son roman nouveau : *Le Sens de la Vie.* C'est le héros de *la Course à la Mort* qui reprend la parole. Il s'est

---

[1]. Dois-je, pour les prosateurs, répéter l'observation déjà faite pour les poëtes ? D'autres, et d'autres encore, autant que ceux à propos desquels j'insiste davantage, eussent pu me servir d'exemples. Mais il fallait me borner, choisir ; j'ai peut-être joué à *croix ou pile*.

marié et, un peu angoissé d'avoir abdiqué son indépendance, de s'être créé des devoirs qui désormais le condamnent à vivre, quel que soit son sort, il se laisse pourtant gagner par les douceurs de la vie à deux et par le charme d'être aimé. A peine si, de temps en temps, des incidents ou des rencontres ramènent l'orage à sa surface. Mais la naissance d'un enfant vient le troubler dans cet apaisement : cet être absorbant qui remplit la maison, envers lequel il se sent plus obligé encore qu'envers sa femme, dérange le cours de vie qu'il avait adopté et gêne terriblement son égoïsme. Pourtant il s'y accoutume, peu à peu lui fait place dans ses affections ; c'est d'abord de la pitié, puis cela devient un attachement réel, avec les illusions de la paternité. Aussitôt née dans cet âme, la pitié l'envahit. Lui qui jamais n'y songea, cet égoïste pense au sort des autres hommes ; son horizon s'agrandit, dans l'amour de l'humanité s'ouvre une nouvelle source d'activité, s'impose une tâche nouvelle et grande. Mais il ne peut l'accomplir : *quelque chose* l'en empêche, ce quelque chose qui est lui-même, sa faiblesse, son scepticisme, sa méfiance. Le mal et le bien pactisent : l'amour de l'humanité devient, pour ce contemporain une pratique rationnelle, sans enthousiasme, sans cœur. Il s'aperçoit d'ailleurs que la charité n'est forte qu'à la condition de se fonder sur des croyances religieuses qui puissent résoudre tous les problèmes, répondre à toutes les questions qu'il s'est posées et aussi lui donner l'apaisement définitif de toutes les angoisses intellectuelles et morales qu'il a subies depuis qu'il est. — « Mais, répondrait *Obermann*, la foi dépendit-elle jamais de la volonté ? » Le personnage du *Sens de la vie* sait bien qu'on n'allume point les flambeaux de l'âme comme ceux du monde matériel, et il hésite, et il s'arrête, n'ayant plus qu'un pas à faire, et ne le pouvant faire. — Peut-être le fera-t-il. Son tort est de chercher, d'espérer, d'attendre une foi qui ne peut être celle de l'homme à cette date ; son tort est de vouloir s'affranchir de sa raison qui le torture : pourquoi ne pas la satisfaire, plutôt ? Au lieu de désirer l'asile d'un credo que le jeune homme déjà reniait, pourquoi l'homme, puisqu'il souffre enfin du besoin de *savoir* la vérité, ne la cherche-t-il pas, au lieu de soupirer vers elle, paresseusement, stérilement ? — Mais ces reproches dépasseraient la littérature. Constatons, dans ce livre nouveau d'Edouard Rod, l'éclosion du sentiment mystique : ainsi entre-t-il franchement dans le chœur des poëtes occupés des seules essentielles choses et observons que, par la *Course à la Mort*, par *le Sens de la Vie*, je pense encore par un troisième roman d'âme, Edouard Rod aura dans un domaine moyen, mais très approfondi, vraiment accompli la synthèse d'une certaine humanité moderne, synthèse qui, toutefois, manquera toujours de la Beauté.

Joseph Caraguel a ce désir d'une synthèse, mais la conçoit en un seul livre et dégagée du mysticisme. Cet écrivain, bien qu'il soit doué plus qu'un autre de vie intérieure, par de très fines doctrines esthétiques et peut-être aussi, pensé-je, par la fréquentation de certains maîtres excellents, a été conduit à donner plus d'attention aux effets humains qu'à leurs causes et à l'ensemble qu'aux individus. Plus que les intimes drames d'une conscience l'occupent les gestes d'une foule, les caractères d'une collectivité, — le monde des étudiants (*Le Boul' Mich'*), un village dans le Midi (*Les Barthozouls*). Informé des questions sociales, intéressé par les détails politiques des groupements humains, sans doute réalisera-t-il, lui, cette vie occulte qui bout dans les manifestations évidentes et les grands gestes et les grands cris des hommes assemblés. Car, et bien que le Naturalisme l'ait touché — mais à travers surtout les livres de M. de Goncourt —, bien donc qu'il ait la notion précise et sache l'importance du physique dans le composé de l'homme, Caraguel ne néglige point l'importance de l'esprit et, comme malgré lui-même, le sentiment qu'il voudrait atténuer éclate, au hasard des pages. — C'est en outre un des stylistes qui sachent le mieux la langue, la vraie, la langue étymologique. Lui reprocherai-je même de l'assouplir trop peu et de laisser croire qu'il ait l'illusion du mot propre, quand c'est d'âmes et de choses simples qu'il a parlé jusqu'ici ? Sa belle prose, où son art se revanche des ordinaires choses du sujet, savante et restée sans emphase, est expressive avec certitude, tenue et simplicité. Mais comme elle emploie les mots qu'il fallait, elle étonne les ignorants qui se hâtent de crier à la *recherche*, à la *singularité*, bons ignorants, en effet, qui ne savent même pas ces vérités initiales : que la singularité d'un esprit personnel n'est autre chose que sa *vie* propre, et que la recherche, dirigée par la conscience de l'artiste, n'est que la politesse du style. — C'est l'histoire de cette première page des *Barthozouls*, laquelle consterna bien des gens et de ce vocable qui parut inouï, « coruscation », et qui est dans les plus élémentaires dictionnaires :

Sous la coruscation du soleil augustal, la grand'route où seulement geignaient des bruits doux de roues lentes, se lignait crue parmi les verdures éteintes de la plaine, et telle une infinie longe de fer candéfiée. Mais, aux approches de Ferralzan-l'Arvieu, comme si, là, on achevât de la river au sol, elle cliquetait ainsi que sous un martelage et se diffusait de par l'ascension de poussières denses. C'était que l'allure des chariots, portant à la foire les vignerons des Pays-Bas, soudainement changeait. Vaniteux d'arriver bon train, avec des vitesses de voitures, et sans que les bêtes eussent le poil mouillé, les conducteurs, des jeunes gens, la plupart, attendaient d'être en vue du champ de foire pour lever les guides et toucher de perpignans : stimulations auxquelles les lourds chevaux de labour, que le trot incommode, répondaient par d'impétueuses galopades ; et, — faisant tressauter les chaises des femmes assises entre les housses ; secouant les roues, la chambrière, la mécanique, tous les bois mobilisables des véhicules ; agitant les sonnettes et les fers des harnachements ; battant la chaussée de la tombée rhythmique des sabots, — ils se déchaînaient à l'aveugle sur le vide, dans les folies furieuses d'une charge...

Il n'est d'ailleurs que juste d'ajouter que, pour l'auteur de ces livres de style et d'observation, ils ne sont qu'œuvres secondaires, études faites, avances prises, pour l'ensemble à peindre, dans les quelques définitives pages d'un seul volume, de la société moderne.

J.-H. Rosny est aussi préoccupé de sociologie et de socialisme : c'est de plus un savant et le savant se réunit en lui au socialiste par un mysticisme qui n'a rien de métaphysique. « Le mysticisme moderne est socialiste ou scientifique », écrit-il en exergue à des *psaumes* qui célèbrent l'universelle « symphonie ontologique », — et le mysticisme de J.-H. Rosny est à la fois scientifique et socialiste. Disons tout de suite ce qui, dans ses livres, semble la dommageable part d'un dessein arbitraire où l'art serait, en principe, étranger. — L'écriture est pédantesque. Tant de mots grecs, latins ! Tant d'emprunts à la physiologie et à la chimie pour des comparaisons qui ne suscitent point d'images ! On s'étonne que le style reste, bien souvent, neuf, léger, là du moins où l'auteur oublie la terminologie des laboratoires, mais on n'en regrette que davantage tous ces inutiles frais d'érudition. — La vie des personnage est incomplète : ce sont des sensitifs qui n'auraient point de cerveau, et l'écrivain, trop uniquement savant, semble expérimenter sur des « sujets » fabriqués selon les plus récentes recettes de la science. — Enfin, dans des compositions lourdes, longues, sans concentration, quel excès de sombres histoires et de rencontres funestes ! Quelle noire prédilection, et combien violemment contentée, pour le malheur ! — Ces réserves faites, J.-H. Rosny est un puissant évocateur. Ses abus-mêmes de science sont le tort d'un grand mérite, d'un très intense sentiment, de l'une des principales directions de la pensée humaine, de la première des conditions fondamentales de l'art moderne : l'alliance du sens religieux et du sens scientifique. C'est pourquoi ce savant est mystique. Je crois que, n'était le socialisme, cette double impulsion — scientifique et mystique — conduirait ce poëte à dégager ses fictions de l'heure immédiate et vérifiable. On peut craindre que la presque constante préoccupation sociale le retienne dans une formule un peu surannée de roman. Toujours y sera-t-il d'une incontestable originalité ; dès aujourd'hui, c'est le plus suggestif analyste de l'influence des phénomènes naturels sur l'organisme humain.

« Francis Poictevin est un paysagiste comme Corot, un peintre de la mer et de la plante comme il n'y en eut pas, un prestigieux aquafortiste, connaissant les calmes morts de la lumière. L'âme et la chair humaine paraissent lui échapper [1]. » Aussi sa pensée s'écarte-t-elle des êtres avec un étonnement tremblant et presque voudrait disparaître pour ne point gêner l'expert analyste de ses propres sentiments transposés en des choses de nature, les arbres, les pierres, l'eau. Mais l'analyse, par d'étranges prestiges de justesse et d'acuité, parvient à se dépasser elle-même, en quelques lignes évoque la vie complète, la secrète vie qui rêve dans les hêtres, dans les gouttes d'eau, et dans l'au delà de l'infinitésimal. Et parfois l'analyse, soutenue par l'extraordinaire vision d'un poëte-peintre, ose s'en prendre aux figures humaines à travers le génie d'un Primitif ou de Gustave Moreau, — plus souvent recherche, dans le passé, des souvenirs, — jeunesse, adolescence, enfance, — et restitue alors l'ancien visage, dans cette hésitation délicieuse de la lumière au commencement du jour, alors que les choses sont nettes déjà, mais gardent une fraîche possibilité d'*être autre chose*. Plus volontiers encore suivrai-je l'artiste, pour qui le mot « délicatesse » ne serait qu'une caractéristique par trop initiale, en de

---

[1]. Emile Hennequin, *Revue contemporaine*, tome III, n° 2.

frêles notations d'insaisissable comme voici :

Le bleu va, — sans plus de passion, — de l'amour à la mort, ou mieux il est d'extrémité perdue. Du bleu-turquoise au bleu-indigo, l'on passe des pudiques effluences aux ravages finals. Nativités et détresses, si vraies qu'elles sont réduites à se taire [1].

ou encore :

Il me semble sentir, entre mon âme et l'au delà convoité, je ne sais quelle tapisserie indiciblement légère qui pourtant sépare. Derrière elle, je devine des mondes d'une nouveauté éternelle, car à des moments elle remue inquiétante et délicieuse, sous des souffles de par là bas et les figures indécises de cette tapisserie point faite de main d'hommes, telles un peu que d'antiques souvenances, s'entendent alors avec les lents mouvements arabesques du tissu où couve et d'où s'échappe comme un relent d'ineffable.

C'est surtout en de tels pleins et brefs poëmes en prose que l'analyste cède à un poëte plus complet, mieux armé, et comme le mystique s'y révèle, le métaphysicien s'y laisserait entrevoir. Ainsi les livres de Francis Poictevin, avec leur délice de suggestions et des beautés neuves, ne livrent pourtant que mal, qu'imparfaitement du moins, le réel vouloir esthétique du poëte. L'art qu'il voudrait de nuance et d'universalité tout à la fois, n'y donne guère que ses nuances. Est-ce de courage que manque cet artiste, lui qui connaît à merveille quelle œuvre est à faire ? On ne doit point le penser, mais on peut craindre l'excès des

---

1. Francis Poictevin : *Derniers Songes.*

scrupules. D'ailleurs, cet universel, cette fiction qui fait défaut, autour de quoi si délicieusement flotteraient et se dérouleraient, dans les limites d'une principale et grandissante unité, les mille détails réflétés de l'Idée, cette fiction existe peut-être comme fictivement. Ne se forme-t-elle pas dans le souvenir du lecteur des *Paysages* et des *Songes* et ne serait-ce pas ce visage humain qui n'est jamais dit, la réalité de l'âme qui ne s'avoue que par ses extrémités ? — Au souvenir les livres de Francis Poictevin apparaîtraient : une antique chasuble très précieuse, mais d'un si long temps que le tissu principal et grossier, usé, fusé sous la cassure des ornements métalliques, seulement par places conservés, ne subsisterait plus qu'ainsi que de très légers fils et qu'il ne faut pas toucher, crainte de les rompre. — Peut-être Poictevin souffre de ne point posséder le Vers : et comme le Vers splendide relierait fortement ces proses dénouées ! Comme il ferait que ce recul d'inachevé, que l'écrivain très justement exige de son œuvre, ne fût point cette désordonnance des notes ajoutées ! — Ce sentiment de lui sur les compositions : « Révélé à la dernière page, mais révélé en un prolongement, *tout* doit moins être dit qu'indiqué en une indicible réticence. Et ainsi cette réticence, cette sous-entente, ce dernier aveu caché, que devra deviner, dans son âme, le lecteur rare, voilà le sceau de l'œuvre. »

Adrien Remacle, en allant au fond du problème humain, a rencontré un de ces mystères de naturelle surnaturalité qui semblent être les seuls sujets, désormais, permis au romancier en chemin vers l'Intégral et, pour informer ce cas extraordinaire de la vie ordinaire, l'écrivain à été nécessairement induit, n'ayant pas le vers, à varier son style en sorte que l'illusion d'un rhythme soit procurée par le mélange du poëme en prose et de la prose d'analyse. C'est [1] la résultante d'une double filiation paternelle par l'adultère [2]. Du mari de sa mère l'enfant hérite une violente force impulsive d'amativité qui paralyse la spiritualité héritée de l'amant. L'enfant, devenu un peintre, reste enfant toute sa vie : ses tendances vers l'absolu du Beau et vers l'absolu de l'amour sont l'une par l'autre rendues insuffisantes. Il a des ferveurs cordiales excessives ; heureux, souffre d'inapaisables soifs de féminin ; malheureux, tend à l'irréductible abstraction de l'amour divin, puis s'exalte jusqu'à l'impossible en son art, puis tombe aux méfiances les plus grossières, à des bassesses banales. En une femme aimée il essaie

---

1. Adrien Remacle, l'*Absente*.
2. Phénomène scientifiquement prouvé : la perpétuation, dans la femme, de l'influence de l'homme qui le premier la posséda. Qu'elle appartienne ensuite à un autre et devienne mère : l'enfant pourra ne ressembler, moralement et physiquement, qu'au premier amant et pourra aussi résumer en soi les deux ascendances.

de fondre les deux mystères, le féminin et le beau, la chaleur et la lumière. Mais cette femme n'est qu'une âme absente, n'existe qu'ainsi qu'un reflet, et l'artiste s'épuise à lui inventer une réalité, lui, lui-même si chimérique et sans cesse rejeté de l'une à l'autre des extrémités de la vie spirituelle et sentimentale. Et l'œuvre, sans conclusion, comme il était fatal, laisse cette âme dans ce purgatoire intérieur et sans espérance : le doute de soi et le doute de l'être aimé. Et l'artiste reste nu, sous le grand vent des forces naturelles, ignorant si ce souffle vient de l'espace vide ou d'un lumineux esprit de vie ; seul au milieu des formes qu'il suppose tour-à-tour de vaines illusions ou les révélations lointaines de l'infini :

Ce poëme en prose :

Le Poëte s'en va sur le chemin, sans se mêler aux groupes, en des âges devant, pour des âges derrière les hommes qui marchent. Il est enfant, homme, vieillard, mais toujours jeune et beau. Il va devant lui, croyant entrevoir, chaque heure, à travers les brouillards du matin, au delà des soleils du jour, au dessus des nuées du soir, émergeant des opaques nuits, bleues sous les lunes sereines, les coupoles étincelantes de la Cité du Rêve.

Et il chante cette Cité, et il marche.

Il aperçoit, au loin des montagnes bleues et roses, des ciels d'ors pourpres aux immenses déchirures éclatantes, auréolés de villes confuses scintillant en les sombres reculées : derrière ces monts, sous les cieux, c'est le vaste portique de la Cité.

Et il chante cette Cité, et il marche.

Les fleuves et la mer découvrent devant lui les profondeurs vertes, les abîmes bleus, les reflets inconnus des grandeurs du passé, les mirages prophètes des futurs monuments : ce ne sont que les approches et les présages des magnificences de la Cité.

Et il chante cette Cité, et il marche au bord des eaux.

La guerre est hurlante dans les plaines, autour des monts. Il s'arrête et la contemple, il écoute les stridences des épées, les tonnerres du fer. Il frémit : ces hommes doivent combattre pour la Cité.

Et il chante cette Cité, et il marche avec les hommes.

Quand les troupes guerrières se sont tues, il passe dans les jardins en paix, les jeunes femmes l'admirent, le suivent : il porte un nimbe d'or, ses paroles exhalent un inconnu parfum, la brise en ses cheveux fait une harmonie. Il s'arrête : voici des transfuges de la cité.

Il leur demande sa route, les chante et marche.

Quand le Poëte a longtemps marché, il est las de la route. Il rencontre une femme blanche, il la reconnaît. Elle s'avance vers lui : c'est elle qui va me conduire en la Cité.

Et il chante la Cité et s'endort dans le Rêve.

Edouard Dujardin étudia d'abord [1] des cas très singuliers d'extrémités vitales. Le style, pour des simplifications qui comportent de regrettables dépravations de la langue traditionnelle, avait toutefois comme le prix d'une spéciale enveloppe de ces choses spéciales. Puis, dans l'espoir double de réaliser le vrai réalisme, et d'accomplir la loi wagnérienne de ressentir dans leur totalité les sentiments à informer esthétiquement, Edouard Dujardin écrivit cet étonnant ouvrage, *Les lauriers sont coupés*, où il voulut noter, exactement et minutieusement, *tous* les faits, gestes,

---

1. Edouard Dujardin, *les Hantises*.

paroles, pensées, sentiments et sensations d'un personnage précisé durant un temps donné. Ce travail, qui n'est pas littéraire, est en outre impossible. Edouard Dujardin est parvenu pourtant à un à peu près d'où résulte, par malheur, un pesant ennui. — Mais ce romancier, devenu poëte pour les étrennes de 1888, a eu l'intuition — qui l'eût fixé dans le chapitre des poëtes s'il n'avait écrit jusqu'alors seulement en prose — de mélanger les vers et la prose en un poëme *Pour la Vierge du roc ardent*. Vraiment une intuition ou si ce n'est, plutôt, qu'un hasard ? Car, à dire vrai, ce poëme, quant à sa valeur et pris en soi, pourrait sembler d'inutile exécution. Il n'en faut pas moins noter, pour être très juste, qu'Edouard Dujardin aura le premier tenté la réunion des deux formes littéraires : que si sa prose manque de solidité et son vers de poésie, ses intentions restent louables.

Maurice Barrès a le sentiment des actuelles nécessités esthétiques foncières, formelles ; synthétiques et mystiques ; étrangères aux accidents et retranchant l'art le plus près possible de la pensée, dans l'Ame-même où, si le poëte l'avait voulu, trouverait aussi son asile le symbolique décor exigé par la Fiction. Ainsi procède-t-il, dans son livre[1], de successifs états d'âme d'abord pré-

---

1. Maurice Barrès, *Sous l'œil des Barbares*.

cisés par ce qu'il désigne des *concordances*, puis suggérés par les rêves de son personnage.

> Chaque vision qu'il eut de l'univers, avec les images intermédiaires et son atmosphère, se résumant en un épisode caractéristique ; — les scènes premières, vagues et un peu abstraites pour respecter l'effacement du souvenir et parcequ'elles sont d'une minorité défiante et qui poussa tout au rêve ; — de petits traits choisis, plus adondants à mesure qu'on approche de l'instant où nous écrivons ; — enfin, dans une soirée minutieuse, cet analyste s'abandonnant à la bohème de son esprit et de son cœur.

Voilà le projet du roman psychologique. C'est à peu près l'œuvre réalisée. Les défauts sont d'un Stendhal diminué de connaître ce qui lui manque. Il lui manque d'avoir l'esprit libéré de toute opinion critique par précivément encore davantage d'esprit critique, il lui manque d'ignorer le prix d'une sensibilité si rare, — la sienne. Car je ne prie point cet écrivain, à cette date, d'avoir de l'inconscience ; mais j'espère qu'une conscience par l'intensité-même peut parvenir à oublier qu'elle regarde, à ne plus voir que l'objet regardé, entre elle et lui à supprimer l'échaffaudage des procédés et cette attitude fate, à supprimer le geste du dandy qui ment, en somme, à ce cœur vrai, à ce cœur sincèrement artificieux et qui fait peut-être semblant d'avoir honte d'être un cœur. — Barrès a surtout le tort de soumettre cet art presque définitif aux entraînements inférieurs de la psychologie laissée maîtresse. Il n'est pas allé jusqu'à la

Fiction. Il a décidé trop tôt que le moment fût venu d'écrire. Pourtant quelle écriture d'élégance parfaite ! Quelques lignes :

> Porté sur ce fleuve énorme de pensées qui coule resserré entre le coucher du soleil et l'aube, il lui semblait que, désormais débordant cet étroit canal d'une nuit, le fleuve allait se répandre et l'emporter lui-même sur tout le champ de la vie. Délices de comprendre, de se développer, de vibrer, de faire l'harmonie entre soi et le monde, de se remplir d'images indéfinies et profondes ! beaux yeux qu'on voit au dedans de soi pleins de passions, de science et d'ironie, et qui nous grisent en se défendant, et qui de leur secret disent seulement : « Nous sommes de la même race que toi, ardents et découragés. »

A cet artiste rien ne manque tant que la foi : et, comme un symbole, la forme aussi de la foi fait défaut : le Vers.

Jean Jullien (*Trouble-Cœur*), sans peut-être assez de parti-pris esthétique, nous apporte pourtant un précieux témoignage par son instinctif retour aux primitifs. — Henri d'Argis (*Sodome*), qui a eu le tort de donner à son premier livre, pour le faire lire, un titre d'ailleurs faux, (mais il n'écrira pas *Gomorrhe*), flotte entre l'art franchement symbolique et l'écriture documentée, mérite de comprendre que celle-ci n'est qu'un chemin vers celui-là. — Paul Margueritte, parmi plusieurs ouvrages de mérites divers, reste l'auteur de *Tous Quatre*, un des meilleurs livres de cette génération, un de ceux qui atteste le plus d'aiguë intelligence des dures et nouvelles conditions psychologiques de la production littéraire.......

Mais je borne ici cette revue des jeunes écrivains. Sous tant d'apparences diverses, ils se reconnaissent entre eux à quelqu'un de ces signes — et plusieurs les ont tous : — mysticisme, synthèse des pensées ou de l'expression, influence scientifique et son alliance avec le sentiment religieux, affranchissement de la forme orientée vers des effets plus intenses par des moyens plus rares, symbolisme, retour aux origines. — Je n'ajouterais rien en montrant comment, auprès de ces poëtes et de ces artistes qui veulent et qui cherchent, d'autres jeunes qui sont bien vieux, refont servilement la tâche du passé. Je n'ajouterais rien en comptant les anneaux de la queue du naturalisme, rien en dénombrant les imitateurs des derniers Parnassiens, rien en dressant la liste des nouveaux romanciers qui travaillent pour les salons ; enfin je puis croire qu'entre ces diverses catégories d'inutiles et les poëtes et les romanciers dont je viens d'indiquer l'œuvre et les croyances, on n'hésitera guère à convenir avec moi de quel côté est l'Avenir.

LES CRITIQUES

J'aurais, ici, à faire une grande place à Emile

Hennequin, si la mort n'avait tranché les espérances que tous nous mettions en lui. Il n'appartient plus, hélas! à la Littérature de tout à l'heure, *à cette littérature où, critique, — notre seul critique — et créateur, il eût tenu, certes, un rang magnifique. L'injustice de ce deuil, notre douleur, le vide laissé, que nul ne comblera, — ceux-là savent toutes ces choses qui ont connu l'homme : ils l'ont aimé! et compris l'écrivain : ils l'ont admiré. — J'ai eu l'honneur d'être son ami et les temps de notre intimité m'ont laissé d'impérissables souvenirs de douceur et de noblesse. A ce titre, que cet hommage me soit permis, et ce regret immense de penser qu'il n'est plus là, celui sur qui nous comptions, qu'il a été frappé sur le seuil de son œuvre à peine ouverte, et — non sans un égoïsme, mais qu'il eût pardonné — que ce conseil très sûr, que ce jugement infaillible est perdu aussi, comme l'œuvre et l'amitié* [1].

Presque tous les jeunes écrivains font, secondairement, de la critique : Bunand, Émile Michelet [2], Téodor de Wyzewa, Georges Doncieux [3], Geffroy,

---

[1] Bibliographie de l'œuvre d'Hennequin, publiée et à publier : *Contes grotesques*, par Edgar Poe (traduction); *La Critique scientifique*; les *Écrivains francisés*; les *Écrivains français*; *Poëmes en prose*, avec introduction par Edouard Rod. — Perrin, éditeur.

[2] Déjà indiqués parmi les bons poëtes.

[3] Georges Doncieux est peut-être, des jeunes, celui qui con-

Félix Fénéon, — un sens incontestable de l'Art vrai.

Mais, malgré que je ne manque pas d'accorder à ce genre d'écrire — la Critique — le respect décent, je ne pense pas devoir m'y arrêter davantage en un livre consacré à l'Art lui-même et aux Artistes, dont le Critique n'est qu'un témoin éclairé.

naît le mieux notre littérature du Moyen-Age. Il prépare des *psychologies historiques* (*Amours choisies*), très documentées et curieuses. Un livre de lui sur le XVIIe siècle, à propos de Bouhours, a paru.

V

COMMENTAIRES D'UN LIVRE FUTUR

> «... Dans l'abstraction, le rêve et le symbole. »
> M. Taine.

En attendant que la Science ait décidément conclu au Mysticisme, les intuitions du Rêve y devancent la Science, y célèbrent cette encore future et déjà définitive alliance du Sens Religieux et du Sens scientifique dans une fête esthétique où s'exalte le désir très humain d'une réunion de toutes les puissances humaines par un retour à l'originelle simplicité.

Ce retour à la simplicité, c'est tout l'Art. Le Génie consiste — comme l'Amour et comme la Mort — à dégager des accidents, des habitudes, des préjugés, des conventions et de toutes les contingences l'élément d'éternité et d'unité qui luit, au delà des apparences, au fond de toute essence humaine.

Le singulier, l'unité, c'est le nombre affirmatif et divin. Le pluriel décompose et nie. Les grandes époques artistiques disent : l'Art. Les époques médiocres disent : les arts. — Les grandes époques sont au commencement et à la fin des sociétés : d'abord le Poëte embrasse le monde d'un seul regard et d'une seule pensée et, ce qu'il pense, l'exprime par un seul geste. Puis les détails le sollicitent, et de simultanée, l'expression se fait successive. Pour cette tâche d'analyse, le Poëte, naguère le conducteur d'hommes aussi, et le prêtre encore, divise sa propre personnalité, descend du trône, quitte l'autel : le Poëte devient l'artiste. Mais l'artiste lui-même se partage ; peu à peu le symbole admirable de la Lyre se démode, garde un sens d'autrefois dans le chant silencieux des vers, enfin l'efface, et l'artiste devient l'artisan de la littérature, l'artisan de la musique, l'artisan de la peinture... C'est la période de division et de médiocrité. Mais peu à peu l'analyse, lassée d'elle-même, laisse l'artisan se ressouvenir de l'artiste, et l'artiste, dans un passé très antique, parvient à entrevoir la figure quasi-divine du Poëte. Alors va naître une grande époque nouvelle et dernière, et, comme l'analyse en avait détourné les arts, la synthèse va rendre l'Art à la primitive et centrale Unité. — Toujours faut-il compter, toutefois, avec les éléments d'éphémère qui constituent la vie, avec l'espace et avec le temps. L'espace et le temps scindent fatalement l'Art en deux groupes : le groupe arithmétique de la Poésie et de la Musique, le groupe géométrique de la Peinture, de l'Architecture et de la Sculpture. — La fusion des deux groupes en l'unité parfaite, le son et la lumière retournant à l'unique et première vibration : conception surhumaine et, sauf en Dieu, impossible ! — Mais les deux groupes constituent deux effets de la même idéale clarté. Ils ont une double unité, de cause et d'effet, d'origine et de fin, — une double unité, pourrais-je dire, centrale et périphérique, — dans la pensée commune du Poëte et de ses témoins. Car ces périodes de concentration artistique coïncidant, providentiellement, avec les décadences des évangiles, le Poëte y reprend son rôle sacerdotal des premiers jours ; ce que disent le Musicien et le Peintre, en ces heures de synthèse, c'est le fond des désirs et des croyances de toute l'humanité ; c'est toute l'humanité elle-même dans la triple réalité de ses pensées, de ses sentiments et de ses sensations ; la parole du Musicien et la parole du Peintre proclament les mêmes affirmations, et, dans la belle image que le Poëte impose aux esprits par les sens, les distinctions de l'expression artistique, immédiate, s'atténuent : le Vers évoque des visages et des paysages dans l'admiration qui écoute ; la Couleur évoque des poèmes et des symphonies dans l'admiration qui regarde. — Synthèse dans la Pensée, dans l'Idée et dans l'Expression. Art métaphysique. Religion esthétique, — religion suprême.

Cependant chacun des Arts doit rester lui-même, mirer par des moyens symboliques, en quelque sorte, les effets des autres arts. Ces moyens nous allons les étudier pour l'art littéraire ; pour les autres, il ne m'appartient pas d'en traiter.

Nous réduisant donc à notre objet strict, observons : que la grande Analyse des trois siècles derniers[1] ordonne à cette heure-ci le devoir logique de la synthèse ; qu'après avoir étudié l'homme successivement dans son âme, dans ses sentiments et dans ses sensations par une littérature de précision et qui n'empruntait guère ses moyens qu'à l'exemple des arts géométriques, qui sont immobiles, l'œuvre des poëtes nouveaux est, essentiellement, de SUGGÉRER TOUT L'HOMME PAR TOUT L'ART, en retenant sans doute les bienfaits des arts géométriques, mais en leur ajoutant les moyens propres de la poésie et des autres arts arithmétiques, qui sont successifs, mobiles et ondoyants : la loi des Rhythmes après la loi des Proportions ; que l'Analyse a dû, en effet, pour rendre son objet unique, l'immobiliser, le fixer, et ainsi l'*exprimer*, mais qu'au contraire la Synthèse, pour rendre son triple objet, doit le saisir

[1. II. *Formules accomplies*.

dans sa vie, dans son unité composite, dans son mouvement, et ne peut donc que le *suggérer* par le moyen des nuances et des notations de la forme littéraire ; que l'Analyse classique, pour étudier en eux-mêmes les éléments de l'âme, l'Analyse romantique, pour étudier en eux-mêmes les éléments du sentiment, l'analyse naturaliste, pour étudier en eux-mêmes les éléments de la sensation, ont pu se contenter d'exprimer leur objet particulier tel qu'elles l'avaient dégagé de ses entours, mais que la Synthèse ne peut se localiser ni dans la pure psychologie passionnelle, ni dans la pure dramatisation sentimentale, ni dans la pure observation du monde tel que nous le voyons dans l'immédiat, puisqu'elle risquerait également dans les trois domaines de cesser d'être la Synthèse, de redevenir l'Analyse : d'où l'évidente nécessité de la Fiction symbolique, libérée aussi bien de la géographie que de l'histoire.

L'Analyse a été triste, parce qu'elle est l'exil de l'esprit, la division de l'héritage, parce qu'elle entraîne l'oubli de la Vérité éternelle et oblige l'Art à lui substituer les vérités de détail temporaire, enfin parce qu'elle est l'abdication des droits de l'Art sur la Beauté, des devoirs de l'Art envers la Beauté. — La Synthèse rend à l'esprit sa patrie, réunit l'héritage, rappelle l'Art à la Vérité et aussi à la Beauté. La synthèse de l'Art, c'est : LE RÊVE JOYEUX DE LA VÉRITÉ BELLE.

(Ajoutons ici, sans leur chercher d'inutiles transitions, quelques observations essentielles à l'intelligence soit de cette formule, soit des lignes qui vont suivre et conclure.)

Donc, ton devoir, Poëte, et ton droit ne font qu'un : intrangressible, imprescriptible. C'est ta propre joie (et, par ainsi, tu symbolises à miracle les devoirs et les droits de tout homme, lesquels sont d'être heureux...) Oui, te contenter, tirer de toi le livre que tu voudrais lire, où s'épanouirait ton cœur, où s'accomplirait ton esprit : ta propre joie. Mais n'oublie pas, puisque tu te sers d'un instrument d'artifice à récréer la nature, — d'artifice, c'est-à-dire d'intelligence, — que tu es obligé à la noblesse intellectuelle et que ta joie doit être cérébrale. Sinon, combien mieux que toute œuvre d'art te conviendrait n'importe quelle fraîcheur de bain de chair jeune ou quelle frivolité d'alcool ou de venaison ! et pourtant tes sensualités elles-mêmes doivent être satisfaites par l'œuvre de ton art, nulle de tes actions ne pouvant avoir lieu que par le concours de toutes les puissances de ton essence : tout réside en la couleur de l'atmosphère où cette tienne essence, d'où qu'elle vienne, choisit sa patrie.

Sois le mineur et l'orfèvre de ton or.

Avant de feindre et d'écrire, avant d'exercer ton imagination et ton sens esthétique, sache où te prendre dans ta raison ; pense avant de chanter, que ta beauté soit le voile splendide de ta vérité. Et ta pensée, garde-toi de la jamais nettement dire. Qu'en des jeux de lumière et d'ombre elle semble toujours se livrer et s'échappe sans cesse — agrandissant de tels écarts l'esprit émerveillé d'un lecteur, comme il doit être, attentif et soumis — jusqu'au point final où elle éclatera magnifiquement en se réservant, toutefois et encore, le nimbe subtil d'une équivoque féconde, afin que les esprits qui t'ont suivi soient récompensés de leurs peines par la joie tremblante d'une découverte qu'ils croiraient faire, avec l'illusoire espérance d'une certitude qui ne sera jamais et la réalité d'un doute délicieux. Ainsi sauvegardé par cette initiale prudence d'éviter la précision, tu iras, Poëte, par les propres intuitions restées indépendantes, plus loin dans les voies mêmes purement rationnelles que les plus méthodiques philosophes, et ta plume te deviendra talisman d'invention de vérité. Qu'alors on te reproche d'être obscur et compliqué, réponds : que les mots sont les vêtements de la pensée et que tous les vêtements voilent ; que plus une pensée est grande et plus il la faut voiler, comme on enveloppe de verre les flammes des flambeaux et des soleils, mais que le voile ne cache un peu que pour permettre de voir davantage et plus sûrement.

Ne pas finir. Cette loi, en effet, suprême de l'Art, des meilleurs l'ont ignorée : Châteaubriand, Flaubert, M. Leconte de Lisle. Sainte-Beuve l'a connue.

Ce reproche d'obscurité adressé aux nouveaux poëtes n'est qu'une vile impertinence qu'éviterait aux gens plus de fidélité aux simples lois de la civilité puérile. En visite chez quelqu'un, lui parlant et l'écoutant, ne devez-vous pas oublier pour lui vos soucis personnels et vos autres relations, sympathiser avec lui par un esprit et un cœur nets des habitudes et des souvenirs, et, par exemple, accepter le système d'éclairage ou d'ornementation qu'il a choisi ? — Une lecture est une visite spirituelle et la politesse exige du lecteur qu'il passe, pour atteindre à la pensée de l'auteur, par les corridors et les antichambres que celui-ci a voulus. Mon esprit habite dans mon livre, et j'ordonne et je décore ma maison comme il me plaît. Mais ma plaisance et ma fantaisie sont des conséquences logiques de mon tempérament : si mon tempérament préfère aux cruautés du plein jour les douceurs crépusculaires, de quel droit me le reprocheriez-vous ? Vous ne songeriez pas à vous étonner de mes « singularités », si vous réfléchissiez qu'en entrant chez moi vous contractez la double obligation de vous soumettre à mes habitudes et d'oublier les vôtres. — D'ailleurs, ma porte peut s'ouvrir et mon livre se fermer.

Ce droit à l'originalité, à la Nouveauté, est si primordial, que le plus populaire des poëtes, A. de Musset, cherchant à définir la Poésie, le consacre tout d'abord :

> Chasser tout souvenir et fixer la pensée...

Ce devoir, pour le Poëte, de chasser le souvenir, afin de mieux contempler sa propre pensée, devient un devoir, pour le lecteur lui-même, s'il veut contempler à son tour la pensée du Poëte.

Les multiples idées parallèles ou perpendiculaires, dans l'esprit, à l'idée capitale, doivent s'harmoniser dans la musique totale, varier sur le thème, accompagner la romance.

Il ne faut jamais peiner sur l'œuvre. Rien n'importe autant que la fraîcheur de l'impression première et souvent il arrive, comme le travail manuel altère les mains, que le travail spirituel déforme l'esprit : or des esprits déformés ne peuvent produire que des œuvres dépravées. C'est pourquoi mieux vaut que les vers soient écrits au paresseux clair de la lune qu'au laborieux clair de la lampe. Mieux vaut suggérer l'idée telle qu'on la *vivait* avant tout essai de réalisation que l'exprimer selon les déviations fatales du labeur : à presser l'idée avec un acharnement direct on l'émiette nécessairement. — Mais travaille d'autant plus *avant* qu'il faudra travailler moins *pendant* l'œuvre ; noircis sans compter des pages et des pages d'analyse, afin de t'élever à la synthèse ; puis tâche de les oublier quand tu l'auras atteinte.

L'œuvre d'art est une transaction entre le tempérament de l'artiste et la nature.

C'est pourquoi elle doit avoir deux perspectives : l'une naturelle et ésotérique, l'autre humaine et exotérique.

Mais cette humanité n'est pas le synonyme de la pitié, de cette évangélique sentimentalité anglaise (Dickens) ou russe (Dostoïevsky) qui préfère une goutte d'eau tombée des yeux d'un enfant à toute l'œuvre du génie. Il s'agit d'une humanité plus haute, fût-elle plus hautaine, moins tendre et plus forte,— de ce somnambulisme de la vie que ces deux mêmes romanciers, par bonheur pour leur gloire et pour notre jouissance, ont si miraculeusement exprimé.

Il est impossible de rien dire de neuf dans une langue neuve : elle est ou elle serait toute barbare, inapte aux flexions, aux modulations... En vieillissant, les langues acquièrent, avec cette phosphorescence de la matière qui se décompose, cette ductilité subtile qui permet de mieux induire l'idée dans les intelligences moins brutalement ouvertes. — C'est pourquoi les néologismes formels, loin d'enrichir une langue (sauf en des cas infiniment rares), l'appauvrissent, et toujours le bon écrivain évitera ces inutiles violences. Il sait que la langue artistique consiste en un très petit nombre de beaux vocables, mais qui sont d'une richesse inépuisable, grâce aux rappels et aux harmoniques échanges des syllabes. Il sait qu'en dehors du sens des mots l'assonance et l'allitération créent des phrases musicales d'une nouveauté merveilleuse, d'une suggestion que rien ne limite, — ressource autrement précieuse que l'invention d'une combinaison précise et invariable et grammaticale de sons significatifs, — miraculeuse ressource qui permet à la forme artistique d'être le symbole elle-même du symbole où s'accomplit en beauté le fait métaphysique. L'écrivain sait aussi qu'à l'intérieur même des mots, dans leur sens, se produit une sorte d'intime néologisme par les alliances de mots, par les passages du propre au figuré, par les retours aux origines. Ainsi le mot tourne sous nos doigts spirituels comme une figure géométrique pourvue d'angles et de facettes et qui, selon l'angle choisi, ne montre que telles facettes, renouvelées de laisser les autres dans l'ombre. — Pour moi, j'aime les mots vieillis à l'excès, ceux qui sont comme des médailles sans relief, indistinctes et frustes. Ils se sont rapprochés des éléments constitutifs de la langue et la beauté élémentaire de leurs syllabes se prête mieux — n'arrêtant point sur tel détail le regard — aux arrangements de la grande phrase musicale dont je parlais, cette phrase parallèle à la nombreuse période latine et française qui va se déroulant dans l'ordre et le faste et recueille en route, comme des affluents qui le colorent, les suggestives incidentes. — Mais et bien entendu cette langue longuement habituée à la forme et au génie de l'esprit et de la race qu'elle modèle, cette langue blette et pourrie délicieusement n'a rien de commun — presque — avec la langue usuelle des rues et des journaux, sait jusqu'aux moindres richesses du trésor national de l'idiôme. Le bon écrivain possède les langues classiques, celle du moyen âge et ne dédaigne même point de faire des emprunts aux patois locaux, — si français, si logiques, si légers.

La fleur des traditions nationales est flétrie. Mais libre à tous de puiser dans l'herbier cosmopolite des légendes les admirables prétextes à fiction qu'il recèle. Je dis : prétextes à fiction, et quant à prendre toutes crues ces légendes pour les parachever, ce peut être un bon et méritoire, et même exquis exercice, ce n'est pas une œuvre d'art.

Les témoins de Shakespeare croyaient aux sorcières, ceux d'Homère croyaient aux dieux. Nos témoins ne croient plus qu'aux forces de la nature : c'est donc dans les secrètes retraites de la nature qu'il faut écouter les voix divines et les incantations diaboliques.

Les sciences occultes constituent un des principaux angles fondamentaux de l'Art. Tout vrai Poëte est, d'instinct, un initié. La lecture des grimoires éveille en lui des secrets dont il avait eu toujours la connaissance virtuelle.

L'exacerbation physique et psychique où nous a conduits l'activité contemporaine est, pour les écrivains, un puissant recours et un grand danger. Nous réalisons plus vite que nos pères, mais nous voyons plus de choses à réaliser qu'ils n'en voyaient. La sérénité spirituelle, nous ne l'acquérons guère qu'au prix d'ininterrompues créations qui restent inachevées, en projets, tout au plus en ébauches, et la condition d'imperfection, la sorte de résignation où il faut se maintenir pour faire une œuvre apparaît aux meilleurs d'entre nous comme un presque honteux sacrifice. Quels jaloux nous sommes de ces Alexandrins occupés de subtilités secondes ou de ces poëtes chinois de la dynastie des Thangs qui se plaisaient en de telles délices sans orgueil : « Les fleurs tombent et les oiseaux s'envolent ! »

Vérité élémentaire qu'il faut pourtant redire : l'émotion vitale et l'émotion esthétique sont deux (quoique destinées à se rejoindre en définitive). La Vie est la matière première qui contient la possibilité esthétique : l'Art est la mise en œuvre de la Vie selon certaines interprétations choisies. Un tableau : soit une femme nue, blessée ; si c'est dans ta sensualité ou dans ta pitié que tu t'émeus d'abord, ou tu n'es pas artiste, ou l'œuvre n'est pas artistique. Si tes yeux d'abord sont charmés, si ton esprit s'éveille ensuite et que tes sentiments et tes sensations s'agitent à leur tour, seulement parce que tout ton être vibre, tu as une émotion vraiment artistique ; — l'Art t'a parlé par ses signes propres, qui sont dans l'exemple choisi les lignes et les couleurs, et ta vie intime est entrée en communion de joie avec le sens vital exprimé par les signes de l'Art. — De même, en littérature. Si tu n'es d'abord séduit par la vivante beauté des vocables, par cette beauté conquérante et significative qui annexe à l'âme de l'écrivain et aux âmes de ses lecteurs une province de la Vie, une province jusqu'alors dénuée de sens, l'œuvre n'est pas artistique ou tu n'es pas artiste, — cela, dis-je, quelles que soient la grâce ou la gravité de la fantaisie en cause ou du problème en question. C'est pourquoi l'Illustration en peinture et le Récit en littérature ne relèvent de l'Art qu'à de très particulières et rigoureuses conditions, — et, par le fait, ne lui appartiennent que très rarement. — Mais sans doute sont-ils nécessaires, comme aussi presque toute la musique dite de salon, à l'énorme majorité des Gens, dont toute la vie cérébrale à ces trois seuls facteurs : la concupiscence, la sentimentalité et la curiosité.

Cette curiosité publique pour, en particulier, les choses de l'amour, devient au théâtre une réelle indiscrétion. Le théâtre contemporain atteint à son effet capital quand il montre à toute une salle *ce qui précisément ne doit jamais être vu* : les serments et les baisers échangés.

C'est pourtant le frisson de la Vie même que l'Art éternise, mais d'une vie concentrée tout à la fois et magnifiée en sa patrie cérébrale. Ce qui prescrit à tout artiste de fuir la copie servile des visibilités et au poëte d'accepter la nécessité du symbole. Par le symbole seulement cette intensité de vivre, qu'aucune copie écrite n'atteindrait, peut être condensée et suggérée. La Vérité vitale reste ainsi le but, l'aliment et la gloire de l'Art ; mais non pas la Vérité immédiate de la sincérité vulgaire d'un serment en justice, ou d'un reportage, ou même d'une enquête passionnelle et psychologique.

La Joie de l'art n'est pas la gaieté. La Joie est grave, s'harmonise avec toutes les manifestations de vivre ; et si elle en interdisait quelqu'une, ce serait plutôt le rire que les larmes. La Joie a des ailes, elle plane, — mais non sans laisser voir, ne serait-ce que pour indiquer à quelles hauteurs elle atteignit, la terre éternelle, loin sous ses ailes et belle elle-même de tout l'espace reculé. La Joie vibre de la Lumière à la Vérité, lieu commun de l'une et de l'autre, participant de toutes deux. Enfin la Joie est idéalement humaine dans les conditions spirituelles de l'humanité.

De la Femme dans l'Art ! Elle en est l'objet et le but. Elle donne de l'essor à la Joie, à condition de pouvoir lui briser les ailes, et la Joie ne voudrait pas la Femme autre qu'elle est, s'applaudissant des formes qui laissent pleurer l'âme et de la femelle qui laisse désirer l'ange. Sans oublier que l'âme de l'ange transfigure souvent ces formes divinement animales, ce beau vase où le rêve qui s'en désola boit le philtre qui le console.

S'il est dans l'universel musée de l'Art, Poëte, un poëme, peintre, un tableau... qui comble *absolument* tout ton désir d'idéale beauté, croise tes bras : tu n'as rien à faire. L'artiste est celui pour qui toute grande œuvre de son art est une porte ouverte sur un inconnu, — non pas une borne.

Et c'est pourquoi ce livre-ci (qu'il était peut-être bon d'écrire pour des motifs, dirai-je, historiques), nous savons, toi et moi, à quels mystérieux balbutiements le réduirait le tête-à-tête, — et tout ce que je n'ai pas dit, qu'il ne fallait pas dire. Et tu sais aussi combien de pages menteuses devront, pour des motifs de faiblesse personnelle ou de nécessité invincible, accompagner la bonne page, celle que ce livre encore annonce et ordonne, — tu sais, tu comprends et tu pardonnes.

Ces observations commentent au futur le prologue de l'œuvre, le *vestibule* du monument littéraire que rêve, destiné en toutes ses parties, — (qu'il pourrait dire et qui, se correspondant par des échos et des rappels, font de la succession des livres un seul livre et recèlent, en effet, dans leurs arabesques, un livre unique, résultant et composé des parts essentielles de chacun de ces livres divers) — un poëte de ce temps. Indiquons maintenant, comme pratiquement, en gardant ce prologue pour exemple, non pas dans l'esprit l'éclosion du projet poétique, mais le procédé successif de sa réalisation: car, après que l'idée a vibré, d'aventure, soit par les nuances qu'elle appelle, soit par quelqu'un des développements qu'offre d'avance la fantaisie, le Poëte, pour informer d'une logique éternité son Rêve, d'abord en scrute le sens dans l'aspect rationnel, puis le soumet à son imagination sous les dehors d'une image, enfin choisit les couleurs et les sons par lesquels, à travers l'image, il touchera la pensée.

I. SYNTHÈSE DANS LA PENSÉE MÉTAPHYSIQUE

Etablir d'abord que l'Art est une reprise, par

l'âme de ses propres profondeurs, que l'âme s'y libère de toutes entraves pour la joie et pour l'intelligence du monde et d'elle-même : préciser ainsi l'atmosphère métaphysique de toute l'œuvre, — signification nécessaire et première de ce Prologue.

Mais cette liberté, cette libération prouve, par le fait-même, le désordre du monde. Car la liberté, c'est l'ordre naturel, et si tout ce qui vit vit esclave, rien n'est selon les lois de la nature. Pourtant il n'y a pas de liberté dans le monde. Toute vie est enchaînée par une autre vie, ou par un vice, ou par de factices obligations que résume la Société telle qu'elle est. — L'esprit aperçoit donc immédiatement: que cette reprise de soi dans la liberté naturelle crée un état d'EXCEPTION, que le retour à l'Ordre par la liberté crée dans l'âme de qui a cette audace une personnelle solitude.

C'est cette solitude-là qu'il faut se faire dans l'âme « pour écouter Dieu ». Et en effet, de ces trois vertus fondamentales, Liberté, Ordre, Solitude, résulte aussitôt un sentiment d'illimitée puissance, qui est le conseil-même de l'Infini ; aussitôt, l'âme acquiert la certitude de sa propre éternité dans cette solitude d'exception, et qu'il n'y a pas de mort comme il n'y a pas de naissance, *et que la vie véritable est d'être un des centres conscients de la vibration infinie.*

Peu à peu, sur le rideau des pensées flotte, encore vague, puis s'affirme le virginal modèle de l'Humanité, le Type d'avant les jours et que les jours ont miré en quelques rares et sublimes figures arrachées par le souvenir à la nuit de l'histoire et déclarées divines.

Une foi morale émane de cette idéale réalité contemplée en son atmosphère d'Absolu, et la conviction définitive que le seul devoir humain est de le plus possible se grandir jusqu'à cette idéalité. Le sentiment s'impose que ce grand Visage sait tout, qu'il est le centre, pour les hommes, où descendent et d'où remontent les effluves de Divinité, qu'il est ce que les regards cherchent sans le savoir quand ils s'adressent aux nuages, qu'il est la Perfection dont le souvenir vit en toute pensée vivante, le type auquel nous comparons inconsciemment les visages que nous disons beaux, les âmes que nous disons belles, qu'il est *la Beauté humaine de la Vérité divine*, un lieu métaphysique ou s'exalte l'âme secrète des choses dans les yeux, tels que des fleurs, de cette humanité sublime et charmante, que le son de sa parole donne une âme à toutes les voix de la nature, que tout en cet être divinement humain commente les sens cachés des correspondances de tous les règnes naturels, *qu'il est l'humain centre conscient de la vibration infinie*, que les Messies, que les Religions reflétèrent de lui leur grandeur révélée peu à peu par des évangiles de sécurité physique et de privation, puis de liberté sensuelle et de joie, puis de sécurité spirituelle et de douleur, — et que de lui-même, directement contemplé dans la déviation des Fables, l'Art à son tour reflètera la Religion du Beau, le culte de la liberté spirituelle et de la Joie.

Et l'Art, au Poëte admis à cette contemplation, apparait comme le regard et comme la parole, comme le geste naturel de cette humanité idéale.

Idéale, mais si lointaine de toute âme dans les temps ! Ce geste resterait lié des lourdes chaînes des apparences et des conventions, si l'heure elle-même ne sonnait la délivrance en ramenant l'homme, de la démesurée petitesse des socles brisés où il avait érigé sa propre statue, à la juste grandeur de la conscience parvenue à comprendre que la gloire de l'homme dans le monde est de se réduire à n'être, au lieu de l'élu contestable d'un chimérique titre royal, que le réel ministre de la Nature, et son confident. Ici, la Science naturelle intervient pour conclure avec la Métaphysique le pacte d'une alliance féconde : la Science vérifie les vérités obscurcies par l'oubli des temps, mais toujours vivantes dans leur noir langage, découvertes par les mages, astrologues et magiciens, alchimistes et kabbalistes d'avant et d'après Jésus.

Le Poëte entend sonner cette heure et se lève pour lui répondre. Libre et seul dans son âme, qui pourrait l'empêcher, selon ses intuitions fondées sur le témoignage des mystérieux savants d'autrefois et fortifiées par l'approbation des clairs savants d'aujourd'hui, d'entrer dans le royaume de l'ordre joyeux?

Alors se dresse devant le Poëte l'obstacle éventuel et redoutable de la Société.

Il ne s'agit point du tout, ici, de la formule radotée de Rousseau. La société ne déprave point essentiellement l'homme, non plus que l'homme ne naît sans instincts mauvais. La société est une des douloureuses conditions du transitoire état actuel de l'homme, la résultante des forces de faiblesse qui sont en lui, un mur qu'il a élevé entre son âme et Dieu, un mur où le temps a sculpté de grimaçants visages qui raillent l'éternité, un voile jeté sur la nature. Il n'y a pas à se révolter contre la société et ce serait être la dupe de puériles colères que se laisser « dépraver » par elle. Il n'y a qu'à lui échapper dans l'asile intime de l'Ame. — Ni la révolte contre le mal, ni la charité pour les mauvais ne sont fonctions de Poëte : ni le poing crispé, ni la main tendue vers en bas, — mais le doigt levé et qui indique à ceux qui peuvent voir.

Aussi bien cette religion du Beau ne sera-t-elle jamais la religion de tous, si jamais plus la Foule (car d'où espérer le rafraîchissement, le rajeunissement de l'invasion bienfaisante d'un peuple-enfant? sans compter qu'il emporterait sans doute, dans le flot de son torrent, aussi l'idéale vision !) ne doit couvrir de sa grande clameur naïve les papotages idiots d'un peuple « raisonnable ». Aussi bien l'humanité n'a-t-elle jamais consisté qu'en une infime minorité d'hommes libres dans une immense majorité d'esclaves....

Ici la *pensée* du Poëme est complète. Le premier des trois actes qui composent l'action esthétique est accompli : d'elle-même, la Fiction va naître.

II. SYNTHÈSE DANS L'IDÉE. FICTION

La « Fiction Poétique » a toujours eu pour but de procurer aux esprits l'admiration de l'inconnu et l'illusion d'un autre monde, — soit en prenant loin dans le temps la date du poëme, soit en mettant aux environs des antipodes le théâtre de l'action. — L'Analyse pouvait se passer de fiction. Par cela seulement qu'elle opère en pleine irréalité humaine, puisqu'elle suppose isolés les éléments qui dans le vrai sont joints, elle est elle-même une suffisante source d'illusion. Aussi tantôt en use-t-elle avec la plupart des Classiques et des Romantiques, tantôt s'en prive-t-elle avec quelques Classiques, quelques Romantiques et tous les Naturalistes. (On pourrait apprécier la vérité humaine et esthétique des trois formules, selon qu'elles emploient ou négligent davantage la fiction.) — De grands écrivains modernes, comme Balzac et M. Barbey d'Aurevilly semblent dédaigner la Fiction pure et prouvent seulement que : ce recul proportionnel dans le temps et dans l'es-

...ace est un moyen par trop initial d'illusion, moyen d'ailleurs que la vapeur démontre insuffisant; et c'est un des motifs pour lesquels il est impossible de supporter, poétiquement parlant, le théâtre romantique dont l'effort de beau Mensonge est controuvé, du moins quant au lieu, par le témoignage des voyageurs. Resterait l'illusion de la reculée dans le temps. Mais l'histoire a fait pour lui ce que la vapeur a fait pour l'espace : l'histoire a dévoré le temps. Le grand Flaubert, dans ce roman de *Salammbô* qui reste une merveille d'écriture, a dépensé beaucoup de génie à priver l'Illusion des ressources du lointain temporel en précisant, en documentant l'illusion historique. Aujourd'hui, et le fait n'est pas sans éloquence, ce procédé est tombé aux mains de M. Sardou. — Quant à Balzac, le monde, même visible, moderne, lui servait de Fiction ; il voyait des démons familiers, ce voyant ! dans les êtres contemporains tout agités de petites et grandes passions. De même M. Barbey d'Aurevilly, qui crée ses héros dans son âme et vit lui-même fictivement leur vie fictive, est hors du monde.

Hors du monde, et non pas seulement des dates et des sites connus : voilà la loi constitutive de toute fiction.

Hors du monde, mais point hors de l'humanité ni de la nature. Une âme, une fleur, un corps, sont dans l'éternité. Même, l'instant contemporain du

Poëte peut — je dis « peut » et non pas « doit » — rester *l'heure de départ* du Poëme : car il y a une joie à voir le beau Rêve sortir du temps et le dépasser. Encore : un détail (fût-il historique) « piqué » dans la trame du Rêve, y produira parfois l'effet heureux d'une extraordinaire singularité et apparaîtra aussi comme un sourire de pitié du Poëte aux réclamations orgueilleuses des nations. Enfin, le Rêve s'échappant de lui-même peut atteindre aux apparences des réalités quotidiennes, pourvu qu'il garde le souvenir du chemin et ne tarde point à rentrer en soi.[1]

Préférablement, en des créations de pure fiction, analogues aux chimères des Mythologies et des contes de fées, le Poëte choisira de *symboliser* sa pensée.

Dans la présente espèce, pour symboliser cet essor de l'âme se libérant d'elle-même et de la société dans un grand essor de retour au type humain de native splendeur, *les ailes d'un ange* s'indiquaient et leur battement rythmique dans l'indéfini vers l'infini.

Mais pour marquer *l'exception* de cet être, encore fallait-il nécessairement le faire naître parmi

---

[1]. Ai-je besoin de dire qu'on n'entend point par là défendre au poëte d'écrire une étude de psychologie ou quoi que ce soit que lui conseille sa fantaisie? Non plus qu'un autre, l'auteur ne se l'interdirait. Il ne prétend d'ailleurs défendre ni conseiller rien du tout, et tout ceci n'est, encore une fois, que l'expression de croyances personnelles.

les hommes honteux de l'avoir engendré : car, aux épaules sans plumes et aux âmes sans essor, un porteur d'ailes qui serait un enfant des hommes paraîtrait un monstre de qui la présence stupéfait et dénigre. Aussi, est-ce bien comme un monstre qu'il fallait introduire l'ange dans l'humanité comme le produit — guère plus anormal qu'un enfant sans bras — d'un cas de tératogénie. Et l'enfant monstrueux, honte de sa famille, grandira dans l'ombre, redouté, méprisé, prisonnier d'un cachot qui garde l'honneur du nom.

C'est une fiction, pour ainsi dire, réduite ; telle quelle, suffisante : et le plaisir promis de laisser voir le monstre conquérir son titre d'ange.

Comme il arriverait autour d'un saint s'il vivait parmi de résolus débauchés, autour d'un poëte s'il pouvait naître dans la rue du Sentier, autour de toute *Exception* enfin, l'être d'essor est un objet de haine pour tous ceux qui l'approchent, — sauf l'âme étrange de la femme qui a mérité d'être choisie pour produire cette délicieuse erreur de la nature. Et comme l'autorité du mari, qui ne pardonna point le miracle et faillit étrangler le nouveau-né fabuleux, interdit à la mère de voir son enfant, d'elle à lui des correspondances toutes mystérieuses s'échangent, qui la font vivre à son insu dans un monde inouï et qui laissent à l'ange des sentiments d'être humain, correspondances où s'anime autour d'elle et de lui la nature :

et si fort tient à l'ange filial l'âme féminine qu'elle mourra dans l'instant même où s'ouvriront les ailes.

Mais un Poëte ignorerait, bien souvent, son génie, s'il n'était averti par quelque grand malheur, — et ces ailes ne s'ouvriraient jamais si le persécuteur entourage, en somme et malgré tout s'habituant, laissait froidir sa haine. Qu'on suppose donc qu'un enfant « ordinaire » grandisse, frère plus jeune de l'ange. L'être horrible est caché plus qu'à quiconque à l'enfant, bavard sans doute, sûrement impressionnable et qu'on élève, consolation future, dans la détestation de l'extraordinaire. Ni cette éducation, ni le mystère dont tout de suite l'enfant se sent entouré, ne sont infructueux : l'éducation lui donne en effet les indestructibles convictions qu'on voulait et le mystère aiguise par la curiosité et développe l'intelligence. En sorte que l'atmosphère, autour de l'ange, crée le génie, mais que les hommes mauvais font de ce génie une expression sublime de leur ignominie. Or, l'enfant grandit : et le secret, il le découvre ; l'ange, il le voit. Ce que l'Ange peut dire et ce que l'homme peut répondre, c'est le cœur du livre. De ce dialogue, l'homme devrait mourir. Il devient fou, momentanément, et sa folie, où l'effroi persiste, conseille d'écarter la cause du mal : on ouvre à l'ange les portes du cachot et l'ange prend son vol, *en chantant*....

Supposé maintenant que ce récit soit fait par le frère-même de l'Ange à un Poëte dans un Paysage qui écoute et qui a des voix, — la Fiction du Poëme est complète.

III. SYNTHÈSE DANS L'EXPRESSION
SUGGESTION

Exprimer de sorte directe cette fiction et, sauf les développements, comme je viens de le résumer, dans le style narratif, ne serait pas de l'art, ne livrerait la pensée qu'à condition de la formellement dire, n'aurait donc point plus d'effet — puissance et beauté — que l'énoncé abstrait de cette pensée : « L'Art est une délivrance. » Ce qu'il faut, c'est communiquer la joie de cette délivrance ; c'est éployer ces ailes par des syllabes qui montrent, à la fois, la lumière y jouer blanche et d'argent, et fassent entendre l'élastique et l'harmonieux frisson des plumes ; c'est faire vivre, autour du mystique captif, ces visages inquiets, contradictoires, avec leur unique secret dans toutes leurs pensées, dans toute leur physionomie ; c'est, dans la même maison, faire sentir l'action contraire de l'esprit d'affirmation et de l'esprit de négation, presque également puissants ; c'est, l'union occulte de la mère et du fils, en noter par le bruit des mots les battements de cœur, les caresses rêvées ; c'est, ce paysage entre cet homme et le poëte, toute la vie des choses à dresser, qui proteste contre la géniale sottise d'un sage selon le monde ; et, cette voix de l'ange et cette voix de l'homme, c'est faire *reconnaître*, sans avertir, que c'est la voix d'un homme, que c'est la voix d'un ange : c'est donc imposer au rare lecteur la conviction qu'il est entré dans un monde étranger au tous les jours et à sa propre vie, puisqu'il a désormais les souvenirs d'une vie qu'il n'a jamais vécue, puisqu'il croit avoir dans sa mémoire un terme de comparaison qui lui permette de reconnaître la voix d'un ange ; — c'est, en d'autres termes, embellir d'illusion la vérité.

La Suggestion peut ce que ne pourrait l'expression. La suggestion est le langage des correspondances et des affinités de l'âme et de la nature. Au lieu *d'exprimer* des choses leur reflet, elle pénètre en elles et devient leur propre voix. La suggestion n'est jamais indifférente et, d'essence, est toujours nouvelle car c'est le caché, l'inexpliqué et *l'inexprimable* des choses qu'elle dit. D'un mot ancien elle donne l'illusion qu'on le lise pour la première fois. Surtout, comme elle parle dans les choses dont elle parle, elle parle aussi dans les âmes auxquelles elle parle : comme le son, l'écho, elle éveille le sentiment de l'expression impossible dans l'esprit de l'attentif, et jamais n'usitant la banalité stérile d'une écriture conventionnelle, elle fuit les termes scientifiques, froids ; plutôt que le nom d'une couleur dira l'effet, général ou particulier, qu'elle produit ; ni ne décrira une fleur, ni sans but ne l'énoncera, mais à l'apparition obtenue de la fleur ajoutera le sentiment produit par elle. — La suggestion seule, ainsi, peut rendre par quelques lignes, l'entrecroisement perpétuel et la mêlée des détails auxquels l'expression consacrerait des pages.

D'ailleurs, et bien plus que l'expression souvent contrainte de la brutaliser pour s'effacer ou faire saillie, la suggestion respecte la langue traditionnelle, y suivant seulement, il est vrai, les traditions de vie, réluctant contre l'appauvrissement du lexique, se souvenant de Rabelais et des Trouvères qui parlaient si joli ! priant le lecteur de savoir les mots.

Et d'autant plus respecte-t-elle la langue qu'au lieu de la parler aveuglément et servilement, elle est remontée aux sources mêmes de tout langage : aux lois de l'appropriation des sons et des couleurs des mots aux idées.

C'est aussi selon cette même loi que le poëte choisit, prose ou vers, la forme essentielle. J'ai déjà laissé entrevoir que la synthèse, cherchée par beaucoup dans l'expression littéraire au moyen d'une fusion et comme d'une crase du vers et de la prose en un mélange qu'on ne saurait nommer, serait, à mon sens, mieux réalisée par un mélange du vers et de la prose où la prose et le vers garderaient leurs signes distinctifs et concourraient à un effet de détail et d'ensemble. Je m'explique.

Le vers, ai-je dit, est essentiellement borné par les bornes du souffle humain : douze syllabes le limitent. — Mais, et de plus, le vers est essentiellement, ai-je dit aussi, un instant d'exaltation, d'enthousiasme qui ne peut et ne doit pas durer. C'est pourquoi il appelle la prose. Voilà un siècle qu'il l'appelle. Lamartine a dit que le vers disparaîtrait, que la prose finirait par suffire à l'expression littéraire. C'est que plus qu'un autre, pour en avoir abusé, Lamartine devait comprendre que l'état lyrique prolongé est une fatigue intolérable. Mais non, le vers ne disparaîtra pas : il fera seulement, comme c'est l'ordre, plus large place à la prose.

Il est bien net, le chemin que la prose et le vers ont pris pour se rapprocher l'un de l'autre. A peu près au moment même où les poëtes romantiques prennent les premières libertés métriques, déroidissent le vers classique, Aloysius Bertrand écrit les premiers poëmes en prose. Sainte-Beuve assouplit davantage le vers, l'incline à la prose et, peu s'en faut, l'y jetterait. Mais Baudelaire recrée le grand vers lyrique. Toutefois le lyrisme, dans les *Fleurs du mal*, coule à frêles flots essentiels; poésie concentrée, flèches moins nombreuses et plus vibrantes, grands vers peu explicites, aux lointaines résonnances. Je perçois entre les diverses pièces des *Fleurs du mal* de longs sous-entendus, tout un livre en prose que Baudelaire a seulement pensé. Et lui, le même qui retenait les vers dans le lyrisme, il écrivait les seconds poëmes en prose. Les Parnassiens resserrent la Poétique : mais M. Paul Verlaine lui rend toutes ses libertés romantiques et d'autres encore, met partout la césure, recrée les rhythmes boiteux, — en même temps fonde la distinction réelle des vers et de la prose, ceux-ci de synthèse et celle-là d'analyse. Il fait davantage. Dans ses récits en vers [1], *Amoureuse du Diable*, *L'Impénitence finale*, il mélange le lyrisme à la prose rimée. C'était l'avant dernier pas qu'il y eût à faire, et que me répondra-t-on si je demande : pourquoi rimer la prose ? Pourquoi, quand le ton exige que le lyrisme soit renoncé, ne pas descendre franchement à la prose vraie ? — Franchement, non pas brusquement, et le poëme en prose est à merveille fait pour servir ici d'harmonique transition. On voit ce que serait un livre où, selon les opportunités indiquées par les émotions, le style descendrait du vers à la prose, remonterait de la prose au vers, avec ou sans la transition du poëme en prose, s'y berçant, quand il l'emploierait, en des rhythmes qui, par les allitérations et les assonnances, annonceraient, évoqueraient le Nombre et la Rime pour enfin les atteindre — et, rarement, les quitterait sans l'a-

---

1. M. Paul Verlaine : *Jadis et Naguère*.

vertissement d'une dégradation lente, pour un effet.

Ce mélange de la prose, du poëme en prose et des vers était comme ordonné par le sujet du poëme ci-dessus résumé. Les plus grandes amplitudes des oscillations parallèles de la pensée et de l'expression sont marquées par la prose d'analyse et le mètre alexandrin.

C'est par excellence le vers français. Quoi qu'on en dise, il est infiniment souple, sait donner aussi bien le sentiment de l'infini que le sentiment du limité. Il peut abriter tous les rhythmes, même impairs : car quel empêchement qu'on le fasse, dans un but, boiter par des muettes en neuf ou onze syllabes pour opportunément lui rendre la majesté sonore de sa normale plénitude ? C'est, ce vers, tout l'orgue, tout l'orchestre ; on peut le faire chanter en mineur comme en majeur. Et j'entends parler de l'alexandrin employé dans sa forme la plus consacrée, les rimes plates, lesquelles ne répugnent aucunement à l'ode, ni même au poëme à forme fixe, qu'on y peut encadrer par un système de vers plus courts, rimés intérieurement aux grands vers et se répondant à travers le poëme comme des rappels musicaux souverainement régis par la richesse et l'exactitude des rimes terminales. Les rimes forment la lumineuse ligne directrice de tout poëme. Et pourquoi les choisirait-on au hasard ? Selon la coloration des sons pour tel tempérament donné, pourquoi ne pas soumettre à une rime principale, initiale ou médiane tout le système de rimes du poëme?...

Comme le poëme n'est qu'une phrase, le vers n'est qu'un mot, — et tel est justement le sens de l'initiale capitale du vers, cette initiale qu'il faut se bien garder d'abolir. Mais concevrait-on qu'un mot s'isolât d'une phrase? Ainsi le vrai vers n'a toute sa vie qu'à la place où le fixe la volonté du poëte. C'est pourquoi il faut condamner le vers-proverbe, — si essentiellement français, croit-on, et aussi, hélas! ne se trompe-t-on guère. Le tempérament français, pour trop de logique, manque d'esthétique. Notre poésie n'est ni assez vague ni assez concentrée. Nos poëtes vagues se relâchent à l'excès; nos poëtes concentrés se resserrent trop : Lamartine, Baudelaire. Et c'est ce qui a conduit les efforts décadents, quand ils ont voulu pourvoir la poétique française des qualités de la poétique anglaise ou allemande, à brutaliser l'instrument latin. — Pourtant, et fût-ce en exploitant jusqu'à nos défauts, on peut concevoir en notre langue de beaux poëmes, dont voici, par le plus court, la théorie :

Des vers très-vagues flottent autour de l'idée, l'étagent en ses divers sens ménagés par de successives et préparatoires méprises reflétées d'avance et ensuite dans la prose environnante, reculent la signification totale en l'éclat embelli d'une aurore lointaine. Puis, l'atmosphère nécessaire étant faite, une adhésion soudaine de cette aurore révèle la vérité en un vers nombreux, riche, mais précis, — *précis, mais mystérieux, et qui résume tout le poëme, à la condition expresse que tout le poëme soit lu.* Puis l'idée s'affirme en de nouveaux développements concentrés à leur tour par une répétition du vers unique ou d'une seulement de ses parties, soit un hémistiche, et qu'ainsi procède toute l'œuvre, tantôt abandonnée au caprice logique des fantaisies, tantôt fortement nouée par le magique vers, en quelque sorte la capitale de cette si brève et si vaste contrée, l'œuvre d'art.

TABLE DES MATIÈRES

	Pages
Avertissement...	V
I. De la Vérité et de la Beauté.....................	1
II. Les Formules accomplies...........................	71
III. Influences nouvelles.................................	271
IV. Formules nouvelles...................................	295
V. Commentaires d'un Livre futur.................	355

Châteauroux. — Typographie et Stéréotypie A. MAJESTÉ.

www.ingramcontent.com/pod-product-compliance
Lightning Source LLC
Chambersburg PA
CBHW060607170426
43201CB00009B/936